# 古代歷史文化研究輯刊

## 三一編

王明蓀 主編

## 第 1 冊

### 《三一編》總目

編輯部編

### 秦漢研究文選

黃留珠 著

國家圖書館出版品預行編目資料

秦漢研究文選／黃留珠 著 -- 初版 -- 新北市：花木蘭文化事
業有限公司，2024〔民113〕
序 4+ 目 2+196 面；19×26 公分
（古代歷史文化研究輯刊 三一編；第 1 冊）
ISBN 978-626-344-653-3（精裝）
1.CST：秦漢史 2.CST：文化史
618                                         112022516

ISBN-978-626-344-653-3

古代歷史文化研究輯刊
三一編 第 一 冊                    ISBN：978-626-344-653-3

## 秦漢研究文選

作　　者　黃留珠
主　　編　王明蓀
總 編 輯　杜潔祥
副總編輯　楊嘉樂
編輯主任　許郁翎
編　　輯　潘玟靜、蔡正宣　美術編輯　陳逸婷
出　　版　花木蘭文化事業有限公司
發 行 人　高小娟
聯絡地址　235 新北市中和區中安街七二號十三樓
　　　　　電話：02-2923-1455 ／傳真：02-2923-1452
網　　址　http://www.huamulan.tw 信箱 service@huamulans.com
印　　刷　普羅文化出版廣告事業
初　　版　2024 年 3 月
定　　價　三一編 37 冊（精裝）新台幣 110,000 元　　版權所有・請勿翻印

# 《三一編》總目

編輯部　編

# 《古代歷史文化研究輯刊》
# 三一編　書目

**秦漢歷史與文化研究專輯**

第 一 冊　黃留珠　秦漢研究文選

第 二 冊　趙　妍　漢宮回眸：兩漢后妃研究

**宋代歷史與文化研究專輯**

第 三 冊　雷家聖　宋神宗的軍事改革與對夏經略研究（上）

第 四 冊　雷家聖　宋神宗的軍事改革與對夏經略研究（下）

**明代歷史與文化研究專輯**

第 五 冊　張曉明　明代遼東地區與朝鮮半島貿易研究

第 六 冊　管宏杰　明代南直隸進士群體研究（第一冊）

第 七 冊　管宏杰　明代南直隸進士群體研究（第二冊）

第 八 冊　管宏杰　明代南直隸進士群體研究（第三冊）

第 九 冊　管宏杰　明代南直隸進士群體研究（第四冊）

**清代歷史與文化研究專輯**

第 十 冊　陳　麗　清朝嘉道時期積案問題研究（上）

第十一冊　陳　麗　清朝嘉道時期積案問題研究（下）

第十二冊　邊　芸　清代服制命案中的夾簽制度研究

**地方史研究專輯**

第十三冊　侯海洋　輦下集──北京史地研究初編

**專門史研究專輯**

第十四冊　程　佩　中國醫學史導論

第十五冊　李　理　琉球歷史研究（上）

第十六冊　李　理　琉球歷史研究（下）

第十七冊　陳佳杰　新馬潮人之民俗傳承與在地化研究：以潮汕僑批為中心

第十八冊　張　杰　曖昧的歷程——中國古代性別亞文化研究（第一冊）

第十九冊　張　杰　曖昧的歷程——中國古代性別亞文化研究（第二冊）

第二十冊　張　杰　曖昧的歷程——中國古代性別亞文化研究（第三冊）

第二一冊　張　杰　曖昧的歷程——中國古代性別亞文化研究（第四冊）

第二二冊　張　杰　曖昧的歷程——中國古代性別亞文化研究（第五冊）

第二三冊　張　杰　曖昧的歷程——中國古代性別亞文化研究（第六冊）

第二四冊　張　杰　曖昧的歷程——中國古代性別亞文化研究（第七冊）

**藝術史研究專輯**

第二五冊　陳秀雋　清代篆隸名家風格新變研究（上）

第二六冊　陳秀雋　清代篆隸名家風格新變研究（下）

第二七冊　鄧啟耀等著　民俗雕版木刻研究（第一冊）

第二八冊　鄧啟耀等著　民俗雕版木刻研究（第二冊）

第二九冊　鄧啟耀等著　民俗雕版木刻研究（第三冊）

第三十冊　鄧啟耀等著　民俗雕版木刻研究（第四冊）

第三一冊　鄧啟耀等著　民俗雕版木刻研究（第五冊）

**家族史研究專輯**

第三二冊　何冠環　百年將門：兩宋潞州上黨苗氏五世將門興衰史（上）

第三三冊　何冠環　百年將門：兩宋潞州上黨苗氏五世將門興衰史（下）

**佛教歷史與文化研究專輯**

第三四冊　王宏濤編　玄奘與洛陽

**民俗史研究專輯**

第三五冊　徐華龍　傳說中的年節研考

第三六冊　李德生、李平生編著　古代兒童遊戲考

第三七冊　李德生　清代《三百六十行》秘本圖存

# 《古代歷史文化研究輯刊》三一編
# 各書作者簡介·提要·目次

## 第一冊　秦漢研究文選

### 作者簡介

　　黃留珠（1941～），西北大學教授，博士生導師，已退休。陝西省文史館館員。歷任中國史學會理事，中國秦漢史研究會副會長，陝西省史學會會長，秦文化研究會會長、名譽會長等學術職務。主要研究秦漢史，陝西—西安地方史。已出版個人、合作、主編著作 40 餘部，論文 300 餘篇。

### 提　要

　　本書是作者秦漢研究三方面部分論文的結集。上卷為秦文化研究。秦文化「源於東而興於西」，是近兩千年來中國文化之基石；其南播以戰爭開路，成績斐然；應重新認識，軍事性是貫穿整個秦文化主線的問題；秦始皇統一祭祀制度是秦王朝鞏固統一的不可忽視的重要措施；秦禮制文化核心「尊君抑臣」，為歷代禮制的基礎；秦刑罰思想統一前以商鞅及《商君書》為代表，統一後除「緩刑罰」外，又向極端主義、絕對主義轉化；秦簡敖童實為具有奴身份的豪童，可享有國家授田，並出任「佐」一類官府「少吏」。中卷為秦漢仕進——退免制度研究。古人歎為「無聞」的秦仕進制度，具體包含世官、薦舉、耕戰、客、吏道、通法、特例等幾個方面內容；漢選官制度層次，分為察舉、辟除、任子、徵召、薦舉、考試、功次、特種仕途等八種；漢代選廉制度對其良好吏治形成具有重要意義；兩漢選官制度的特點，一是帶有明顯的原始性，二是富於尚武精神，三是先選後考、選舉與考課不分，四是辟舉之盛行；兩漢退免制度，經量化考察後，會看到「造成了事實上官員終身制」這種奇特的社會效果；下卷為陳直學研究。其延續日本學者的說法，認為陳直學是以陳直治學思想為主線而形成的研究中國古史特別是秦漢史的科

學方向；指出大家對陳著的訂誤是陳直學在新的條件下的發展與完善。最後為附錄。記錄作者回答採訪的十個問題。

## 目 次

自 序

上編　秦文化研究 ………………………………………………………………… 1

秦文化二源說 …………………………………………………………………… 3

秦文化瑣議 …………………………………………………………………… 15

秦文化的南播 ………………………………………………………………… 25

重新認識秦文化 ……………………………………………………………… 35

試論秦始皇對祭祀制度的統一 ……………………………………………… 47

秦禮制文化述論 ……………………………………………………………… 55

秦刑法思想初探——秦漢刑法思想研究 …………………………………… 63

秦簡「敖童」解 ……………………………………………………………… 73

中編　秦漢仕進——退免制度研究 ………………………………………… 81

秦仕進制度考述 ……………………………………………………………… 83

漢代選官制度的層次分析 ………………………………………………… 109

漢代的選廉制度 …………………………………………………………… 121

試論兩漢仕進制度的特點 ………………………………………………… 127

漢代退免制度探討 ………………………………………………………… 135

下篇　陳直學研究 ………………………………………………………… 149

陳直先生與秦漢史研究——紀念陳直先生逝世 20 週年暨誕辰 100 週年 … 151

陳直學述略——為紀念中國秦漢史研究會成立 20 週年而作 …………… 159

評價陳直《漢書新證》 …………………………………………………… 169

附錄　答寧博士十問——兼說輯刊《長安學研究》 …………………… 185

## 第二冊　漢宮回眸：兩漢后妃研究

### 作者簡介

趙妍，河北邯鄲人，1993 年出生，河北師範大學碩士，華中師範大學博士，碩博期間發表學術論文多篇。現任中共河北省委黨校講師，長期從事秦漢婦女史研究。

## 提　要

　　后妃是中國古代社會一個特殊的女性群體，從兩漢后妃群體的構成情況來看，其出身有明顯的差異。西漢后妃不重出身，東漢后妃均出自豪族之家，兩漢皇后，根據各自特點進行分類，西漢嬪妃擅長歌舞技能者多，東漢嬪妃文化素養高。

　　后妃與君主是夫妻，夫妻間首要的是情感上的關係，后妃與君主間的家事，涉及后妃在皇家與婆母、子嗣、妃妾的關係，帝、后間家事問題會多一些，個別皇后憑藉君主的信任和能力參政議政，成為君主的賢內助，有助於自己地位的鞏固；君主信任后族，給予要職，宮中皇后之位也會做得安穩；君主對權盛的后族充滿忌憚與防備，最終皇后及母家的下場唯有淒慘。后妃與母家，在相對平衡的狀態下是一體的，榮辱與共的關係。但在漢代還存在兩種較為特殊的狀況。

　　參與政治是兩漢后妃群體的突出特點。后妃在政治上的活躍度較高，后妃臨朝稱制和參政議政之事自然多有發生。七位女主臨朝稱制，政績或好或壞，即使自身保全，但母家均難避免傾覆的結局，這是因為女主處於權力巔峰，與政治太過密切，卻又缺乏掌權的合法性等導致。本文最後分析了兩漢后妃的地位與影響。兩漢后妃貫穿兩漢王朝始終，因生活在君主身邊，有一定的政治地位和社會地位。隨著王朝的發展，后妃的政治地位，其等級、尊卑愈發鮮明，規格待遇有嚴格規定。兩漢后妃群體是有史以來第一個記載明確的后妃群體，在當世及後世都有深遠的影響。

## 目　次

序　劉固盛

緒　論 ………………………………………………………………… 1

第一章　兩漢后妃群體的構成 …………………………………… 21
　第一節　西漢皇后 ……………………………………………… 21
　第二節　西漢嬪妃 ……………………………………………… 31
　第三節　東漢皇后 ……………………………………………… 40
　第四節　東漢嬪妃 ……………………………………………… 48

第二章　后妃與君主 ……………………………………………… 55
　第一節　后妃與君主間的情感 ………………………………… 55
　第二節　后妃與君主間的家事 ………………………………… 69

  第三節 后妃與君主間的政治 ························· 80

第三章 后妃與母家 ··························· 97
  第一節 后妃對母家的提升 ··················· 97
  第二節 母家對后妃的庇護 ··················· 110
  第三節 后妃與母家榮辱與共 ················· 117

第四章 兩漢后妃政治 ························ 129
  第一節 社會大背景 ····················· 129
  第二節 女主臨朝稱制 ··················· 142
  第三節 后妃參政議政 ··················· 154

第五章 兩漢后妃的地位與影響 ················· 163
  第一節 后妃政治地位 ··················· 163
  第二節 后妃社會地位 ··················· 172
  第三節 兩漢后妃的影響 ················· 178

結 語 ······························· 189

參考文獻 ······························· 193

附錄 兩漢后妃一覽表 ····················· 201

後 記 ······························· 211

## 第三、四冊 宋神宗的軍事改革與對夏經略研究

### 作者簡介

  雷家聖，1970 年生。國立中興大學文學士、文學碩士，國立臺灣師範大學文學博士，博士論文為《宋代監當官體系之研究》。曾於臺灣逢甲大學、佛光大學、國立臺灣大學、實踐大學、中國文化大學等校擔任兼任教師，2017年 9 月起，於上海師範大學古籍整理研究所任教。主要研究方向包括宋史、中國近代史、中國政治制度史、中國貨幣史等領域，並出版《力挽狂瀾——戊戌政變新探》（2004 年初版，2016 年增訂本《失落的真相——晚清戊戌政變史事新探》，2019 年簡體字版《引狼入室——晚清戊戌史事新探》）、《宋代監當官體系之研究》（2009）、《北宋前期文官考銓制度之研究》（2010）、《聚斂謀國：南宋總領所研究》（2013）等學術專書，另在國內外期刊發表論文、書評數十篇。

## 提 要

　　宋神宗即位以來，有意一改宋朝積弱積貧的局面，追求富國強兵之道。因此重用王安石推行變法，並設置軍器監、實施將兵法、保甲法等軍事改革措施。在對西夏經略方面，宋神宗一方面派遣由种諤經營綏州，斷西夏左臂；一方面採用王韶〈平戎策〉的計劃，攻佔熙州、河州，設立熙河路。然而由於耗費太多，加上王安石第一次罷相的影響，熙河路的經營暫告中止。至元豐四年，西夏發生政變，使得原本陷入停滯的拓邊計劃出現了新的轉機，宋神宗五路伐夏，卻因後勤運輸能力落後，使得戰爭功虧一簣。反而是西夏在梁太后的領導下，抓住宋朝的弱點，避實擊虛，偷襲宋軍的運補路線，元豐四年的對夏戰爭因此以宋朝大敗收場。

　　神宗去世後，舊黨執政，西北經略一度沉寂。哲宗親政後，重新開始經營西北，攻取邈川（湟州）、青唐（鄯州），終於達到征服河湟的目的。徽宗時，又命王厚重新收復河湟，並開始由河湟出兵威脅西夏。然而宋朝進一步在古骨龍城設置震武軍，並派兵駐防，改機動偷襲為固守防禦，使得宋朝必須在西夏的東面、南面分兵防守，無法集中全力對付西夏。宋朝軍事戰略的失誤，使得宋朝與西夏之間的戰爭連綿不斷，卻始終無法對西夏施以致命的一擊。

## 目 次

### 上 冊

第一章　緒　論……………………………………………………………………1

　第一節　北宋的「貧弱」與王安石變法……………………………………1

　第二節　對宋神宗時期歷史的重新檢視……………………………………8

　第三節　問題的提出………………………………………………………30

第二章　神宗即位前的宋朝對夏經略與軍事弊端……………………………35

　第一節　對夏關係的困局…………………………………………………35

　第二節　軍事制度的弊端…………………………………………………44

第三章　宋神宗即位後的對夏政策及其影響…………………………………65

　第一節　綏州的佔領與宋夏衝突…………………………………………67

　第二節　王韶〈平戎策〉與熙河路的設置………………………………78

　第三節　從「邊境」到「邊陲」——治邊政策的推廣…………………87

第四章　宋神宗的軍事改革 ……………………………………………… 103

　　第一節　軍隊指揮體系的改革——將兵法 …………………………… 103

　　第二節　軍器監的設置與武學的提倡 ………………………………… 116

　　第三節　保甲法的推行 ………………………………………………… 127

　　第四節　軍事改革成效的初次檢驗——交趾之役 …………………… 147

下　冊

第五章　元豐宋夏戰爭的過程與檢討 …………………………………… 169

　　第一節　神宗時期的西夏 ……………………………………………… 169

　　第二節　靈州之役 ……………………………………………………… 178

　　第三節　永樂之戰 ……………………………………………………… 192

第六章　宋神宗的用人之道 ……………………………………………… 201

　　第一節　樞密院的長官 ………………………………………………… 201

　　第二節　邊臣與將帥 …………………………………………………… 222

　　第三節　宦官 …………………………………………………………… 240

　　第四節　神宗決策模式的檢討 ………………………………………… 252

第七章　從「紹聖」到「崇寧」——哲宗與徽宗的對夏政策 ………… 263

　　第一節　元祐更化時期的宋夏關係 …………………………………… 263

　　第二節　哲宗親政與徽宗時期的對夏戰爭 …………………………… 276

　　第三節　由征夏到滅遼——徽宗時期戰略轉向 ……………………… 287

第八章　結　論 …………………………………………………………… 293

參考文獻 …………………………………………………………………… 299

後　記 ……………………………………………………………………… 313

## 第五冊　明代遼東地區與朝鮮半島貿易研究

### 作者簡介

　　張曉明（1981～），遼寧鞍山人，鞍山師範學院副教授，遼寧師範大學博士。主要研究方向為明清史和東北地方史。主持遼寧省《清代奉天教育研究》《〈燕行錄〉中明清東北文化研究》《壬辰戰爭時期遼東地區抗倭援朝研究》等省級科研項目十餘項。代表著述有《東北地方史》《嘉靖時期遼東地區的朝鮮使臣貿易》《經歷兩個朝代的北京稅務學堂》等。

## 提　要

明朝設置遼東都指揮使司經營遼東地區，並「帶控」包括大寧、努爾干都司在內的廣大東北區域。遼東地區因與朝鮮半島山水相連，與日本隔海相望，其社會變遷進程與鄰邦牽涉頗多。遼東政治、經濟、文化的發展成為東亞政治格局穩定的重要保障。國家制度與邊疆秩序共同作用於明廷與朝鮮半島政權之間的關係，雙方交往實踐亦對區域社會以及國家發展產生影響。明朝與朝鮮半島政權較早確立了宗藩關係。包含貿易在內的對外活動均被納入朝貢體系。朝鮮使臣赴明買賣方式、內容以及數量均有定例。但遼東地區的中朝貿易活動仍有鮮明的邊疆特色。明朝的強大國力為以「封貢」為核心的國際秩序提供了保障，宗藩體系下遼東地區與朝鮮半島貿易規模進一步擴大，貿易內容呈多元化發展態勢。明廷統治遼東期間，各種貿易活動相互依存又彼此制約，受到明朝對外制度和邊疆政策的雙重支配。同時，遼東地區與朝鮮半島間的貿易活動對雙方宗藩關係、經濟社會發展進程以及區域社會秩序變遷等影響深遠。作者通過梳理明代不同時期遼東地區中朝貿易活動，展現對雙方係發展的客觀態勢及關鍵因素。

## 目　次

引　言 ………………………………………………………………………1
第一章　遼東地區與朝鮮半島的地緣關係及交往歷史 …………………23
　　一、先秦時期遼東與朝鮮半島的自然環境與經濟交流 ……………23
　　二、秦漢至隋唐時期遼東地區與朝鮮半島的經濟交流 ……………27
　　三、遼、金、元時期遼東地區與朝鮮半島間的貿易往來 …………33
第二章　明代前期至中期遼東政局與區域間的貿易體系 ………………41
　　一、明朝對遼東地區的治理與明初遼東社會概貌 …………………41
　　二、明朝與朝鮮半島政權宗藩關係初建與遼東地區的貿易形態 …48
　　三、明中期遼東社會與區域貿易的發展 ……………………………67
第三章　明代中後期的禮治外交與遼東地區中朝貿易 …………………77
　　一、嘉靖至萬曆前期的中朝關係 ……………………………………77
　　二、禮治外交影響下的中朝貿易 ……………………………………87
　　三、明代中後期遼東地區與朝鮮半島的貿易狀況 ………………108
第四章　萬曆時期遼東的邊疆危機與中朝貿易 ………………………135
　　一、壬辰戰爭以前遼東地區的中朝經濟交流 ……………………135

二、壬辰戰爭期間遼東地區對朝援助與貿易 ⋯⋯⋯⋯⋯⋯ 151

三、明朝統治在遼東地區的崩潰及中朝貿易的衰落 ⋯⋯⋯⋯ 176

第五章　明清易代與遼東地區與朝鮮半島間的貿易 ⋯⋯⋯⋯⋯⋯ 203

一、明清戰爭初期遼東地區的中朝貿易 ⋯⋯⋯⋯⋯⋯⋯⋯ 204

二、東江集團與朝鮮之間的經濟往來 ⋯⋯⋯⋯⋯⋯⋯⋯⋯ 221

三、清朝入關前對朝鮮的征伐與貿易 ⋯⋯⋯⋯⋯⋯⋯⋯⋯ 237

結　論 ⋯⋯⋯⋯⋯⋯⋯⋯⋯⋯⋯⋯⋯⋯⋯⋯⋯⋯⋯⋯⋯⋯ 265

參考文獻 ⋯⋯⋯⋯⋯⋯⋯⋯⋯⋯⋯⋯⋯⋯⋯⋯⋯⋯⋯⋯⋯ 271

致　謝 ⋯⋯⋯⋯⋯⋯⋯⋯⋯⋯⋯⋯⋯⋯⋯⋯⋯⋯⋯⋯⋯⋯ 287

# 第六、七、八、九冊　明代南直隸進士群體研究

## 作者簡介

管宏杰，男，1992 年生，河南長葛市人，歷史學博士。現為周口師範學院馬克思主義學院講師，專注於明代政治史和科舉史研究，參與 2017 年福建省社科基金重大項目「明代福建進士群體研究」（FJ2017Z009）等社科項目；獲批 2022 年度河南省哲學社會科學規劃項目。在《讀書》、《歷史檔案》等核心學術刊物發表相關論文 10 多篇，代表作有《關於明代文臣得謚》、《明代南直隸鼎甲進士的地域分布與社會流動》、《明代〈進士登科錄〉考誤》、《明代〈登科錄〉上三代直系親屬履歷考誤》、《明代實任閣臣總數新考》、《〈明實錄〉載名臣傳記考誤》等。

## 提　要

明代南直隸進士群體的數量，以「現籍地」為核心依據，共確認為 3832 名，占明代進士總數的 15.59%，名列明朝各直、省第一。受南直隸不同時期和地域的政治、經濟、人口、教育、科舉氛圍、習經風氣以及應試舉子數量等因素變遷的綜合影響，該群體的規模在時間分布上呈現出「前期低，中、後期高」的特點，在地域、戶類和本經分布上則呈現出廣泛而又不平衡的特點。其所屬社會階層和中式身份來源多樣，反映出明代科舉具有廣泛的開放性和包容性特徵。

明代南直隸進士群體平均中式年齡為 34.89 歲，高出明代進士平均中式年齡 0.6 歲；43.89% 的南直隸進士出身於上三代俱無任何功名、官號和捐銜的平民家庭，高於明代進士出身於平民家庭者 0.75 個百分點，說明科舉制度在南

直隸地區引起更高的社會流動。這主要是由明中後期南直隸進士出自僅擁有科舉功名和榮譽性職銜而非實職官家庭的數量明顯增多造成的。

　　明代南直隸進士群體的歷史貢獻主要體現在政治和文化方面。97.21%的南直隸進士入仕，分任京官和地方官。任職京官者，或入閣輔政、參預機務，或不計禍福、抨擊時弊；任職地方官者，或革除宿弊、造福黎民，或平定禍亂、奠安邊疆。他們不僅是南直隸地區文化發展的推動者，而且致力於促進任官地區教育文化的發展。

## 目　次

**第一冊**

緒　論 …………………………………………………………………………… 1

第一章　明代南直隸進士群體總數與分甲 ……………………………………… 9
　第一節　明代南直隸進士總數 ………………………………………………… 9
　第二節　明代南直隸進士群體的分甲 ………………………………………… 68

第二章　明代南直隸進士群體時間與地域分布 ………………………………… 87
　第一節　明代南直隸進士群體時間分布特點與成因 ………………………… 87
　第二節　明代南直隸進士群體地域分布特點與成因 ………………………… 98

第三章　明代南直隸進士群體戶類與本經分布 ……………………………… 111
　第一節　明代南直隸進士群體戶類分布特點及其成因 …………………… 111
　第二節　明代南直隸進士群體本經分布特點及其成因 …………………… 121

第四章　明代南直隸進士群體的中式身份 …………………………………… 139
　第一節　生員身份 …………………………………………………………… 139
　第二節　非生員身份 ………………………………………………………… 156
　第三節　明代南直隸進士群體中式身份的變化 …………………………… 171

**第二冊**

第五章　明代南直隸進士群體的中式年齡與家庭狀況 ……………………… 179
　第一節　明代南直隸進士的中式年齡及其影響 …………………………… 179
　第二節　明代南直隸進士的家庭出身與社會流動 ………………………… 291
　第三節　明代南直隸進士家族 ……………………………………………… 303

**第三冊**

第六章　明代南直隸進士群體的歷史貢獻 …………………………………… 359

第一節　明代南直隸進士的最高任官狀況 …………………………… 359
第二節　明代南北直隸進士任官對比 ………………………………… 364
第三節　明代南直隸進士群體的歷史貢獻 …………………………… 368
結　語 ……………………………………………………………………… 393
徵引文獻目錄 ……………………………………………………………… 397
附錄一　明代歷科南直隸進士基本信息彙編表 ……………………… 417

**第四冊**

附錄二　明代南直隸進士上三代直系親屬履歷考證表 ……………… 545
附錄三　明代南直隸各府、州進士分科數量統計表 ………………… 801

# 第十、十一冊　清朝嘉道時期積案問題研究

## 作者簡介

陳麗（1991～），女，陝西白河人，中國政法大學法學博士，現為廈門大學博士後研究人員、特任助理研究員，研究領域：法律思想史、法律社會史，已在《西南大學學報（社會科學版）》《故宮博物院院刊》《中西法律傳統》《中國史研究》等國內外刊物上發表論文數篇。

## 提　要

司法領域中的「積案」是指違反審限規定而積壓未結的案件。本書聚焦清代社會問題最突出又意涵社會轉型的嘉道時期的積案問題，運用一手檔案等史料，遵循「積案的溯源——清朝嘉道時期積案的表現、成因、防治策略——效果評價」的邏輯順序，次第展開研析。

首先，從話語構建來看，古漢語「冤滯」「滯案」「滯獄」「留獄」等詞彙先於「積案」一詞用以形容司法案件稽滯或逾限未結的情形。政平訟理是中國歷代帝王追求的統治目標之一，因而歷朝都採用「綜合為治」的策略以防治積案問題。

其次，清朝嘉道時期的積案呈現類型多樣、時空分布不均的典型特徵。積案問題存在政治、社會和法律等方面的成因，故而嘉道時期為防治積案問題，亦對應運用了政治、法律和其他手段。

最後，本書對嘉道時期防治積案問題的舉措進行了客觀評判。整體來看，嘉道時期的積案防治舉措是對固有制度的權宜變通，無法根除制度痼疾，但嘉道時期各地制定的清訟章程、設置發審局等舉措為晚清應對積案問題提供

了經驗，亦不可忽略。

總之，本書以積案問題為切入點，通過以小見大的思考方式，展現了嘉道時期官民在訴訟領域的角力、央地之間的權力博弈，勾畫了法律與社會的互動圖景。

## 目　次

### 上　冊

緒　論 ……………………………………………………………… 1
第一章　嘉道以前的積案問題 …………………………………… 21
　第一節　訴訟視域下積案的歷史演變 ………………………… 21
　第二節　國家治理視角下嘉道以前對積案問題的應對 ……… 43
第二章　嘉道時期積案的類型與時空分布 ……………………… 63
　第一節　嘉道時期積案的類型 ………………………………… 63
　第二節　嘉道時期積案的時空分布 …………………………… 98
第三章　嘉道時期積案問題的成因 …………………………… 137
　第一節　人口增長與生存危機帶來的挑戰 ………………… 138
　第二節　政治制度的設計與運行問題 ……………………… 159
　第三節　法律層面的缺陷與問題 …………………………… 189

### 下　冊

第四章　官民兼治：嘉道時期積案問題的解決策略 ………… 209
　第一節　通過法律手段調整 ………………………………… 209
　第二節　依託行政手段規範 ………………………………… 270
　第三節　憑藉其他手段應對 ………………………………… 292
第五章　對嘉道時期積案問題應對舉措的評價 ……………… 301
　第一節　專制政體與無訟目標 ……………………………… 302
　第二節　對晚清法律與社會的影響 ………………………… 319
結　論 …………………………………………………………… 325
參考文獻 ………………………………………………………… 331
附錄　清代中央檔案所見嘉道時期積案的地域分布 ………… 353

# 第十二冊　清代服制命案中的夾籤制度研究

## 作者簡介

邊芸（1982～），女，漢族，陝西西安人，歷史學博士，現任青海師範大學歷史學院副教授、碩士生導師。2021 年入選青海省「崑崙英才・高端創新創業人才」拔尖人才，藏區歷史與多民族繁榮發展研究省部共建協同創新中心研究員，主要研究方向為中國法制史和歷史教育。

## 提　要

夾籤，泛指清代中央各部院向皇帝呈交本章的附件。夾籤制度則特指在在罪至斬絞但「情有可原」的以卑犯尊類服制命案中申請減等的特殊司法審判制度。

本文依據《大清律例》、五朝《大清會典》、《刑案匯覽》系列等清代史料文獻，從法律規定和司法實踐兩個層面多維度考察清代服制命案中的夾籤制度。通過對保留至清末的 18 條夾籤條例在各朝的修纂、移併、續纂、刪除等情況進行爬梳，將其發展過程劃分為乾隆朝的制度初創時期、嘉慶朝至道光朝的發展定型時期、咸豐朝的收縮規範時期和同治朝至宣統朝的衰落覆亡時期四個階段。同時，圍繞在可矜服制命案中夾籤適用的嚴格限制和情法考量進行了討論。

清代夾籤制度的出現有其深刻的社會根源，它受到中國古代傳統「慎刑」思想的影響，其實質是國家統治的根本需要。作為清代「衡平司法」亦或「情理法」司法審判特徵的制度化表現形式之一，在夾籤制度運行中也存在著專制皇權、中央各部勢力的博弈與衡平。夾籤制度與清代社會的互動充滿內在張力，在為爭取「法外之仁」提供機會的同時，也使得服制法律可能因此而受到更多的衝擊。從實施成效來看，夾籤制度並不能保證地方司法的「依法裁斷」，反而催生了更多裁剪事實、移情就案的技術手段。但不可否認的是，夾籤制度的出現，的確為審視刑事犯罪中的情理要素提供了合理合法的申訴渠道和制度保障，其對情理的表達同樣值得當代司法吸收借鑒。

## 目　次

序　魏道明

緒　論……………………………………………………………………………… 1

第一章　夾籤的由來及其發展 …………………………………………………… 19

　　第一節　夾簽的由來 ……………………………………………………… 19

　　第二節　夾簽條例的制定與沿革 ………………………………………… 36

第二章　清代司法運作中的夾簽 …………………………………………… 69

　　第一節　夾簽案件的類型 ………………………………………………… 70

　　第二節　服制案件中的適用 ……………………………………………… 78

　　第三節　夾簽適用的限制與考量 ………………………………………… 104

　　第四節　夾簽制度的定型與消亡 ………………………………………… 131

第三章　社會與法律視域下的夾簽制度 …………………………………… 157

　　第一節　夾簽制度的社會根源 …………………………………………… 157

　　第二節　夾簽制度所反映的清代司法體制特徵 ………………………… 168

　　第三節　牴牾中存在的夾簽制度 ………………………………………… 186

結　論 ………………………………………………………………………… 213

參考文獻 ……………………………………………………………………… 221

# 第十三冊　肇下集——北京史地研究初編

## 作者簡介

　　侯海洋，男，漢族，1985 年生，北京市人，文博副研究館員。2011 年畢業於首都師範大學歷史學院中國古代史專業，歷史學碩士。現供職於北京市文物局綜合事務中心。長期從事文博期刊的編輯出版以及文物庫房的管理與藏品研究工作。先後在《中國社會經濟史研究》《北京史學》《北京檔案》等期刊發表學術成果十餘篇。研究領域為北京歷史文獻、石刻文物等。研究特色主要為北京古代歷史地名的產生與演變、利用文物結合傳世文獻對北京史進行新的研究與探索。

## 提　要

　　本書收入作者多年從事北京歷史地理與石刻文物、名物掌故等方面的研究成果共 20 篇。其中既有《金中都「玄真觀弘道悟正真人本行碑」殘石拓片考》、《元大都近郊地名叢考》等專門討論金元明清時期北京古代史人物、地名景觀等學術性較強的長篇論述；也有《菱角坑與荷香茶社》等科普性的、短小精悍的文學性作品。研究對象不僅包括北京歷代機構、地理事物的變遷沿革，也涉及歷史人物生平行實以及人物之間複雜的交往關係等方面的考證。全書根據所論時代劃分，金代兩篇、元代三篇、明代四篇、清代兩篇、

晚清至民國四篇，另有跨朝代文章四篇以及人物回憶文章一篇。時間跨度從中古以迄近現代，橫亙千載。絕大多數成果已經公開發表或即將發表，整理出版過程中，對已發表內容又稍作損益。書中所刊文章，旨在利用碑刻、墓誌、晚近日記與檔案乃至老照片等多種文獻資料，力圖解決尚未重視和發現的北京史地問題。本書收入文章既體現作者長期肆力於北京史地研究的甘苦寸心，也表達了作者在首都北京生於斯、長於斯、興於斯、寢於斯、行止於斯的故鄉情懷。本人希望書中觀點即便僅為一孔之見，倘能引起學術界的關注和廣大讀者的反響，也便感到十分欣慰了。

## 目　次

古代幽燕地區「清夷」觀念的演進與變遷 …………………………………………… 1

延洪寺與唐以降幽燕地區佛教的發展 …………………………………………… 13

北京舊城弘法寺新考 …………………………………………………………… 25

金中都二題 ……………………………………………………………………… 37

金中都「玄真觀弘道悟正真人本行碑」殘石內容考 ………………………… 47

元代金玉局及其相關問題考述 ………………………………………………… 61

沉重的慣性：元大都崇真萬壽宮故址沿革變遷考略 ……………………… 77

元大都近郊地名叢考 …………………………………………………………… 95

北京崇外原天慶寺歷史及其浴室建築的文獻梳理與思考 …………………… 111

明代周思得道派道士派字、墓誌書寫等問題初識──明代北京地區出土道
　士墓誌研究之一 …………………………………………………………… 129

道非常道：明代中期周思得道派與明廷關係探微──明代北京地區出土道
　士墓誌再研究 ……………………………………………………………… 149

北京二里溝地區幾座明代宦官墳寺鉤沉 …………………………………… 167

從上方山永慈寺碑刻看萬曆初年馮保宦官群體在京的佛事活動 ………… 179

顧太清與道咸時期的北京名勝 ……………………………………………… 191

清代北京右安門外尺五莊沿革初探 ………………………………………… 199

從治安檔案看民國初期北京的印度人 ……………………………………… 211

漫話已消失的北京西城區邱祖胡同 ………………………………………… 217

菱角坑與荷香茶社 …………………………………………………………… 223

不該被遺忘的北京西城青龍橋塋地 ………………………………………… 227

蕭軍與北京文物二三事 ……………………………………………………… 231

# 第十四冊　中國醫學史導論

## 作者簡介

　　程佩，河南鄭州人，歷史學博士，中醫學副教授，碩士研究生導師。現就職於江西中醫藥大學醫史各家學說教研室，主教中國醫學史、中醫學術與文化發展史。已出版《北宋張商英護法研究》《宋代命理術研究》《干支與中醫：醫易學導論》等學術專著三部，發表學術論文 20 餘篇，參編《中國醫學史》《中國古代哲學》《中國傳統文化》等國家級教材五部。近年來研究方向主要為醫易學、周易術數、中醫史。

## 提　要

　　該書以宏觀視角重新梳理中國醫學史的發展脈絡，深入探討了自原始社會至中華人民共和國成立以前中醫學發展歷程中的若干具體專題。全書共分七章，按照時間順序分別論述了原始醫藥史、先秦醫藥史、秦漢醫學史、晉唐醫學史、宋元醫學史、明清醫學史和近代醫學史等七個階段的中國醫學漫長發展歷程。通過結合社會文化背景，構建中醫學知識和技術體系形成與發展的主要歷史脈絡，揭示中醫學發展的歷史規律。是書根據作者多年教學實踐與反思，參考《中國醫學史》教材編寫體例撰寫而成，但在章節劃分、歷史宏觀視角及微觀視角方面又異於教材，既關注到近年來學術的熱點問題，也注重知識敘述的深度和通俗性的結合。

## 目　次

序　孫有智

緒論：中醫學的發展歷程 …………………………………………………………… 1

第一章　原始醫藥史　（遠古～前 21 世紀）………………………………… 17

　第一節　衛生保健的起源 ………………………………………………… 17

　第二節　藥物的起源 ……………………………………………………… 21

　第三節　針灸的起源 ……………………………………………………… 22

　第四節　巫醫的產生 ……………………………………………………… 25

　第五節　多種醫學起源論 ………………………………………………… 35

第二章　先秦醫藥史　夏—戰國（前 21 世紀～前 221）………………… 43

　第一節　先秦時期巫醫的盛行 …………………………………………… 43

　第二節　陰陽學說 ………………………………………………………… 49

第三節　五行學說 …………………………………………………56
第四節　八卦學說 …………………………………………………69
第三章　秦漢醫學史　秦—三國（前221～265）…………………85
第一節　漢代醫學的建立 …………………………………………85
第二節　諸漢墓出土醫書 …………………………………………89
第三節　《黃帝內經》成書的歷史背景 …………………………99
第四節　《黃帝內經》的版本來源和流傳沿革 …………………110
第五節　張仲景與《傷寒雜病論》………………………………119
第四章　晉唐醫學史　西晉—五代（265～960）…………………141
第一節　晉唐醫學理論與臨床的大發展 ………………………141
第二節　中醫蠱毒病的形成與興盛 ……………………………149
第三節　道醫的興起 ……………………………………………167
第五章　宋元醫學史　宋—元（960～1368）……………………187
第一節　唐宋變革說與宋元醫學的新氣象 ……………………187
第二節　宋元時期醫生地位的提升與儒醫的形成 ……………192
第三節　宋廷對醫學的大力扶持 ………………………………198
第四節　理學與金代醫學崛起之關聯 …………………………208
第六章　明清醫學史　明—清・鴉片戰爭前（1368～1840）……215
第一節　明清社會的變化與醫學的進展 ………………………215
第二節　溫病學 …………………………………………………217
第三節　人痘接種法 ……………………………………………226
第七章　近代醫學史　鴉片戰爭—中華人民共和國成立（1840～1949）‥235
第一節　西醫的進入 ……………………………………………235
第二節　中醫廢止呼聲的漸高 …………………………………238
第三節　近代以來對中醫的廢止政策及其內在原因……………249
第四節　中西醫匯通與中醫科學化 ……………………………254
參考文獻…………………………………………………………259
後　記……………………………………………………………269

# 第十五、十六冊　琉球歷史研究

## 作者簡介

　　李理，中國社會科學院中國歷史研究院近代史研究所研究員。2006 年畢業於中國社會科學院研究生院，歷史學博士。現為臺灣史研究室研究員、中國社會科學院研究生院聘任教授，研究方向為臺灣史及臺灣問題、琉球與釣魚島問題、南海問題。2005 年度日本國際交流基金博士項目者，日本中央大學比較法研究所博士項目留學者。曾受臺灣陸委會及夏潮基金會的資助，到臺灣中央研究院、政治大學、玄奘大學、中國文化大學、中央大學等處作訪問學者。出版《日本吞併琉球與出兵侵臺關係探析》《日據臺灣時期警察制度研究》《日本近代對釣魚島的非法調查及竊取》等專著。

## 提　要

　　琉球古國地理上位於今天的琉球群島上，從 1372 年開始納入了明王朝封貢體系中。在以後地五百年間，歷代琉球王都嚮明、清皇帝請求冊封，並與中國進行「朝貢」貿易；琉球國一直使用大明及清的年號；琉球國的官方文件、對外的文書、條約以及編纂的琉球正史等等，均用漢文書寫。由於地緣上的接近，從十六世紀末起，琉球便不斷受到日本薩摩藩的侵襲和滲透。1609 年，薩摩島津氏在德川幕府將軍默許下，派兵攻打琉球國。此後，琉球被迫成為了中、日的「兩屬之國」。隨著日本明治維新，琉球成為日本的首個領土目標。1874 年日本藉口「牡丹社事件」出兵臺灣，釐清了琉球與清政府的關係。「保民義舉」的成立使日本偽造吞併琉球的合理理由。1879 年，日本廢琉球設立沖繩縣。腐敗無能的清政府無利維護琉球，竟然同意三分琉球，雖最後沒有在「分島條約」上簽字，但有著五百多年歷史的琉球國復國無望，從此消失在歷史的長河裏。

## 目　次

### 上　冊

序　言

第一章　朝貢體制的思想基礎與構建要義 ……………………………………… 1

　一、儒家世界觀是構建朝貢體制的思想基礎 …………………………………… 1

　二、明朝「不征諸夷」建立朝貢體系 …………………………………………… 9

　三、朝貢體制的特徵 …………………………………………………………… 12

第二章　古代的琉球 ……………………………………………… 17
一、「琉球」之名的由來 ………………………………………… 17
二、《隋書》「琉求」之名的「臺灣、琉球」爭議 ……………… 21
三、島國時代的琉球 ……………………………………………… 26

第三章　接受大明招撫中華文化初薰琉球 ……………………… 35
一、太祖朱元璋的「不征之國」政策 …………………………… 35
二、琉球中山王察度接受招諭 …………………………………… 39

第四章　巴志統一琉球獲賜「尚」姓 …………………………… 47
一、巴志助父擊敗武寧王獲中山王號 …………………………… 47
二、巴志滅山北、山南統一琉球 ………………………………… 53
三、巴志獲賜「尚」姓 …………………………………………… 58
四、第一代尚氏王朝時代的琉球 ………………………………… 63

第五章　第二尚氏王朝前期 ……………………………………… 73
一、尚圓王 ………………………………………………………… 73
二、尚真王時期 …………………………………………………… 77
三、尚清王、尚元王 ……………………………………………… 82
四、陳侃《琉球信錄》的歷史貢獻 ……………………………… 93

第六章　清統治時期的尚氏王朝 ………………………………… 101
一、明清交替時期的琉球尚氏王朝 ……………………………… 101
二、清前期的琉球尚氏王朝 ……………………………………… 107
三、清後期的琉球尚氏王朝 ……………………………………… 120
四、清衰落期的琉球尚氏王朝 …………………………………… 127

第七章　琉球與日本關係的緣起 ………………………………… 137
一、琉球與日本關係的開始 ……………………………………… 137
二、杜撰出來的「日琉同祖論」 ………………………………… 141
三、新井白石與琉球日本屬論的源起 …………………………… 148

第八章　日本對琉球的第一次侵略 ……………………………… 155
一、中日朝貢貿易下的琉球 ……………………………………… 156
二、琉球與薩摩藩貿易的加強 …………………………………… 161
三、琉球與薩摩藩的關係 ………………………………………… 164
四、豐臣秀吉入侵朝鮮時的琉球 ………………………………… 168

五、薩摩藩對琉球的第一次侵略 ………………………… 171

第九章 琉球的開港 ……………………………………… 181

一、美國短暫地佔領琉球 ………………………………… 182

二、《神奈川條約》 ……………………………………… 185

三、《琉美修好條約》 …………………………………… 188

第十章 薩摩藩閥與「吞併琉球」計劃的關係 …………… 195

一、薩摩藩閥與「吞併琉球」計劃的關係 ……………… 195

二、「吞併琉球」出臺前琉球與鹿兒島縣的博弈 ……… 199

下 冊

第十一章 日本實施「吞併琉球」的第一步 …………… 205

一、井上馨吞併琉球的建議及左院的意見 ……………… 205

二、日本吞併琉球的第一步 ……………………………… 208

第十二章 琉球人飄到臺灣難船事件的原貌 …………… 217

一、琉球飄到臺灣「難船事件」的原貌 ………………… 217

二、美國駐京公使教唆日本利用「難船」事件出兵臺灣 … 227

第十三章 為釐清「中琉」關係的《北京專約》 ……… 231

一、確保「義舉」出兵為目的的清日談判 ……………… 231

二、英國公使威妥瑪調停 ………………………………… 240

三、大久保搬弄國際法威懾清政府 ……………………… 242

四、大久保脅迫清政府以賠償換撤兵 …………………… 249

五、清政府妥協以撫恤換撤兵 …………………………… 252

六、承認出兵為保民「義舉」的《中日臺灣事件專約》簽訂 … 261

第十四章 日本吞併琉球設立「沖繩縣」 ……………… 265

一、日本實質斷絕「中琉」的藩屬關係 ………………… 265

二、設置沖繩縣完全吞併「琉球」 ……………………… 276

第十五章 何如璋與日本交涉力挽琉球 ………………… 283

一、琉球向諸外國「告稟」日本侵略琉球 ……………… 283

二、清政府內部就琉球問題的爭議 ……………………… 287

三、何如璋與日本外務省交涉力挽琉球 ………………… 290

四、清政府與日本的交涉 ………………………………… 294

第十六章 格蘭忒調停無果與「分島」論的緣起 ……… 299

一、清政府請格蘭忒調處「球案」 ……………………………………… 300

二、格蘭忒與「分島」論的緣起 ………………………………………… 304

三、格蘭忒調停無果而終 ………………………………………………… 311

第十七章　清政府與日本的交涉及「球案」成為懸案 ………………… 317

一、以修約為由開啟球案的交涉 ………………………………………… 317

二、清政府內部反對《球案條約》 ……………………………………… 322

三、李鴻章提出延宕的「支展之法」 …………………………………… 328

四、清政府內部就「球案」不同的意見 ………………………………… 331

五、清政府拒簽《球案條約》 …………………………………………… 335

第十八章　琉球人在日及本土的自救運動 ……………………………… 339

一、吞併初期琉球內部政情的變化 ……………………………………… 339

二、琉球人在日本的請願活動 …………………………………………… 346

三、琉球人在本土的自救活動 …………………………………………… 352

第十九章　琉球人在清的自救活動 ……………………………………… 357

一、向德宏等琉球人赴京請願 …………………………………………… 357

二、向德宏助李鴻章駁斥日本 …………………………………………… 362

三、林世功以死反對分割「琉球」 ……………………………………… 366

四、在清琉球人後期的請願活動 ………………………………………… 371

結束語 ……………………………………………………………………… 377

參考文獻 …………………………………………………………………… 379

附錄一　中國文化對琉球的薰陶及影響 ………………………………… 395

附錄二　美國教唆菲律賓反對國民政府收回琉球 ……………………… 409

# 第十七冊　新馬潮人之民俗傳承與在地化研究：以潮汕僑批為中心

## 作者簡介

陳佳杰（Tan Jia Keat），馬來西亞檳城人，本科畢業於馬來西亞拉曼大學（UTAR），後於國立成功大學中國文學系獲得碩士學位，現為國立成功大學中國文學系博士生。主要研究領域為海外華僑華人研究、僑批研究、民俗及民間文學研究，其中也包括馬來西亞、新加坡華文文學、臺灣文學、世界華文文學等。僑批研究論著有：〈析論《潮汕僑批集成》有關新馬潮州人之民俗

記敘與集體記憶〉、〈僑批之外：二戰前後馬來（西）亞、新加坡潮幫批局再探〉、〈潮汕僑批與口述歷史的文化記憶：以馬來西亞檳城張氏家族為考察對象〉、〈跨地域的傳承與流變：從閩、潮僑批看南洋華僑華人之生命禮俗故事〉等。

## 提 要

華僑下南洋的歷史已悠悠百年，而僑批在東南亞華人社會與僑鄉之間的聯繫起著至關重要的作用。它承載著東南亞與僑鄉金融流動的功能，也記載著跨域的社會資訊，如文化思想、俗語歌謠、飲食風尚、禮儀習俗等。至此，以「僑批」為名出版的《潮汕僑批集成》共計 4 輯 139 冊，收入近 12 萬件僑批原件。本文以成功入選 2013 年聯合國教科文組織《世界記憶名錄》的「僑批」為研究對象，探討僑批中有關新、馬潮州人民俗的傳承與記敘。首先，本文以潮汕僑批、潮幫批局之沿革為始，為讀者們說明僑批與批局的相關概念與認識，再進一步論述潮人生命禮俗當中誕生、婚嫁、喪葬所表徵「生」至「死」的內容。其次，從潮人的生活、歲時作為切入點，論述人們在生活習俗上的傳承與演變。再者，本文以信仰為題，探究潮人神明信仰和祖先崇拜之行為。至此，我們可以藉著潮汕僑批的探索，瞭解新、馬潮人在華僑大遷徙的時代下如何傳承其民俗文化，寄寓懷鄉情感與文化認同。簡言之，僑批的出版不僅讓人可以窺見潮人生活文化的經歷，亦是潮人下南洋的歷史見證與集體記憶，成為研究華僑華人的重要歷史文獻。

## 目 次

誌 謝
第壹章 緒 論 ……………………………………………………………… 1
第貳章 潮幫批局之沿革與潮汕僑批之特點 …………………………… 41
　第一節 僑批與批信局之源起及發展 ………………………………… 41
　第二節 僑批與《潮汕僑批集成》之特色及價值 …………………… 57
第參章 潮汕僑批與潮人生命禮俗之探究 …………………………… 71
　第一節 誕生禮俗：生命的傳承 ……………………………………… 73
　第二節 婚嫁禮俗：生命的本源 ……………………………………… 86
　第三節 喪葬禮俗：生命的終結 ……………………………………… 97
第肆章 潮汕僑批與潮人生活民俗之探究 …………………………… 115
　第一節 生活習尚：開門七件事 ……………………………………… 115

第二節　歲時禮俗：節日的慶典…………………………………… 129

第伍章　潮汕僑批與潮人信仰習俗之探究……………………………… 147

第一節　華人社會的「民間信仰」…………………………………… 147

第二節　祖先崇拜：報本與反始……………………………………… 151

第三節　神明信仰：精神的支柱……………………………………… 163

第陸章　結　論………………………………………………………… 187

參考文獻………………………………………………………………… 193

附錄一…………………………………………………………………… 213

附錄二…………………………………………………………………… 229

附錄三…………………………………………………………………… 231

附錄四…………………………………………………………………… 235

# 第十八至二四冊　曖昧的歷程——中國古代性別亞文化研究

## 作者簡介

　　張杰，男，1969 年出生，河北省霸州市人，河北大學中國近代史專業碩士。1995 年起在國家圖書館（原北京圖書館）古籍分館從事古籍整理、古籍諮詢工作。利用豐富的館藏文獻，數十年如一日進行古代同性戀史研究，於 2001、2008、2013 年在中州古籍出版社、雲南人民出版社、天津古籍出版社先後出版了《曖昧的歷程——中國古代同性戀史》、《趣味考據——中國古代同性戀圖考》、《斷袖文編——中國古代同性戀史料集成》三部著作，並在《中國社會歷史評論》、《文獻》、《文津學誌》等期刊發表有《金蘭契研究》、《〈弁而釵〉崇禎本的遞修與後印》、《〈迦陵先生填詞圖〉綜考》等二十餘篇相關論文。在古代同性戀史研究領域處於領先地位，《曖昧的歷程》尤屬奠基之作，在學界和普通讀者中具有廣泛影響。

## 提　要

　　本書是對中國古代同性戀進行全面系統的多角度研究，分為五章。第一章緒論，對古代男風同性戀的基本歷史、主要特色等進行概述。第二章歷史面貌，按照遠古、先秦、秦漢、三國兩晉南北朝、隋唐五代宋元、明、清的歷史順序，對相關史實做縱向的具體記述。第三章專題述論，對頗具古代特色的優伶、教徒、福建、女性、兩性人的同性戀進行專門研究。第四章文學

表現，從文學角度觀察古代男風。第五章論文考據，從社會生活的各個層面觀察古代男風。

目前同性戀現象無論國內國外、大陸臺灣都是社會關注的熱點。本書在這方面進行了客觀的回顧式展現，讓讀者對相關歷史能有一個全景式觀察，從而可以更準確地對同性戀問題加以認知和評判。全書二百餘萬字，引用以古籍為主的各類文獻 1435 種。其對古代男風同性戀的反映是全方位、窮盡式的，既富學術性又具通俗性，適合於對古代同性戀有興趣的各類讀者。

與《歷程》舊版相比，增訂版不但對原有內容進行了修訂增補，而且還新增加了七十餘篇專題論文，涉及文學、藝術、政治、語言、醫學、社會生活、中西交流等多個方面。其價值，一是開拓了新的研究領域，如《明清時期西人視域裏的華俗男風》、《明清時期的男色疾病》等文章；二是為傳統研究提供了新的視角，如《〈詩經・秦風〉解》、《先秦男風背景下的屈原與楚懷王》等文章。另外，增訂版的插圖數量明顯增加，達到 500 幅，從而圖文並茂，對讀者更加具有吸引力。

## 目　次

### 第一冊

代自序——何謂同性戀

第一章　緒　論 …………………………………………………………………………… 1
　一、基本歷史 ………………………………………………………………………… 1
　二、相關名詞 ………………………………………………………………………… 7
　三、主要特色 ……………………………………………………………………… 15
　四、同性戀者的產生 ……………………………………………………………… 26
　五、準同性戀 ……………………………………………………………………… 29
第二章　歷史面貌 ……………………………………………………………………… 35
　第一節　萌生：遠古時期 ………………………………………………………… 35
　第二節　初露：先秦時期 ………………………………………………………… 43
　第三節　承延：秦漢時期 ………………………………………………………… 74
　第四節　浮蕩：三國兩晉南北朝時期 ………………………………………… 103
　第五節　和緩：隋唐五代宋元時期 …………………………………………… 143
　第六節　淫靡：明代 …………………………………………………………… 163

## 第二冊

第七節　盡顯：清代 …………………………………………… 261

## 第三冊

第三章　專題述論 …………………………………………… 477

第一節　優伶同性戀 ………………………………………… 477

第二節　教徒同性戀 ………………………………………… 607

第三節　福建同性戀 ………………………………………… 635

第四節　女性同性戀 ………………………………………… 668

第五節　兩性人與同性戀 …………………………………… 708

## 第四冊

第四章　文學表現 …………………………………………… 765

《詩經‧秦風》解——基於秦與斯巴達的文化比較 ………… 765

《秦王卷衣》考——漫談華陽與龍陽 ………………………… 772

唐代詩歌中的同性戀典故 …………………………………… 781

宋代詩詞中的男風影蹤 ……………………………………… 789

明清時期的男風詩歌 ………………………………………… 793

明代的情色賞優詩歌 ………………………………………… 822

清代的情色賞優詩歌 ………………………………………… 845

清代的詠優長歌 ……………………………………………… 871

迦陵詩詞與他的情感軌跡 …………………………………… 904

《迦陵先生填詞圖》主題析考 ………………………………… 925

迦陵韻事羨煞人 ……………………………………………… 951

定郎青眼迷煞人 ……………………………………………… 959

芍藥開豔一兩枝 ……………………………………………… 965

李慈銘和他朋友圈的情色賞優詩歌 ………………………… 969

## 第五冊

龍陽才子易順鼎的賞優新高度 ……………………………… 983

中國古代的曖昧友情詩歌 …………………………………… 993

元白並稱不只詩 ……………………………………………… 1020

洪孫誼契比元白 ……………………………………………… 1030

清人詩歌中的主僕深情 …………………………………………1043

明清豔情小說中的同性歡愛 …………………………………1055

明清豔情小說中的雙性戀 ……………………………………1092

明清豔情小說中的同性戀詞彙 ………………………………1100

《弁而釵》崇禎本的遞修與後印 ……………………………1109

再談《弁而釵》崇禎本的遞修與後印 ………………………1112

三談《弁而釵》崇禎本的遞修與後印 ………………………1120

四大名著中的男風敘寫 ………………………………………1126

《紅樓夢》及其相關著作中的同性戀 ………………………1134

香憐與湘蓮 ……………………………………………………1148

薛蟠之愚呆 ……………………………………………………1151

吳藻女士的才與情 ……………………………………………1153

龍舟歌中的金蘭契 ……………………………………………1159

**第六冊**

第五章　論文考據 ……………………………………………1175

同性戀的早期狀態與自然觀念的演變 ………………………1175

雙性戀的歷史與現實 …………………………………………1182

中國古代對於男風同性戀的歷史總結 ………………………1189

中國古代同性戀之最 …………………………………………1202

中國古代十大美男——兼談古代的男性美 …………………1208

中國古代同性戀十大美男 ……………………………………1211

孔子性向考 ……………………………………………………1214

先秦男風背景下的屈原與楚懷王 ……………………………1216

董賢 ……………………………………………………………1225

社會語言學視角下的古代同性戀名詞 ………………………1245

鴨與兔子、雞 …………………………………………………1254

同志小考 ………………………………………………………1256

變態小考 ………………………………………………………1260

屁精小考 ………………………………………………………1264

「菊花」小考 …………………………………………………1269

娼優關係考 ……………………………………………………1271

唐代宮廷男優考 …………………………………………………………1286

唐代官府男優考 …………………………………………………………1296

唐代社會男優考 …………………………………………………………1303

唐代家庭男優考 …………………………………………………………1312

宋代歌舞男優考 …………………………………………………………1320

宋代男風的尋覓之旅 ……………………………………………………1331

宋人文獻中的前代男風 …………………………………………………1335

蘇軾所言西漢風俗考 ……………………………………………………1339

明清時期同性婚姻的初級形態 …………………………………………1340

明清時期在華天主教在同性戀問題上與中國的文化差異 ……………1355

明清時期西人視域裏的華俗男風 ………………………………………1367

明清時期的男色疾病 ……………………………………………………1377

髒頭風 ……………………………………………………………………1389

簾子胡同與男色小唱 ……………………………………………………1394

簾子胡同和八大胡同 ……………………………………………………1405

《迦陵先生填詞圖》綜考 ………………………………………………1406

## 第七冊

從《雨村詩話》看乾嘉時期的優伶男色 ………………………………1423

惇王綿愷的兩面人生——兼談道光年間男風表現的兩面性 …………1431

晚清名士李慈銘的精神戀愛 ……………………………………………1442

晚清重臣張之洞的男風傳聞 ……………………………………………1451

清代的雞姦勘驗 …………………………………………………………1454

清代的邪教、黑道與男色男風 …………………………………………1457

清末《申報》的男風敘寫 ………………………………………………1464

巴恪思與清末北京男風 …………………………………………………1483

同性性犯罪相關法律的歷史與現實 ……………………………………1492

男色春宮 …………………………………………………………………1506

金蘭契研究 ………………………………………………………………1508

附錄一 圖名目錄 ………………………………………………………1549

附錄二 插圖用書目錄 …………………………………………………1567

附錄三 引書目錄 ………………………………………………………1579

# 第二五、二六冊　清代篆隸名家風格新變研究

## 作者簡介

作者：陳秀雋

出生：1950 年生於高雄旗山。

學歷：國立台中教育大學哲學博士。國立中興大學中文碩士。

曾任：國立台中二中國文科教師。國立空大人文學系兼任助理教授。

得獎：興大中興湖文學獎第 26 屆古典詩第一名。二林社大至聖之經金牌獎。傳統詩學會金牌獎。書法：入選台北市、高雄市、南瀛美展、全省美展。

參加第六、七屆國際漢字書法教育學術研討會。

參加藍田、彰化詩學會、中華傳統詩學會。

現任：弘道書學會常務監事。

## 提　要

書法是以漢字為素材來表現心靈境界的藝術，是文化的精粹，最足以代表中國文化，故自漢以來即被稱為「文化精英」的藝術。

本論文「清代篆隸名家風格新變研究」，內容共分六章。第一章緒論。第二章清代書學環境。第三章清初篆隸名家風格新變。第四章清中期篆隸名家風格新變。第五章清晚期篆隸名家風格新變。透過對書家生平、學書歷程、作品分析、風格評價，探討新變成就。第六章結論。

風格研究是最具價值意義的。藝術的可貴在創造，若無新變，何以代雄？周、秦、兩漢為篆隸發展的時代，宋、元、明帖學興盛。清代，考據學、文字學、金石學的發展，促使篆、隸、北碑的復興。清篆、隸新變方式或表現在工具上、或碑帖取法上、或結體造形上、或融入書體上，真可謂風格多樣、人才濟濟，與周、秦、兩漢迥異。

就時代風格而言，大體整個清代是尚質，以追求樸拙為主。文學藝術愈樸拙，愈見情感之真誠。清初風格形式較為詭異。清中期各具獨特的個性風格特色。清晚期則在金石學發達更加深化、融合創新，成果斐然。

化古為新與碑帖結合，是書壇創新的兩大主流。而新變不外質變與形變，學篆隸有助線質提升，形式變化有賴美學視野的開拓。形式是用來表意的，透過有意味的形式來傳達心意。清代簡牘尚未出土，今日簡牘成為書壇顯學。透過出土文物，是今人學書可超越清人之處。清代書家學問淵博，詩人、畫家、篆刻家、文字學家，甚至詩、書、畫、印兼通，這說明書法是一門以學

問為根柢的藝術。

## 目　次

### 上　冊

第一章　緒　論 ……………………………………………………………… 1

第二章　清代書學環境 …………………………………………………… 35

　　第一節　學術變遷 ……………………………………………………… 35

　　第二節　政治因素的影響 ……………………………………………… 43

　　第三節　考據學的發展與影響 ………………………………………… 51

　　第四節　金石學興起 …………………………………………………… 55

　　第五節　碑學興起 ……………………………………………………… 62

第三章　清初篆隸名家風格新變 ………………………………………… 69

　　第一節　清初隸書先行者──鄭簠 …………………………………… 70

　　第二節　清初小篆第一的王澍 ………………………………………… 84

　　第三節　以漆書揚名的金農 …………………………………………… 101

第四章　清代中期篆隸名家風格新變 …………………………………… 119

　　第一節　精通經學、說文的桂馥 ……………………………………… 121

　　第二節　篆隸神品的鄧石如 …………………………………………… 134

　　第三節　集分書大成的伊秉綬 ………………………………………… 159

　　第四節　簡古超逸的陳鴻壽 …………………………………………… 180

### 下　冊

第五章　清晚期篆隸名家風格新變 ……………………………………… 197

　　第一節　技巧精鍊的吳熙載 …………………………………………… 199

　　第二節　古拙樸茂的何紹基 …………………………………………… 213

　　第三節　融大小二篆之楊沂孫 ………………………………………… 236

　　第四節　但開風氣不為師──趙之謙 ………………………………… 251

　　第五節　專攻金文大篆的吳大澂 ……………………………………… 270

　　第六節　渾樸厚重的吳昌碩 …………………………………………… 286

第六章　結　論 …………………………………………………………… 313

　　第一節　清代篆隸興盛原因與發展取向 ……………………………… 314

　　第二節　研究成果──清代篆隸名家新變成就 ……………………… 320

第三節　影響（學習與創新）……………………………………… 338

參考文獻（書目）…………………………………………………… 345

# 第二七至三一冊　民俗雕版木刻研究

## 作者簡介

鄧啟耀，中山大學社會學與人類學學院榮休教授，續任廣州美術學院特聘教授及視覺文化研究中心主任，博士生導師。國家社科基金重大項目「中國宗教藝術遺產調查與數字化保存整理研究」首席專家。研究專長為視覺人類學和民間藝術。出版《宗教美術意象》《民族服飾：一種文化符號》《中國神話的思維結構》《巫蠱考察：中國巫蠱的文化心態》《視覺人類學導論》《我看與他觀：在鏡象自我與他性間探問》《非文字書寫的文化史》等。

參撰：熊迅、鄧圓也、陳丹、王曉青、黃韌、杜新燕、區海泳、李文、潘宇萍、周凱模、陳達理、李陶紅、張銘雪、陳少雅、歐丁

攝影：鄧啟耀、熊迅、鄧圓也、陳丹、王曉青、范炳堯、黃韌、杜新燕、區海泳、李文、潘宇萍、周凱模、陳達理

## 提　要

民俗雕版木刻作為一種木刻紙印的紙墨作品，本不為在世間發表、收藏和傳之永久，卻幾百年上千年地「活」在民間，歷經劫難依然不滅。這該是因了對大地的敬畏，對蒼天的敬畏，對傳統的敬畏？風和火在這裡留下痕跡，歷史在這裡留下痕跡，中國老百姓傳統的精神世界，在這裡留下痕跡。

它們與文字一樣，各自發揮著「寫／繪文化」、表述觀念意識，影響社會生活的作用。但比文字更多一重價值的是，它們用形象呈現了文字無法呈現的圖像。這些圖像不是視覺可見的一般表象，而是伴隨了中國人千百年、植根於人們內心深處的文化心理意象。它們滲透在中國人的精神世界中，化合為民俗，影響著人們的意識和行為。

它們又是「藝術」地呈現的，民間藝人們以刀為筆，直刻向木，不拘一格，創造了一種和學院藝術完全不同的工藝傳統和美學風格，是與西方藝術、中國文人藝術並列的「第三造型體系」。

本書基於作者三十餘年的田野考察，不僅有較為齊全的圖像資料（本書使用不同「版本」的民俗雕版木刻作品及田野考察現場照片約 2900 幅），還有雕版木刻在民俗現場使用的田野考察實錄（圖片說明和調查研究文字約 50

萬字)。僅就近於「大全」這個特色，本書也將具有長版書的效益。

# 目　次

## 第一冊

導言　風火留痕：民俗雕版木刻「文獻」敘述的心靈野史 …………………… 1

## 上　篇 ………………………………………………………………………… 37

第一章　民俗雕版木刻藝術略說 ………………………………………………… 39

　　一、民俗雕版木刻藝術的歷史與現狀 ……………………………………… 39

　　二、民俗雕版木刻的空間分布及人群 ……………………………………… 43

　　三、民俗雕版木刻的稱呼和種類 …………………………………………… 45

第二章　民俗雕版木刻的製作與流通 …………………………………………… 51

　　一、民間雕版木刻的製作工藝 ……………………………………………… 52

　　二、民間雕版木刻的銷售與流通 …………………………………………… 62

　　三、民間雕版木刻使用規則及禁忌 ………………………………………… 65

第三章　符籙及傳遞 ……………………………………………………………… 75

　　一、符表和文牒 ……………………………………………………………… 76

　　二、符咒和符章 ……………………………………………………………… 82

　　三、靈簽 ……………………………………………………………………… 89

　　四、符圖靈像 ………………………………………………………………… 91

　　五、衣錢和祭品 ……………………………………………………………… 91

第四章　信仰與祭祀 …………………………………………………………… 105

　　一、道教諸神 ………………………………………………………………… 105

　　二、佛教諸佛菩薩 …………………………………………………………… 181

　　三、民間信仰諸神 …………………………………………………………… 213

## 第二冊

中篇　民俗雕版木刻的社會文化功能 ………………………………………… 225

第五章　祈神：祈福求佑 ……………………………………………………… 227

　　一、祈福求財 ………………………………………………………………… 227

　　二、祈育 ……………………………………………………………………… 255

　　三、求學 ……………………………………………………………………… 267

　　四、鎮宅 ……………………………………………………………………… 272

第六章　酬神：文化英雄與行業神 ⋯⋯⋯⋯⋯⋯⋯⋯ 291

　　一、獵神 ⋯⋯⋯⋯⋯⋯⋯⋯⋯⋯⋯⋯⋯⋯⋯⋯⋯⋯⋯ 291

　　二、畜牧神 ⋯⋯⋯⋯⋯⋯⋯⋯⋯⋯⋯⋯⋯⋯⋯⋯⋯⋯ 295

　　三、農神 ⋯⋯⋯⋯⋯⋯⋯⋯⋯⋯⋯⋯⋯⋯⋯⋯⋯⋯⋯ 304

　　四、漁神或海神 ⋯⋯⋯⋯⋯⋯⋯⋯⋯⋯⋯⋯⋯⋯⋯⋯ 308

　　五、匠神 ⋯⋯⋯⋯⋯⋯⋯⋯⋯⋯⋯⋯⋯⋯⋯⋯⋯⋯⋯ 395

　　六、戰神 ⋯⋯⋯⋯⋯⋯⋯⋯⋯⋯⋯⋯⋯⋯⋯⋯⋯⋯⋯ 413

　　七、歌舞神 ⋯⋯⋯⋯⋯⋯⋯⋯⋯⋯⋯⋯⋯⋯⋯⋯⋯⋯ 434

　　八、其他行業神 ⋯⋯⋯⋯⋯⋯⋯⋯⋯⋯⋯⋯⋯⋯⋯⋯ 437

**第三冊**

第七章　祭祀：祖與社 ⋯⋯⋯⋯⋯⋯⋯⋯⋯⋯⋯⋯⋯ 445

　　一、祭祖 ⋯⋯⋯⋯⋯⋯⋯⋯⋯⋯⋯⋯⋯⋯⋯⋯⋯⋯⋯ 445

　　二、祭灶（火塘） ⋯⋯⋯⋯⋯⋯⋯⋯⋯⋯⋯⋯⋯⋯⋯ 454

　　三、祭社 ⋯⋯⋯⋯⋯⋯⋯⋯⋯⋯⋯⋯⋯⋯⋯⋯⋯⋯⋯ 461

　　四、地方保護神 ⋯⋯⋯⋯⋯⋯⋯⋯⋯⋯⋯⋯⋯⋯⋯⋯ 464

　　五、區域性遊神 ⋯⋯⋯⋯⋯⋯⋯⋯⋯⋯⋯⋯⋯⋯⋯⋯ 494

第八章　朝奉：自然神 ⋯⋯⋯⋯⋯⋯⋯⋯⋯⋯⋯⋯⋯ 525

　　一、祭日 ⋯⋯⋯⋯⋯⋯⋯⋯⋯⋯⋯⋯⋯⋯⋯⋯⋯⋯⋯ 525

　　二、祭月 ⋯⋯⋯⋯⋯⋯⋯⋯⋯⋯⋯⋯⋯⋯⋯⋯⋯⋯⋯ 528

　　三、祭星 ⋯⋯⋯⋯⋯⋯⋯⋯⋯⋯⋯⋯⋯⋯⋯⋯⋯⋯⋯ 531

　　四、其他天象 ⋯⋯⋯⋯⋯⋯⋯⋯⋯⋯⋯⋯⋯⋯⋯⋯⋯ 543

　　五、山神土地 ⋯⋯⋯⋯⋯⋯⋯⋯⋯⋯⋯⋯⋯⋯⋯⋯⋯ 548

　　六、水神龍王 ⋯⋯⋯⋯⋯⋯⋯⋯⋯⋯⋯⋯⋯⋯⋯⋯⋯ 570

　　七、山林草木 ⋯⋯⋯⋯⋯⋯⋯⋯⋯⋯⋯⋯⋯⋯⋯⋯⋯ 584

第九章　關　煞 ⋯⋯⋯⋯⋯⋯⋯⋯⋯⋯⋯⋯⋯⋯⋯⋯ 589

　　一、流產和難產 ⋯⋯⋯⋯⋯⋯⋯⋯⋯⋯⋯⋯⋯⋯⋯⋯ 590

　　二、命關 ⋯⋯⋯⋯⋯⋯⋯⋯⋯⋯⋯⋯⋯⋯⋯⋯⋯⋯⋯ 594

第十章　禳　祛 ⋯⋯⋯⋯⋯⋯⋯⋯⋯⋯⋯⋯⋯⋯⋯⋯ 613

　　一、火災水患 ⋯⋯⋯⋯⋯⋯⋯⋯⋯⋯⋯⋯⋯⋯⋯⋯⋯ 615

　　二、官司刑厄 ⋯⋯⋯⋯⋯⋯⋯⋯⋯⋯⋯⋯⋯⋯⋯⋯⋯ 622

　　三、兵燹凶死 ⋯⋯⋯⋯⋯⋯⋯⋯⋯⋯⋯⋯⋯⋯⋯⋯⋯ 633

四、車馬路禍 ……………………………………… 640

第十一章 疫 病 ………………………………… 649

一、瘟疫 ……………………………………… 651

二、病痛 ……………………………………… 671

三、驅瘟 ……………………………………… 677

四、治病 ……………………………………… 680

**第四冊**

第十二章 攻擊和化解 …………………………… 701

一、巫蠱 ……………………………………… 701

二、清淨退掃 ………………………………… 713

三、口舌是非 ………………………………… 718

四、失孝 ……………………………………… 733

五、替身與解冤 ……………………………… 735

第十三章 叫 魂 ………………………………… 743

一、捉（勾）魂 ……………………………… 745

二、追魂／叫魂 ……………………………… 749

三、送魂 ……………………………………… 754

**下篇 民俗雕版木刻的表述語境和「句法結構」** …… 757

第十四章 民俗雕版木刻的儀式場域及表述語境 …… 759

一、「講目連」法事中的視覺傳達 …………… 759

二、民俗雕版木刻符像及法事視覺傳達的儀式場域 … 771

三、民俗雕版木刻符像的表述語境和社會文化功能 … 776

第十五章 民俗雕版木刻與人生禮儀 …………… 779

一、誕生 ……………………………………… 779

二、成人 ……………………………………… 793

三、婚戀 ……………………………………… 799

四、親長晉升與祝壽 ………………………… 815

五、喪禮與奠亡 ……………………………… 860

六、導引和超渡 ……………………………… 884

**第五冊**

第十六章　民俗雕版木刻的時間節點與歲時秩序‥‥‥‥‥‥‥‥‥ 909

　　一、日月星辰與時間秩序‥‥‥‥‥‥‥‥‥‥‥‥‥‥‥‥ 909

　　二、四季與節氣‥‥‥‥‥‥‥‥‥‥‥‥‥‥‥‥‥‥‥‥ 914

　　三、年歲‥‥‥‥‥‥‥‥‥‥‥‥‥‥‥‥‥‥‥‥‥‥‥ 923

第十七章　民俗雕版木刻的時間幻象與運勢轉換‥‥‥‥‥‥‥‥ 947

　　一、風水與運勢‥‥‥‥‥‥‥‥‥‥‥‥‥‥‥‥‥‥‥‥ 947

　　二、流年運程與轉運‥‥‥‥‥‥‥‥‥‥‥‥‥‥‥‥‥‥ 950

　　三、時間的幻象——太歲‥‥‥‥‥‥‥‥‥‥‥‥‥‥‥‥ 958

　　四、太歲符視覺形式的顯義與隱義‥‥‥‥‥‥‥‥‥‥‥‥ 980

第十八章　民俗雕版木刻呈現的空間層次、方位與邊界‥‥‥‥‥ 987

　　一、空間層次‥‥‥‥‥‥‥‥‥‥‥‥‥‥‥‥‥‥‥‥‥ 987

　　二、空間方位‥‥‥‥‥‥‥‥‥‥‥‥‥‥‥‥‥‥‥‥ 1002

　　二、空間邊界‥‥‥‥‥‥‥‥‥‥‥‥‥‥‥‥‥‥‥‥ 1009

　　四、空間通道‥‥‥‥‥‥‥‥‥‥‥‥‥‥‥‥‥‥‥‥ 1019

第十九章　民俗雕版木刻及儀式空間的時態、嵌套和文化融合‥‥ 1035

　　一、雲南巍山彝族「畢摩」的儀式空間‥‥‥‥‥‥‥‥‥‥ 1035

　　二、儀式空間的時態‥‥‥‥‥‥‥‥‥‥‥‥‥‥‥‥‥ 1047

　　三、儀式空間的嵌套與文化融合‥‥‥‥‥‥‥‥‥‥‥‥ 1050

第二十章　民俗雕版木刻符像「圖語」和「句法」結構‥‥‥‥ 1057

　　一、物語‥‥‥‥‥‥‥‥‥‥‥‥‥‥‥‥‥‥‥‥‥‥ 1057

　　二、圖語‥‥‥‥‥‥‥‥‥‥‥‥‥‥‥‥‥‥‥‥‥‥ 1059

　　三、符籙密咒‥‥‥‥‥‥‥‥‥‥‥‥‥‥‥‥‥‥‥‥ 1061

　　四、民俗雕版木刻的「句法結構」‥‥‥‥‥‥‥‥‥‥‥ 1068

參考文獻‥‥‥‥‥‥‥‥‥‥‥‥‥‥‥‥‥‥‥‥‥‥‥‥ 1075

附錄：民間雕版木刻田野考察訪談及樣本採集對象‥‥‥‥‥‥ 1085

後　記‥‥‥‥‥‥‥‥‥‥‥‥‥‥‥‥‥‥‥‥‥‥‥‥‥ 1087

# 第三二、三三冊　百年將門：兩宋潞州上黨苗氏五世將門興衰史

## 作者簡介

　　何冠環，1955 年生，廣東江門市新會人，香港中文大學文學士、哲學碩士，美國亞里桑拿大學（University of Arizona）哲學博士，專攻宋代史，師從著名宋史學者羅球慶教授與陶晉生院士，先後任教於香港都會大學、新加坡南洋理工大學、香港教育大學、香港理工大學，2015 年退休。現擔任香港樹仁大學歷史系客座教授、香港新亞研究所特聘教授及香港大學中文學院客座教授。2006 年起獲選為中國宋史研究會理事迄今，2010 年獲選為嶺南宋史研究會副會長迄今，2014 年獲選為中國宋史研究會副會長（迄 2018 年）。著有《宋初朋黨與太平興國三年進士》（1994）（修訂本，2018）、《北宋武將研究》（2003）、《攀龍附鳳：北宋潞州上黨李氏外戚將門研究》（2013）、《北宋武將研究續編》（2016）、《宮闈內外：宋代內臣研究》（2018）、《拓地降敵：北宋中葉內臣名將李憲事蹟考述》（2019）、《功臣禍首：北宋末內臣童貫事蹟考》（2020）專著七種，以及發表學術論文數十篇。

## 提　要

　　本書《百年將門：兩宋潞州上黨苗氏五世將門興衰史》，是作者繼《攀龍附鳳：北宋潞州上黨李氏外戚將門研究》（2013）第二本研究宋代將門的專著，也是作者研究宋代武將第四本專著。本書分別考述籍屬山西潞州上黨的苗氏將門五世之事蹟：從第一代起家於宋太宗、真宗朝的苗忠（苗孝忠），到第二代在仁宗朝抗禦西夏的苗京（苗繼宣），到第三代在神宗、哲宗朝於西北開邊行動建立殊勳，兩任三衙管軍之首的殿帥並建節，時人譽為名將，並在《宋史》（也包括較早成書的《東都事略》立傳的苗授。然後考述苗授之長子、苗氏第四代傳人、在哲宗朝繼續在西北立功並授管軍的苗履，最後是最為人熟知，在南宋建炎三年三月發動苗劉之變（明受之變）的主角、苗氏第五代傳人苗傅。苗氏將門從苗忠以武臣出仕，到苗授建節任殿帥達到苗氏將門最盛時，然後到苗傅兵變失敗被族誅，歷五世百餘年，是兩宋少數經歷百年的將門。苗氏將門的百年興衰也見證了宋室從北宋初年防遼、中期禦夏到征青唐，然後在北宋末亡於金人之手，再由高宗重建南宋於江南的興衰歷史。

　　比起人們熟知的北宋楊家將，或近年中外學者多有研究的曹家將、高家

將、种家將、姚家將和吳家將，苗氏將門的事蹟，除了讓苗氏敗亡、名列《宋史‧叛臣傳》的苗傅廣為人知外，苗氏各代人物，包括將業不凡的苗授、苗履父子均較不為人注意。就是學界多有討論，發動「苗劉之變」的苗傅和其兄弟族人，仍有許多細節沒有被充份發掘和討論。本書即旨在提供和補充宋代將門研究一個翔實的個案，當能對研究宋代將門及南宋初年政局的學人有所裨益。本書的取材，作者除參閱宋代官私文獻外，更得力於許多新的出土碑銘，特別是林希所撰的〈宋保康軍節度使贈開府儀同三司苗莊敏公墓銘〉（苗授墓誌銘）。另外，本書作者亦充份參考前人相關的研究成果。

# 目 次

## 上 冊

緒 言‥‥‥‥‥‥‥‥‥‥‥‥‥‥‥‥‥‥‥‥‥‥‥‥‥‥‥‥‥‥‥‥‥‥1

第一章 舊苗再生：兩宋潞州上黨苗氏將門先世及第一代、二代人物‥‥‥‥5

　一、苗氏先世與北宋第一代人物苗守忠（苗忠）（？～1006 後）事跡考

　　‥‥‥‥‥‥‥‥‥‥‥‥‥‥‥‥‥‥‥‥‥‥‥‥‥‥‥‥‥‥‥‥‥5

　二、苗氏將門第二代傳人苗京（？～1052 後）事跡考‥‥‥‥‥‥‥‥‥6

第二章 允文允武：苗氏將門興家人物苗授前期戎馬生涯‥‥‥‥‥‥‥‥‥15

　一、苗授早年仕歷‥‥‥‥‥‥‥‥‥‥‥‥‥‥‥‥‥‥‥‥‥‥‥‥‥16

　二、初試啼聲：隨王韶立功熙河‥‥‥‥‥‥‥‥‥‥‥‥‥‥‥‥‥‥21

第三章 如魚得水：苗授在李憲麾下的輝煌戰功‥‥‥‥‥‥‥‥‥‥‥‥‥39

　一、再戰熙河：苗授在熙寧後期的戰功‥‥‥‥‥‥‥‥‥‥‥‥‥‥‥39

　二、戍守北疆‥‥‥‥‥‥‥‥‥‥‥‥‥‥‥‥‥‥‥‥‥‥‥‥‥‥‥45

　三、攻取蘭州‥‥‥‥‥‥‥‥‥‥‥‥‥‥‥‥‥‥‥‥‥‥‥‥‥‥‥49

　四、涇原進築到固守蘭州‥‥‥‥‥‥‥‥‥‥‥‥‥‥‥‥‥‥‥‥‥66

第四章 兩任殿帥：苗授後期的武臣生涯‥‥‥‥‥‥‥‥‥‥‥‥‥‥‥‥77

　一、宿衛歲月‥‥‥‥‥‥‥‥‥‥‥‥‥‥‥‥‥‥‥‥‥‥‥‥‥‥‥77

　二、出守大藩‥‥‥‥‥‥‥‥‥‥‥‥‥‥‥‥‥‥‥‥‥‥‥‥‥‥‥93

　三、老當益壯‥‥‥‥‥‥‥‥‥‥‥‥‥‥‥‥‥‥‥‥‥‥‥‥‥‥‥101

　四、餘論‥‥‥‥‥‥‥‥‥‥‥‥‥‥‥‥‥‥‥‥‥‥‥‥‥‥‥‥‥107

第五章 將門虎子：苗氏將門第四代傳人苗履將業考‥‥‥‥‥‥‥‥‥‥‥111

　一、從征西北‥‥‥‥‥‥‥‥‥‥‥‥‥‥‥‥‥‥‥‥‥‥‥‥‥‥‥113

二、獨當一面…………………………………………… 116

三、鎮守西邊…………………………………………… 119

四、元符開邊…………………………………………… 123

五、出任管軍…………………………………………… 139

六、小結………………………………………………… 143

下　冊

第六章　繼世為將：上黨苗氏將門第五代傳人苗傅在苗劉兵變前事跡考‥ 145

一、勤王之師：苗傅在靖康元年至二年的事跡 ………… 149

二、扈從之臣：苗傅在建炎元年之事跡考 …………… 151

三、熊羆之士：建炎二年苗傅、劉正彥事跡考 ……… 162

第七章　明受之變：苗傅與劉正彥建炎三年三月發動兵變始末 … 175

一、山雨欲來：兵變前夕的情況 ……………………… 175

二、平地驚雷：行在危城三月 ………………………… 182

第八章　五世而絕：苗傅、劉正彥的結局 ……………… 213

一、復辟之後：苗傅與劉正彥亡命南方 ……………… 214

二、末路浦城：苗傅劉正彥的兵敗被擒 ……………… 225

三、身死族誅：苗劉兵變的結局 ……………………… 235

四、殷鑒不遠：苗劉之變對南宋人的教訓 …………… 244

五、苗劉之變再評述 …………………………………… 249

餘　論…………………………………………………… 271

參考書目………………………………………………… 275

附錄　宋保康軍節度使贈開府儀同三司苗莊敏公墓銘 ……… 289

後　記…………………………………………………… 295

# 第三四冊　玄奘與洛陽

## 作者簡介

　　王宏濤（1976～），男，漢族，河南偃師人，歷史學博士，鞍山師範學院副教授，洛陽玄奘文化研究會副會長。主要研究佛教文化，對菩薩信仰、石窟寺考古、寺廟歷史、玄奘文化均有涉獵。曾出版《古代域外普賢信仰研究》《西安佛教寺廟》《西安佛教祖庭》《簡明佛教文化通覽》《洛陽佛教寺廟》《水泉石窟》《月印萬川——華嚴宗及其祖庭》七部專著。在《世界宗教研究》《五

臺山研究》《中國道教》、《法音》等期刊發表論文二十餘篇。

## 提　要

　　洛陽是玄奘的故鄉。玄奘生於洛陽，長於洛陽，佛學啟蒙於洛陽，出家於洛陽。玄奘故里位於洛陽偃師區南部是確定的，但其具體位置究竟在那個村，現有資料不足以確定，目前的玄奘故里是原中國佛教協會會長趙樸初定的地方，得到了官方的認可，但兩岸學術界也有部分學者支持滑城河說，但證據都不足。玄奘一直心念洛陽，取經歸來後，他先後在唐太宗、唐高宗時期兩次上表要求返回故鄉洛陽翻譯佛經，言辭懇切，幾近哀求，無奈均被拒絕。他聽到洛陽升級為東都的消息，歡喜雀躍，親自上表高宗皇帝與則天皇后，表示感謝。玄奘法師創立的唯識宗，在洛陽也有遺跡，他的兩大弟子之一的新羅圓測，圓寂在洛陽，葬在洛陽香山寺，後分走部分舍利到西安。玄奘在洛陽有不少遺跡，如他受佛學啟蒙的唐僧寺、出家的淨土寺、玄奘少年聽經的慧日道場（今安國寺）、藏有《聖教序》碑的招提寺等。

　　玄奘與洛陽的關係，雖然前輩學者零零碎碎多有闡述，但始終沒有集中體現。本書以「玄奘與洛陽」為中心，全面介紹玄奘與洛陽多層面的關係，包括玄奘故里的爭議、學習經歷，與皇權的交涉、對故鄉洛陽的懷念、身後的影響與評價、玄奘與《大唐西域記》、玄奘與《西遊記》等多個方面。

　　本書是當前開發玄奘故里急需的參考性用書。

## 目　次

第一章　青少年時代的玄奘 …………………………………………………… 1
　第一節　玄奘故里在哪裏 …………………………………………………… 1
　第二節　玄奘於此結佛緣：偃師唐僧寺 ………………………………… 8
　第三節　玄奘名字的爭議 ………………………………………………… 14
　第四節　出家隋唐城淨土寺 ……………………………………………… 15
第二章　拜師求法 ……………………………………………………………… 19
　第一節　拜師學經 ………………………………………………………… 19
　第二節　玄奘在國內的師承 ……………………………………………… 21
　第三節　西行取經 ………………………………………………………… 26
　第四節　載譽歸國 ………………………………………………………… 30
第三章　與皇權的交涉 ……………………………………………………… 33
　第一節　洛陽宮酬答唐太宗 ……………………………………………… 33

　　第二節　玄奘法師與唐太宗的往來 …………………………………………36
　　第三節　玄奘法師與唐高宗的往來 …………………………………………42
　　第四節　玄奘與武則天的交往 ………………………………………………46
　　第五節　與皇權交涉，提高佛教地位 ………………………………………50
　　第六節　翻譯佛經 ……………………………………………………………53
　　第七節　玄奘與佛道名位 ……………………………………………………57
第四章　玄奘與洛陽 ………………………………………………………………67
　　第一節　玄奘心懷洛陽 ………………………………………………………67
　　第二節　回洛陽改葬雙親 ……………………………………………………73
　　第三節　玄奘與洛陽度僧 ……………………………………………………74
　　第四節　玄奘與洛陽各地的關係 ……………………………………………78
第五章　玄奘身後 …………………………………………………………………89
　　第一節　玄奘圓寂 ……………………………………………………………89
　　第二節　玄奘法師與絲綢之路 ………………………………………………92
　　第三節　學者評價 ……………………………………………………………95
　　第四節　歷史上著名的玄奘畫像 ……………………………………………99
第六章　玄奘的影響 ……………………………………………………………103
　　第一節　玄奘創立的唯識宗 …………………………………………………103
　　第二節　玄奘在藏族中的影響變遷 …………………………………………113
　　第三節　《西遊記》在印度的翻譯 …………………………………………121
　　第四節　玄奘法師是唐代古文運動的先驅者 ………………………………123
　　第五節　玄奘《大唐西域記》對唐代中原文化的影響 ……………………128
第七章　玄奘所翻的主要佛典 …………………………………………………137
　　第一節　所譯小乘佛教經論 …………………………………………………137
　　第二節　所譯大乘佛教經論 …………………………………………………139
第八章　在洛陽的遺跡遺址 ……………………………………………………145
　　第一節　玄奘故里有關遺址 …………………………………………………145
　　第二節　玄奘出家的東都淨土寺 ……………………………………………146
　　第三節　偃師府店招提寺 ……………………………………………………153
　　第四節　玄奘弟子圓測長眠之地──龍門香山寺（韓國唯識宗祖庭）‥155
　　第五節　玄奘聽經的隋慧日道場──今老城安國寺…………………………166

第六節　隋翻經館 ……………………………………………………… 174

附錄一　《大唐西域記》與玄奘法師的遠征 ……………………… 177

附錄二　玄奘法師與《西遊記》 …………………………………… 239

附錄三　傳說故事 …………………………………………………… 265

附錄四　洛陽佛教祖庭的文化內涵 ………………………………… 267

附錄五　古印度與洛陽天竺寺 ……………………………………… 273

附錄六　玄奘簡略年譜 ……………………………………………… 281

後　記 ………………………………………………………………… 283

# 第三五冊　傳說中的年節研考

## 作者簡介

徐華龍，1948 年生，民族：漢。復旦大學研究生畢業。筆名有文彥生、曉園客、林新乃等，上海文藝出版社編審。上海筷箸文化促進會會長、上海市非物質文化遺產保護工作專家委員會委員、《中國民間文學大系》出版工程編輯專家委員會「民間傳說組」副組長。

20 世紀 80 年代出版的《中國民間文學大辭典》就有徐華龍人物詞條。

《廣西民族學院學報》2001 年第 4 期專門介紹徐華龍的學術生平的文章，《新一代中國民間文化的開拓者──徐華龍》。學報封面上不僅刊登徐華龍的照片，還在刊物的第一頁上發表了介紹封面學者的文章《民俗學家徐華龍先生》。在這期刊物裏，還有專門介紹徐華龍的學術經歷和學術成功。

《長江大學學報》（社科版）2016 年第 6 期的封 2 刊登「學者風采──神話學名家徐華龍」。

《長江大學學報》（社科版）2016 年第 6 期刊載徐華龍文章《盤古文化及其分布地圖》，夏楠《中國民俗神話學的踐行者──徐華龍神話學研究評述》。

《文化學刊》2016 年第 12 期有「學術人物」徐華龍。封 2 和封 3 刊登有「本期『學術人物』徐華龍」的生活、活動照片十張。同時，此期刊物還登載徐華龍《箸與清代中醫藥研究》與夏楠《理論與經驗的並行──徐華龍先生的多元學術研究述評》文章。

## 提　要

所謂年、節都是 360 天裏的休止符號，是正常生活中的一次次停頓，這種時間的流逝過程中，產生的停頓就是節，猶如竹節一樣，顯示出生活的不

同前進的節奏。為了使得生活的節奏豐富多彩，就產生了各種各樣的傳說故事，來表達不同的生活理想，與每一個節慶的價值與意義，如此觀看歷史，幾乎每個民族的年節都與傳說有關，由於傳說使得民眾信以為真，才慢慢地形成年或者節。同理，每個民族的文化、歷史、地域、信仰的各異，才又有了色彩斑斕、絢麗多姿的年節表現形態。

所謂年節文化，主要指的是其傳統，和原有所存在的歷史形態，而年節文化，則更多的注重將傳統節日賦予新的時代形式與新的社會內涵揭示出來，看到年節文化的豐富性與不斷變化的文化軌跡，從而改變人們對年節淡漠的觀念，激起對年節文化的興趣與熱愛。

本書主要挖掘傳說中的主要傳統年節的文化內涵以及歷史演變。

# 目　次

前　言……………………………………………………………………… 1

春節源於鬼節考…………………………………………………………… 3

都市春節還需要點什麼？………………………………………………… 17

節日文化與文化節日——以中國春節為例……………………………… 31

和諧——中國春節的主旋律……………………………………………… 47

端午與防疫——傳統端午的現代性價值………………………………… 61

新論七夕節………………………………………………………………… 77

後疫情時代的重陽節重構與交往………………………………………… 95

關於設立「公筷節」建議………………………………………………… 103

清州筷子節之感悟………………………………………………………… 109

從人到佛祖菩薩的劉薩訶………………………………………………… 117

絲綢之路的佛教文化開拓者……………………………………………… 125

上海非遺名錄技藝類項目參與市場競爭中的成功、不足及其對策…… 131

疫情之下的藝術變化與交流……………………………………………… 147

上海春節的信仰觀………………………………………………………… 155

海上風俗雜錄……………………………………………………………… 169

文獻參考…………………………………………………………………… 203

# 第三六冊　古代兒童遊戲考

## 作者簡介

　　李德生（1945～），原籍北京，旅居加拿大，係加拿大文化更新研究中心研究員，致力於東方民俗文化和中國戲劇之研究。有如下著作在國內外出版發行：《束胸的歷史與禁革》（臺灣花木蘭文化事業有限公司出版 2021 年 3 月）；《粉戲》（臺灣花木蘭文化事業有限公司出版 2021 年 3 月）；《血粉戲及劇本十五種》（上中下）（臺灣花木蘭文化事業有限公司出版 2021 年 9 月）；《禁戲》（上下）（臺灣花木蘭文化事業有限公司出版 2021 年 9 月）；《炕與炕文化》（臺灣花木蘭文化事業有限公司出版 2021 年 9 月）；《煙雲畫憶》（臺灣花木蘭文化事業有限公司出版 2021 年 9 月）；《京劇名票錄》（上下）（臺灣花木蘭文化事業有限公司出版 2021 年 9 月）；《春色如許》（臺灣花木蘭文化事業有限公司出版 2022 年 3 月）；《讀圖鑒史》（臺灣花木蘭文化事業有限公司出版 2022 年 3 月）；《摩登考》（臺灣花木蘭文化事業有限公司出版 2022 年 3 月）；《圖史鉤沉》（臺灣花木蘭文化事業有限公司出版 2022 年 3 月）；《旗裝戲》（臺灣花木蘭文化事業有限公司出版 2022 年 9 月）；《二十四孝興衰史》（臺灣花木蘭文化事業有限公司出版 2022 年 9 月）；《富連成詳考》（上下）（臺灣花木蘭文化事業有限公司出版 2023 年 3 月）；《丑戲》（臺灣花木蘭文化事業有限公司出版 2023 年 3 月）；《三百六十行詳考》（上下）（臺灣花木蘭文化事業有限公司出版 2023 年 3 月）；《清代禁戲圖存》（上下）（臺灣花木蘭文化事業有限公司出版 2023 年 9 月）；《三百六十行詳考續》民初篇（上下）（臺灣花木蘭文化事業有限公司出版 2023 年 9 月）。

　　李平生（1947～），女，民俗和民國史研究研究者，自由撰稿人。曾協助民國史研究專家李凡先生撰寫《孫中山全傳》和《孫中山傳（修訂插圖本）》先後由北京出版社和浙江大學出版社出版。

## 提　要

　　封建社會的舊中國，從來不重視對兒童天性的培養和教育。唯強調「子不學，非所宜」。至於學什麼呢？那便是「三綱五常、忠孝節義」，「五經四書、修齊平治」。這類宏偉的著述在文庫中漢牛充棟、不記勝數。但是，有關兒童的遊戲、玩具類的著述，翻遍經典，幾近於零。怕的是孩子們的遊戲「毀於隨，荒於嬉」。只留下「香九齡，能溫席」「融四歲，能讓梨」之類陳腐的老故事，做為師範、教育兒童。直至清廷遜位，民國伊始，新學堂、新教育在

志士仁人極力的倡導之下，方始大興。在新文化運動的推動下，國民政府對兒童天賦的培養、體質的培育，才提上了國民教育的日程。強調學齡前對兒童的德育、文育、體育、技育必須全面發展，從而，為兒童的成長開拓出了一片新的天地。幼兒教育逐步走向了科學化、現代化。一大批教育工作者開始關注兒童心理學、幼兒教育學、兒童文學、兒童遊戲和兒童玩具的研究，並於上世紀二、三十年代始有這類研究文字問世。筆者集有許多關於兒童生活、兒童遊戲的前代繪畫，也算是研究古代和近代兒童生活的一種圖證。現精選部分作品編輯成書，並以薄識考其源淵始末，以供專家參用。

# 目　次

卷前畫

第一章　屑金碎玉話童蒙……………………………………………1

一、古「兒童」字意考………………………………………………1

二、古代兒童遊戲之種種……………………………………………4

第二章　古代兒童遊戲淺考……………………………………………13

1. 鬥蟋蟀……………………………………………………………13

2. 摸瞎兒……………………………………………………………15

3. 老鷹抓小雞………………………………………………………16

4. 騎馬打仗…………………………………………………………18

5. 踢毽兒……………………………………………………………19

6. 玩氣球……………………………………………………………21

7. 順風耳……………………………………………………………22

8. 拉小車……………………………………………………………24

9. 火流星……………………………………………………………25

10. 上樹摘棗…………………………………………………………27

11. 元宵燈……………………………………………………………28

12. 猜不著……………………………………………………………30

13. 踢球………………………………………………………………31

14. 彈球兒……………………………………………………………33

15. 轉陀螺……………………………………………………………34

16. 悠槓子……………………………………………………………36

17. 打秋韆……………………………………………………………37

18. 冰出溜 …………………………………………39

19. 堆雪人 …………………………………………40

20. 吹泡泡 …………………………………………42

21. 放風箏 …………………………………………43

22. 打腰鼓 …………………………………………44

23. 賞菊花 …………………………………………46

24. 抖空竹 …………………………………………47

25. 太平鼓 …………………………………………48

26. 招貓 ……………………………………………49

27. 逗狗 ……………………………………………51

28. 地出溜兒 ………………………………………52

29. 踏春風 …………………………………………53

30. 放炮仗 …………………………………………54

31. 拉象車 …………………………………………55

32. 捉青蛙 …………………………………………56

33. 逛花園 …………………………………………57

34. 學請醫 …………………………………………59

35. 黏知了 …………………………………………60

36. 捕魚 ……………………………………………61

37. 釣蝦 ……………………………………………62

38. 調猴子 …………………………………………63

39. 捉蜻蜓 …………………………………………64

40. 調鸚鵡 …………………………………………65

41. 占鼇頭 …………………………………………66

42. 孝悌之樂 ………………………………………67

43. 請君入甕 ………………………………………68

44. 蹬球 ……………………………………………70

45. 劃洋火 …………………………………………71

46. 官捉賊 …………………………………………72

47. 撿桑葚 …………………………………………73

48. 鬧學堂 …………………………………………74

49. 舉荷燈 ·······················································75

50. 偷西瓜 ·······················································76

51. 跑竹馬 ·······················································78

52. 划船 ·························································79

53. 石頭剪子布 ···················································80

54. 小轎車 ·······················································81

55. 拉瞎子 ·······················································82

56. 打架玩 ·······················································83

57. 推棗磨 ·······················································85

58. 躓跤 ·························································86

59. 戲蛙 ·························································87

60. 打電話 ·······················································88

61. 牧牛 ·························································90

62. 養金魚 ·······················································91

63. 推鐵環 ·······················································92

64. 齋泥模 ·······················································93

65. 打小鼓吹喇叭 ·················································95

66. 拉小輪船 ·····················································96

67. 拍皮球 ·······················································97

68. 跳獅子 ·······················································99

69. 跳繩 ·······················································100

70. 放洋槍 ······················································101

71. 捉麻雀 ······················································102

72. 放花筒 ······················································103

73. 射箭 ·······················································104

74. 翻筋斗 ······················································106

75. 餵雛雞 ······················································107

76. 轉團圓 ······················································108

77. 採蓮 ·······················································109

78. 採菱 ·······················································110

79. 演戲 ·······················································111

80. 撲流螢 ……………………………………… 112

81. 風車 …………………………………………… 113

82. 走馬燈 ………………………………………… 114

83. 賽跑 …………………………………………… 115

84. 撥浪鼓 ………………………………………… 116

85. 吹糖人 ………………………………………… 118

86. 捏麵人 ………………………………………… 119

87. 唱兒歌 ………………………………………… 120

88. 撲蝶 …………………………………………… 121

89. 猜枚 …………………………………………… 123

90. 蒔花 …………………………………………… 124

91. 清供 …………………………………………… 125

92. 轉糖攤 ………………………………………… 126

93. 耍骨骨丟 ……………………………………… 127

94. 玩具擔 ………………………………………… 128

95. 鬥百草 ………………………………………… 129

96. 演偶戲 ………………………………………… 130

97. 捶丸 …………………………………………… 131

98. 賣癡呆 ………………………………………… 132

99. 抓子兒 ………………………………………… 133

100. 學禮佛 ………………………………………… 135

101. 手影戲 ………………………………………… 136

102. 過家家 ………………………………………… 137

103. 六博 …………………………………………… 138

104. 雙陸 …………………………………………… 139

105. 對弈 …………………………………………… 140

106. 七巧板 ………………………………………… 141

107. 驢皮影 ………………………………………… 142

108. 投壺 …………………………………………… 143

109. 摩喝樂 ………………………………………… 144

110. 鬥紙牌 ………………………………………… 145

參考文獻⋯⋯⋯⋯⋯⋯⋯⋯⋯⋯⋯⋯⋯⋯⋯⋯⋯⋯⋯⋯⋯⋯⋯⋯ 147

編後　我的童稚生活⋯⋯⋯⋯⋯⋯⋯⋯⋯⋯⋯⋯⋯⋯⋯⋯⋯⋯⋯ 149

# 第三七冊　清代《三百六十行》秘本圖存

## 作者簡介

　　李德生（1945～），原籍北京，旅居加拿大，係加拿大文化更新研究中心研究員，致力於東方民俗文化和中國戲劇之研究。有如下著作在國內外出版發行：《束胸的歷史與禁革》（臺灣花木蘭文化事業有限公司出版 2021 年 3 月）；《粉戲》（臺灣花木蘭文化事業有限公司出版 2021 年 3 月）；《血粉戲及劇本十五種》（上中下）（臺灣花木蘭文化事業有限公司出版 2021 年 9 月）；《禁戲》（上下）（臺灣花木蘭文化事業有限公司出版 2021 年 9 月）；《炕與炕文化》（臺灣花木蘭文化事業有限公司出版 2021 年 9 月）；《煙雲畫憶》（臺灣花木蘭文化事業有限公司出版 2021 年 9 月）；《京劇名票錄》（上下）（臺灣花木蘭文化事業有限公司出版 2021 年 9 月）；《春色如許》（臺灣花木蘭文化事業有限公司出版 2022 年 3 月）；《讀圖鑒史》（臺灣花木蘭文化事業有限公司出版 2022 年 3 月）；《摩登考》（臺灣花木蘭文化事業有限公司出版 2022 年 3 月）；《圖史鉤沉》（臺灣花木蘭文化事業有限公司出版 2022 年 3 月）；《旗裝戲》（臺灣花木蘭文化事業有限公司出版 2022 年 9 月）；《二十四孝興衰史》（臺灣花木蘭文化事業有限公司出版 2022 年 9 月）；《富連成詳考》（上下）（臺灣花木蘭文化事業有限公司出版 2023 年 3 月）；《丑戲》（臺灣花木蘭文化事業有限公司出版 2023 年 3 月）；《三百六十行詳考》（上下）（臺灣花木蘭文化事業有限公司出版 2023 年 3 月）；《清代禁戲圖存》（上下）（臺灣花木蘭文化事業有限公司出版 2023 年 9 月）；《三百六十行詳考續》民初篇（上下）（臺灣花木蘭文化事業有限公司出版 2023 年 9 月）。

## 提　要

　　「讀圖鑒史」的研究方法近年來已蔚然成風，筆者曾就此法試著編撰了《讀圖鑒史》、《圖史鉤沉》、《春色如許》、《丑戲》、《禁戲圖存》等書，反映良好。於是筆者從民俗學角度又編撰了《三百六十行詳考》和《三百六十行詳考續》（民初篇）兩書。為了使「三百六十行」這一系列更臻於完美。筆者擬將蒐集到的清代有關「三百六十行」的宮廷御製秘本和域外珍藏繪本，如：清雍正御製《耕織圖》、乾隆鑒賞本《太平歡樂圖》、大英圖書館藏光緒年間

民間外銷繪本《皇都市廛》和宣統末年著名畫家陳師曾先生所繪的《北京風俗圖》，凡四種編輯成冊，謹供同好展玩和研究之用。

# 目　次

序言　芸芸眾生入畫來
第一部分　雍正御製耕織圖 ·········· 1
  1. 浸種 ·········· 2
  2. 耕 ·········· 3
  3. 耙耨 ·········· 4
  4. 耖 ·········· 5
  5. 碌碡 ·········· 6
  6. 布秧 ·········· 7
  7. 初秧 ·········· 8
  8. 淤蔭 ·········· 9
  9. 拔秧 ·········· 10
  10. 插秧 ·········· 11
  11. 一耘 ·········· 12
  12. 二耘 ·········· 13
  13. 三耘 ·········· 14
  14. 灌溉 ·········· 15
  15. 收刈 ·········· 16
  16. 登場 ·········· 17
  17. 持穗 ·········· 18
  18. 舂碓 ·········· 19
  19. 籭 ·········· 20
  20. 簸揚 ·········· 21
  21. 礱 ·········· 22
  22. 入倉 ·········· 23
  23. 祭神 ·········· 24
  24. 浴蠶 ·········· 25
  25. 二眠 ·········· 26
  26. 三眠 ·········· 27

27. 大起 ……………………………………………………28

28. 捉績 ……………………………………………………29

29. 分箔 ……………………………………………………30

30. 採桑 ……………………………………………………31

31. 上簇 ……………………………………………………32

32. 炙箔 ……………………………………………………33

33. 下簇 ……………………………………………………34

34. 採繭 ……………………………………………………35

35. 窖繭 ……………………………………………………36

36. 練絲 ……………………………………………………37

37. 蠶蛾 ……………………………………………………38

38. 祀神 ……………………………………………………39

39. 緯 ………………………………………………………40

40. 織 ………………………………………………………41

41. 絡絲 ……………………………………………………42

42. 經 ………………………………………………………43

43. 染色 ……………………………………………………44

44. 攀花 ……………………………………………………45

45. 剪帛 ……………………………………………………46

46. 裁衣 ……………………………………………………47

第二部分　乾隆御覽太平歡樂圖 ………………………49

1. 元旦吹簫 ………………………………………………50

2. 除夕歡樂圖 ……………………………………………51

3. 賣禾苗 …………………………………………………52

4. 賣桑葉 …………………………………………………53

5. 賣蠶繭 …………………………………………………54

6. 賣蠶絲 …………………………………………………55

7. 賣豆餅 …………………………………………………56

8. 賣水芹 …………………………………………………57

9. 賣糖粥 …………………………………………………58

10. 販木棉布 ………………………………………………59

11. 賣蓑衣 ⋯⋯⋯⋯⋯⋯⋯⋯⋯⋯⋯ 60

12. 織布 ⋯⋯⋯⋯⋯⋯⋯⋯⋯⋯⋯⋯ 61

13. 賣水果 ⋯⋯⋯⋯⋯⋯⋯⋯⋯⋯⋯ 62

14. 彈花 ⋯⋯⋯⋯⋯⋯⋯⋯⋯⋯⋯⋯ 63

15. 中秋月餅 ⋯⋯⋯⋯⋯⋯⋯⋯⋯⋯ 64

16. 賣九江魚 ⋯⋯⋯⋯⋯⋯⋯⋯⋯⋯ 65

17. 賣泉水 ⋯⋯⋯⋯⋯⋯⋯⋯⋯⋯⋯ 66

18. 販桑椹 ⋯⋯⋯⋯⋯⋯⋯⋯⋯⋯⋯ 67

19. 賣青菜 ⋯⋯⋯⋯⋯⋯⋯⋯⋯⋯⋯ 68

20. 元宵燈市 ⋯⋯⋯⋯⋯⋯⋯⋯⋯⋯ 69

21. 趕考市 ⋯⋯⋯⋯⋯⋯⋯⋯⋯⋯⋯ 70

22. 賣鄉試題名錄 ⋯⋯⋯⋯⋯⋯⋯⋯ 71

23. 賣燭 ⋯⋯⋯⋯⋯⋯⋯⋯⋯⋯⋯⋯ 72

24. 販書聯 ⋯⋯⋯⋯⋯⋯⋯⋯⋯⋯⋯ 73

25. 販蘭花 ⋯⋯⋯⋯⋯⋯⋯⋯⋯⋯⋯ 74

26. 浙江名瓷 ⋯⋯⋯⋯⋯⋯⋯⋯⋯⋯ 75

27. 販菖蒲 ⋯⋯⋯⋯⋯⋯⋯⋯⋯⋯⋯ 76

28. 販蓴菜 ⋯⋯⋯⋯⋯⋯⋯⋯⋯⋯⋯ 77

29. 採荷花 ⋯⋯⋯⋯⋯⋯⋯⋯⋯⋯⋯ 78

30. 賣金魚 ⋯⋯⋯⋯⋯⋯⋯⋯⋯⋯⋯ 79

31. 賣扇 ⋯⋯⋯⋯⋯⋯⋯⋯⋯⋯⋯⋯ 80

32. 賣蓮藕 ⋯⋯⋯⋯⋯⋯⋯⋯⋯⋯⋯ 81

33. 賣西瓜 ⋯⋯⋯⋯⋯⋯⋯⋯⋯⋯⋯ 82

34. 賣酸梅汁 ⋯⋯⋯⋯⋯⋯⋯⋯⋯⋯ 83

35. 淘河沙 ⋯⋯⋯⋯⋯⋯⋯⋯⋯⋯⋯ 84

36. 販熟食 ⋯⋯⋯⋯⋯⋯⋯⋯⋯⋯⋯ 85

37. 賣笤帚 ⋯⋯⋯⋯⋯⋯⋯⋯⋯⋯⋯ 86

38. 賣重陽糕 ⋯⋯⋯⋯⋯⋯⋯⋯⋯⋯ 87

39. 織簾 ⋯⋯⋯⋯⋯⋯⋯⋯⋯⋯⋯⋯ 88

40. 賣磚瓦 ⋯⋯⋯⋯⋯⋯⋯⋯⋯⋯⋯ 89

41. 販書 ⋯⋯⋯⋯⋯⋯⋯⋯⋯⋯⋯⋯ 90

42. 賣湖筆 …………………………………………………… 91

43. 販墨 ……………………………………………………… 92

44. 販鵝毛扇 ………………………………………………… 93

45. 古玩販子 ………………………………………………… 94

46. 雜貨籃 …………………………………………………… 95

47. 浙江木工 ………………………………………………… 96

48. 賣蒲團 …………………………………………………… 97

49. 修錫器 …………………………………………………… 98

50. 賣雛鴨 …………………………………………………… 99

51. 賣螢燈 …………………………………………………… 100

52. 賣名鳥 …………………………………………………… 101

53. 捏泥人 …………………………………………………… 102

54. 箍桶 ……………………………………………………… 103

55. 賣雞毛帚 ………………………………………………… 104

56. 賣銅杓 …………………………………………………… 105

57. 賣江蟹 …………………………………………………… 106

58. 修鞋匠 …………………………………………………… 107

59. 賣柿子 …………………………………………………… 108

60. 賣瑞炭 …………………………………………………… 109

61. 賣拓片 …………………………………………………… 110

62. 賣土布 …………………………………………………… 111

63. 賣紙鳶 …………………………………………………… 112

64. 磨銅鏡 …………………………………………………… 113

65. 孵小雞 …………………………………………………… 114

66. 釘秤 ……………………………………………………… 115

67. 賣春韭 …………………………………………………… 116

68. 賣涼鞋 …………………………………………………… 117

69. 賣田螺 …………………………………………………… 118

70. 賣草席 …………………………………………………… 119

71. 賣野味 …………………………………………………… 120

72. 賣雨傘 …………………………………………………… 121

73. 賣粽子 ···················································· 122

74. 賣元宵 ···················································· 123

75. 賣桂花 ···················································· 124

76. 小爐匠 ···················································· 125

77. 賣焙籠 ···················································· 126

78. 插解元草 ················································ 127

79. 賣篾器 ···················································· 128

80. 藝盆梅 ···················································· 129

81. 販羊 ······················································· 130

82. 賣恤鹽 ···················································· 131

83. 賃舂 ······················································· 132

84. 賣蠶 ······················································· 133

85. 賣柴 ······················································· 134

86. 賣油郎 ···················································· 135

87. 販茶 ······················································· 136

88. 賣冬筍 ···················································· 137

89. 賣杭菊 ···················································· 138

90. 賣山楂 ···················································· 139

91. 賣陶器 ···················································· 140

92. 吹簫賣餳 ················································ 141

93. 賣豆腐 ···················································· 142

94. 種樹匠 ···················································· 143

95. 品字菊 ···················································· 144

96. 刻圖章 ···················································· 145

97. 賣越桔 ···················································· 146

98. 賣糖 ······················································· 147

99. 賣瑞芝 ···················································· 148

100. 吉祥如意萬年青 ····································· 149

第三部分　皇都市廛 ··········································· 151

1. 道士化緣 ·················································· 152

2. 醮豬匠 ····················································· 152

3. 賣花女 ………………………………… 153

4. 耍猴人 ………………………………… 153

5. 端技 …………………………………… 154

6. 剷剔刀 ………………………………… 154

7. 衝磨 …………………………………… 155

8. 漢官太太 ……………………………… 155

9. 做席 …………………………………… 156

10. 插扇 ………………………………… 156

11. 耍鈸 ………………………………… 157

12. 賣涼粉 ……………………………… 157

13. 賣糖瓜 ……………………………… 158

14. 打太平鼓 …………………………… 158

15. 賣小鞋 ……………………………… 159

16. 販騾馬 ……………………………… 159

17. 架雙拐 ……………………………… 160

18. 踢球 ………………………………… 160

19. 瞽目人 ……………………………… 161

20. 賣藝 ………………………………… 161

21. 批殃榜 ……………………………… 162

22. 廣東婦人 …………………………… 162

23. 蹬梯子 ……………………………… 163

24. 宰羊 ………………………………… 163

25. 放風箏 ……………………………… 164

26. 賣大碗茶 …………………………… 164

27. 做潮煙 ……………………………… 165

28. 唱大鼓書 …………………………… 165

29. 賣鞋墊 ……………………………… 166

30. 賣圖兒 ……………………………… 166

31. 鑽火圈 ……………………………… 167

32. 箍桶 ………………………………… 167

33. 下象棋 ……………………………… 168

34. 趕腳 ……………………………………… 168

35. 燒包袱 …………………………………… 169

36. 拾荒 ……………………………………… 169

37. 撞鐘 ……………………………………… 170

38. 賣豆腐腦 ………………………………… 170

39. 抽糖人 …………………………………… 171

40. 打連廂 …………………………………… 171

41. 賣零碎綢子 ……………………………… 172

42. 看中醫 …………………………………… 172

43. 西瓜攤 …………………………………… 173

44. 點蒿子燈 ………………………………… 173

45. 跑堂兒 …………………………………… 174

46. 賣蟈蟈 …………………………………… 174

47. 三棒鼓 …………………………………… 175

48. 送報 ……………………………………… 175

49. 踢毽兒 …………………………………… 176

50. 打蛋雀 …………………………………… 176

51. 放睡 ……………………………………… 177

52. 高蹺 ……………………………………… 177

53. 吞寶劍 …………………………………… 178

54. 拈香撥米 ………………………………… 178

55. 沾燭 ……………………………………… 179

56. 耍叉 ……………………………………… 179

57. 焊水煙袋 ………………………………… 180

58. 什不閒 …………………………………… 180

59. 打糖鑼 …………………………………… 181

60. 賣鞭子 …………………………………… 181

61. 跑旱船 …………………………………… 182

62. 江米人 …………………………………… 182

63. 吊爐燒餅 ………………………………… 183

64. 瞧香 ……………………………………… 183

65. 賣估衣 ································· 184

66. 賣莞豆糕 ····························· 184

67. 吹水泡 ······························· 185

68. 奶媽兒 ······························· 185

69. 搖車 ································· 186

70. 耍石擔 ······························· 186

71. 吹糖人 ······························· 187

72. 賣仙鶴燈 ····························· 187

73. 收拾錫器 ····························· 188

74. 烙煎餅 ······························· 188

75. 飛鏢 ································· 189

76. 耍碗 ································· 189

77. 賣春聯 ······························· 190

78. 賣鮮花 ······························· 190

79. 賣白菽 ······························· 191

80. 耍罎子 ······························· 191

81. 頂寶塔 ······························· 192

82. 賣琉璃喇叭 ··························· 192

83. 乞丐 ································· 193

84. 耍火流星 ····························· 193

85. 拾糞 ································· 194

86. 練皮條槓子 ··························· 194

87. 磨刀剪 ······························· 195

88. 捨冰水 ······························· 195

89. 賣玻璃鏡 ····························· 196

90. 串鈴賣藥 ····························· 196

91. 西湖景 ······························· 197

92. 賣檳榔 ······························· 197

93. 拉冰床 ······························· 198

94. 賣茶湯 ······························· 198

95. 剃頭 ································· 199

96. 賣芝蔴稭 ················ 199

97. 修腳 ···················· 200

98. 賣鴨蛋 ·················· 200

99. 耍耗子 ·················· 201

100. 翻跟斗 ················· 201

第四部分　北京風俗圖 ······· 203

1. 旗裝少婦 ················ 204

2. 牆有耳 ·················· 205

3. 旱龍船 ·················· 206

4. 拾破爛 ·················· 207

5. 算命 ···················· 208

6. 背子 ···················· 209

7. 拉駱駝 ·················· 210

8. 喪門鼓 ·················· 211

9. 賣切糕 ·················· 212

10. 乞婆 ··················· 213

11. 大鼓書 ················· 214

12. 抗街 ··················· 215

13. 趕大車 ················· 216

14. 賣烤白薯 ··············· 217

15. 話匣子 ················· 218

16. 敲小鼓 ················· 219

17. 品茶客 ················· 220

18. 菊花擔 ················· 221

19. 調鳥 ··················· 222

20. 冰車 ··················· 223

21. 水夫 ··················· 224

22. 磨刀人 ················· 225

23. 針線箱 ················· 226

24. 賣胡琴 ················· 227

25. 人力車 ················· 228

26. 壓轎 …………………………………………………… 229

27. 糖胡蘆 ………………………………………………… 230

28. 喇嘛 …………………………………………………… 231

29. 吹鼓手 ………………………………………………… 232

30. 陸地慈航 ……………………………………………… 233

31. 掏糞工 ………………………………………………… 234

32. 執旗人 ………………………………………………… 235

33. 果子擔 ………………………………………………… 236

34. 回娘家 ………………………………………………… 237

參考文獻 …………………………………………………… 239

# 秦漢研究文選

黃留珠　著

## 作者簡介

黃留珠（1941～），西北大學教授，博士生導師，已退休。陝西省文史館館員。歷任中國史學會理事，中國秦漢史研究會副會長，陝西省史學會會長，秦文化研究會會長、名譽會長等學術職務。主要研究秦漢史，陝西—西安地方史。已出版個人、合作、主編著作 40 餘部，論文 300 餘篇。

## 提　　要

　　本書是作者秦漢研究三方面部分論文的結集。上卷為秦文化研究。秦文化「源於東而興於西」，是近兩千年來中國文化之基石；其南播以戰爭開路，成績斐然；應重新認識，軍事性是貫穿整個秦文化主線的問題；秦始皇統一祭祀制度是秦王朝鞏固統一的不可忽視的重要措施；秦禮制文化核心「尊君抑臣」，為歷代禮制的基礎；秦刑罰思想統一前以商鞅及《商君書》為代表，統一後除「緩刑罰」外，又向極端主義、絕對主義轉化；秦簡敖童實為具有奴身份的豪童，可享有國家授田，並出任「佐」一類官府「少吏」。中卷為秦漢仕進——退免制度研究。古人歎為「無聞」的秦仕進制度，具體包含世官、薦舉、耕戰、客、吏道、通法、特例等幾個方面內容；漢選官制度層次，分為察舉、辟除、任子、徵召、薦舉、考試、功次、特種仕途等八種；漢代選廉制度對其良好吏治形成具有重要意義；兩漢選官制度的特點，一是帶有明顯的原始性，二是富於尚武精神，三是先選後考、選舉與考課不分，四是辟舉之盛行；兩漢退免制度，經量化考察後，會看到「造成了事實上官員終身制」這種奇特的社會效果；下卷為陳直學研究。其延續日本學者的說法，認為陳直學是以陳直治學思想為主線而形成的研究中國古史特別是秦漢史的科學方向；指出大家對陳著的訂誤是陳直學在新的條件下的發展與完善。最後為附錄。記錄作者回答採訪的十個問題。

# 自　序

　　我 40 歲時方得執教西北大學，開始自己的學術生涯。由於起步較晚，又總是跟著興趣走，愛說一些別人不曾說過的話，所以治學倒也有些特色，但同時也有些雜，先後對秦文化、兩漢史、周秦漢唐文明、中國古代管理思想、中國古代仕進制度、歷史悖論、大歷史史觀、通俗史學、陳直學、長安學、陝西地方史等領域有過一些涉獵，在某些方面還得到大家不同程度的認可。現選取有關秦文化研究、秦漢仕進──退免制度研究、陳直學研究三方面的部分論文，結集為《秦漢研究文選》，向廣大讀者求教，歡迎批評指正！

　　20 世紀 70～80 年代，隨著雲夢秦簡、秦兵馬俑、青川秦木牘等一系列秦考古新發現，有關秦文化的研究出現了熱潮。而我研究生畢業論文所寫恰好就是秦的制度文化，所以天然對興起的秦文化熱有一種特殊感情。不過，我的研究相對側重於總體把握上，認為秦文化是地域文化中的特殊成員，具有集權主義、拿來主義、功利主義三大特色，為近兩千年來中國文化之基石；而把軍事性作為貫穿整個秦文化的主線，是比較合適的。對於秦文化的起源，是我著力較多的一個問題。拙意認為，秦文化起源必須同秦人起源聯繫一起考察。兩種主要對立的觀點即秦人東來說與西來說雖說都探索到了早期秦人的真實，但卻各有短板；必須把二者結合起來，綜合各自的合理部分，形成認識秦文化淵源的新思路，即秦文化「源於東而興於西」。拙文發表於 1995 年，距今近 30 年了，一直未見有什麼反對意見，最多不過說它是變相的東來說罷了。憑這一點，我把此文放在了本「文選」第一篇。近若干年有關早秦的考古工作，證明此說還是有一定的道理的。

　　秦漢仕進——退免制度，一直都是我十分關注的研究的課題。比較來看，有關秦仕進制度，成果較少，古人甚至有「秦制無聞」的感歎。我首先向這裡發起攻堅，完成的《秦仕進制度考述》一文得以在權威的史學雜誌上刊登。在此基礎上又完成了一部斷代的專著和另一部通史性專著，並把研究心得寫出來發表。不想此文先為一家全國性的大型文摘刊物全文轉載，後又收入高中語文閱讀教材，對一代又一代的青年學子產生了影響。可以說，他們都是按照我的學術觀點作標準答案在這一領域受到啟蒙教育的。關於《漢代選官制度的層次分析》一文，原為 1998 年在杭州大學（今浙江大學）舉辦的一次學術會議而作，當時距那本斷代的專著出版已經 13 年，距通史性專著出版也已近 10 年，我有關選官制度的觀點相對比較成熟，所以該文基本一氣呵成，是對漢代選官的一種簡潔式概括。至於《漢代的選廉制度》與《試論兩漢選官制度的特點》，均是有感而發，可看作有關漢代仕進研究的某種補充。倒是《漢代退免制度探討》一文，是費了些工夫寫成的，發表於中國秦漢史研究會會刊《秦漢史論叢》第四輯上（1989）。該文運用計量史學的方法，對漢代官員退免的途徑進行了全面分析，指出漢代退免制度的特點，闡明它所產生的奇特社會效果：一方面有力地促進了官員流動，另方面造成了事實上的官員終身制。

　　陳直學是延續了日本學者的說法。原來日本關西大學教授大庭修博士十分推崇陳直先生治學，提出應該建立「陳直學」。當紀念陳直先生逝世 20 週年暨誕辰 100 週年時，我寫了《陳直先生與秦漢史研究》一文，對陳直學做出了解釋：「所謂陳直學，應該是這樣一種概念，即以陳直先生的治學思想為主線而形成的一種研究中國古代史特別是秦漢史的科學方向。」後不久，我應邀訪日時特將此文呈交大庭教授請教，不料他的想法與拙見竟大體契合。後來，我在西北大學開設了陳直學的選課，受到學生廣泛歡迎。再後來，當中國秦漢史研究會成立 20 週年時，我寫了《陳直學述略》一文，提交給 2022 年在西安舉行的中國秦漢史第九屆年會。與會者對陳直學的提法普遍感到極大的興趣並表示贊成。《評介陳直漢書新證》則是應 5 卷本《中國史學名著評介》主編的邀請而作。文中，我使用臺灣學者陳文豪關於《漢書新證》中有關「新證」條數的統計材料，系統介紹了該書的學術價值；同時指出，學者對《新證》少數失誤的批評指正，應是陳直學發展與完善的一種反映。

　　不同時代的學人，受所處時代的制約，表現出不同的特點。嚴格講，我只是一個過渡性的極一般人物。既不像前輩學者那樣，滿腹經綸，學富五車；也

不如後輩學者那樣，意識超前，引領時尚。不過，我在同輩中，還算能抓住最後一班車的人，故而得以死灰復燃，梅開二度，終於走上心嚮往之的學術研究之路。回想今生今世，真是感慨良多啊！

　　衷心感謝花木蘭文化出版社敢於出版我這樣雜亂的文集！上世紀 80 年代，曾有一本與多人合作的《秦漢社會文明》在臺翻印出版，可惜書中一幅圖版釋文有誤，令我心懷內疚，希望有機會彌補。今貴社使我終於圓了這個夢！還要衷心感謝老朋友楊嘉樂副主編的鼎力相助！衷心感謝宗曉燕女士的辛勤勞作！如果沒有這些無私的幫助，那麼此書的問世也是不可能的。

2023 年 5 月 22 日八二叟於古都西安

## 目次

自 序

**上編　秦文化研究** …………………………………………… 1

秦文化二源說 ……………………………………………………… 3

秦文化瑣議 …………………………………………………… 15

秦文化的南播 ………………………………………………… 25

重新認識秦文化 ……………………………………………… 35

試論秦始皇對祭祀制度的統一 …………………………… 47

秦禮制文化述論 ……………………………………………… 55

秦刑法思想初探——秦漢刑法思想研究 ……………… 63

秦簡「敖童」解 ……………………………………………… 73

**中編　秦漢仕進——退免制度研究** ………… 81

秦仕進制度考述 ……………………………………………… 83

漢代選官制度的層次分析 ………………………………… 109

漢代的選廉制度 ……………………………………………… 121

試論兩漢仕進制度的特點 ………………………………… 127

漢代退免制度探討 ………………………………………… 135

**下篇　陳直學研究** ………………………………… 149

陳直先生與秦漢史研究——紀念陳直先生逝世
　　20 週年暨誕辰 100 週年 …………………………… 151

陳直學述略——為紀念中國秦漢史研究會成立
　　20 週年而作 ………………………………………… 159

評價陳直《漢書新證》 …………………………………… 169

附錄　答寧博士十問——兼說輯刊《長安學研究》
　　………………………………………………………… 185

上編　秦文化研究

# 秦文化二源說

　　秦文化的淵源，迄今仍是一個存在較大爭議的問題。首先是由於對秦文化本身理解不同而引起的爭議。目前研究者對秦文化的理解大體有兩種意見：一種意見認為秦文化是「秦族文化」、「秦國文化」與「秦朝文化」的總和，另一種意見則認為秦文化專指「春秋戰國的秦國及秦王朝時期境內的文化」。按第一種意見，勢必將秦文化淵源與秦族淵源聯繫在一起來作考察，而按第二種意見，則必然要把「秦族的淵源與秦文化的淵源區分開來」。

　　其次是存在於主張秦文化淵源與秦族淵源密不可分這一派學者之間的爭議。爭議的焦點在於秦人、秦文化源自何方。就目前來看，主張秦人，秦文化源自東方的「東來說」同主張秦人、秦文化源自西方的「西來說」，是兩種最主要的對立觀點。當然，在「東來說」與「西來說」各自的營壘中，還有不少爭議，但基本上只是大同小異而已。

　　我認為如果不是從小文化而是從大文化的視角去觀察，那麼，秦文化的淵源與秦族的淵源之不容割裂，似乎並不是什麼難以理解的問題。大文化意義上的秦文化，應該是也必須是同秦人這個稱謂同步的。易言之，即是說歷史上有了秦人，也就開始有了秦文化。《史記·秦本紀》把秦人的始祖上溯到吞玄鳥隕卵而生子的女修，其說雖難以完全考實，但它反映了原始社會母系氏族公社時期的某種歷史真實，卻為學人所公認。這說明秦人早在母系氏族社會便已留下了其足跡。論者一般把秦文化的開始追溯到此，不能說沒有道理。

　　據現有的文獻記載，「秦」這個稱謂的正式出現，時在女修之孫大費之世。大費又名柏（伯）翳，或作伯益、后益、化益、益等，相傳為虞舜時期一位傑

出的部落首領，曾佐禹治水，獲得成功。其始封之地為秦（故城在今河南范縣），「秦」之稱即由此而來。傳說中的堯舜時代，史界通常都以原始社會末期的軍事民主制時期當之。可見即使以「秦」的正式出現為準來衡量秦文化之開始，亦在原始社會的界限之內。其後在甲骨文及金文裏曾有關於秦人的記載，這表明從原始社會末期直到西周，秦人始終活躍在當時的歷史舞臺上。儘管由於資料的限制，今天尚不能完全弄清楚建國前秦文化的全貌，但已經顯露出的此期秦文化的若干亮點——例如有研究者指出大費是「把野生稻馴化為人工稻的創始人」，是「最傑出的種稻能手」〔註1〕；再如考古工作者在今甘肅天水地區毛家坪、董家坪發現的屬於西周時期的秦文化遺存〔註2〕；再如已失落海外的前不久在甘肅禮縣盜掘出土的一批屬於建國前秦墓的金質棺飾等等〔註3〕，均向世人表明，對於早期秦人，或曰秦族的文明程度、文化創造，不可忽視。如果把秦族文化排斥於秦文化之外，視野不免太狹窄了些！

基於上述認識，本文不再就秦文化淵源是否應該同秦族淵源相一致的問題作過多的討論，而只是針對有較大爭議的東來說與西來說問題，略陳一些粗淺的看法，以求教讀者。

一

「東來說」與「西來說」之爭，由來已久。目前雖然學人贊成東來說者有日漸增多的趨勢，但西來說亦確有其堅壁不可撼的地方。90 年代初，我曾就兩說問題表示過這樣一種意見：

> 應當承認，各派觀點均抓住了早期秦人的某些特徵，作了極為有益的探討，但亦不能不看到，彼此也都存在一些明顯的不足之處。目前來看，在這一問題上要有所突破，必須依靠考古工作新的重大發現。也許東來說與西來說都只看到了問題的一個方面，二者結合起來才能更好地反映事物的全貌。〔註4〕

迄今，似乎還沒有見到足以令我改變上述看法的新成果。當然，如何具體把這兩種對立的觀點統一起來，並不是一件簡單的事。這裡，首先需要找到二

〔註1〕李江浙：《大費育稻考》。《農業考古》1986 年第 2 期。
〔註2〕趙化成：《尋找秦文化淵源的新線索》。《文博》1987 年第 1 期。
〔註3〕據韓偉教授在第四屆秦俑研究學術討論會大會上的發言。韓教授曾親赴海外考察了這批文物。
〔註4〕拙作：《秦文化概說》。《秦文化論叢》第 1 集，西北大學出版社 1993 年版。

者相統一相結合的基礎。為此，有必要對這兩種對立的觀點作些回顧與分析。

西來說認為秦人屬於生活在西北廣闊地區的少數民族「西戎」的一支。著名學者王國維、蒙文通以及周谷城、岑仲勉等，皆主此說。近若干年來，一些考古學家從分析考古發掘材料入手，並結合民族學、民俗學有關資料，進而論證秦文化源於西方戎人的問題。儘管其所說之「文化」，是考古學的文化概念，但對深化秦文化的研究明顯有所啟發和幫助。例如著名考古學家俞偉超考證，秦墓所具有的屈肢葬、鏟形袋足鬲、洞室墓三大文化特徵，皆「源自羌戎」，從而認為「秦人（至少其主體）是西戎的一支，應當是沒有問題的」〔註5〕。

總觀秦人、秦文化西來說，其主要觀點是：1. 秦開國前的世系，皆宗祝偽託；秦先世的記載，難免有司馬遷的主觀臆斷。這種偽造與臆測的祖宗世系，不足徵信。2. 所謂顓頊、少典、舜、禹，均是西方之人或神，安見嬴姓來自東方？秦祖先戎胥軒娶申戎女首領（即所謂「驪山之女」）為妻，說明秦之父系與母系皆為戎，而秦之同族趙亦為戎。3. 大量古文獻皆稱秦為戎狄。4. 殷末時中潏已「在西戎，保西垂」，說周公東征後始將秦人西遷甘隴，不合常理；秦世系記錄可信有據的大駱、非子定居在西犬丘（今甘肅天水西南），秦文化自非子以後逐漸向東發展。5. 秦人宗教祭祀儀式獨特，以馬入犧牲品，祭祀對象龐雜，上至上帝，下及山川草木禽獸，祭俗與戎狄相同。6. 秦墓的屈肢葬、鏟形袋足鬲、洞室墓及西首墓等文化特徵與甘青地區古文化因素有密切的淵源關係。

儘管西來說的某些觀點，不大能為多數學人所接受，但不可否認，它也的確提出了許多有價值的看法，啟發人們去深入思考、研究。此說在文化發展史上最大的貢獻在於揭示了這樣的歷史真實：不論秦人來自何方，秦人在自己有可靠文字記載以來的歷史文化中，已深深打上西方少數民族的烙印，秦文化與西戎文化事實上已相互融合。

東來說認為秦人是長期活動於山東及其附近的古代夷族的一支。此觀點似乎古已有之——這從《史記·秦本紀》末尾的「太史公曰」便可看出端倪〔註6〕——但其明確作為一種學術主張正式提出則在本世紀三四十年代。主此說的代表性學者有衛聚賢、徐旭生、黃文弼等，另如郭沫若、范文瀾、顧頡剛、

---

〔註5〕《古代「西戎」和「羌」、「胡」考古學文化歸屬問題的探討》。《先秦兩漢考古學論集》，文物出版社1985年版，第187～188頁。

〔註6〕有論者據「太史公曰」這段文字，認為東來說最早為司馬遷提出，或可備參考。

馬非百、王玉哲等亦力主之。80 年代以來，不少研究者又進一步深入地論證了這一觀點，使之更趨完善。

歸納東來說的基本觀點，主要有這樣幾項：1. 秦人始祖玄鳥卵生的神話傳說，與東夷人從鳥降生的傳說同出一轍，是東方古老氏族鳥圖騰崇拜的反映。2.《史記》稱秦是「帝顓頊之苗裔」，又講秦襄公「自以為主少暤之神」。顓頊、少暤（昊）都是傳說中的東方夷族部落的首領和宗族神；顓頊墟在今河南濮陽，少昊墟在今山東曲阜，均位於東方。3. 嬴姓諸國原蔓延於東方，秦為嬴姓，亦應源自東方。4. 古文獻記載秦人遠祖柏翳的封地不只一處，但無論是「費」還是「秦」，都在東方。5. 秦與殷商關係密切，秦人與殷人有許多共同特點，如玄鳥傳說，長於狩獵、畜牧，墓葬形制，鬼神崇拜等等。有商一代，「嬴姓多顯」，秦人始終效忠於商王朝。6. 秦人最早在夏末商初就開始從山東遷往山西、陝西、甘肅，這一過程最晚在西周中期非子時結束。大部分秦人是在西周初年周公東征以後被迫西遷的。

毋庸諱言，東來說並非完全無懈可擊，也存在一些值得進一步討論的地方，其某些解釋尚待考古資料的證實。但這並不影響該說的整體效果。它所提出的玄鳥圖騰崇拜，秦與殷的文化相似性等觀點，均頗能自圓其說。特別是此說對被西來說忽視了的中潏以前秦人活動的探索，具有極高的學術價值。

通過上述不難體察，西來說與東來說雖然是兩種對立的觀點，乍看起來也確實有點水火不相容的樣子，但實際上它們還是存在有某種共同點的。就前者而言，它銳敏地捕捉到了秦文化與西戎文化融合的歷史真實；就後者而論，它成功地揭開了中潏以前秦人活動於東方的秘密。二者對於深化秦文化的研究，均有重要意義。而這一點，恰恰也正是二說相統一相結合的基礎之所在。

按照筆者的理解，東來說與西來說的統一結合，就是在二說存在的共同點之上——亦即在二說均對秦文化的真實面貌有所揭示的基礎上，綜合各自的合理部分，擷取其精華，從而形成認識秦文化淵源問題的新思路。如果用一句話來概括這一新思路，那就是「源於東而興於西」。

所謂「源於東」者，是講秦人、秦文化的原始發祥地在東方；而「興於西」者，是說秦人、秦文化的復興之地在西方。易言之，就是說秦文化有兩個「源」：一曰「始發之源」，一曰「復興之源」。依據通例，始發源與復興源是不同的，二者不可混為一談。然而由於秦人經歷了一個漫長的由東而西的遷居過程，在遷居之後，深受西方戎人文化的影響，乃至被戎化，這樣其復興就不是以原有

文化為基礎，而是在「戎化」這一全新的起點上開始的。這種幾乎是從零開始的復興，使秦文化成為一個特殊的變例——即它在西方的復興具有某種始發或曰再次起源的性質。唯其如此，所以才出現了東來說與西來說長期互相對峙的局面。其實，兩說都探索到了真理。只是人們受習慣思維模式的制約，總以為世上之事，不是你吃掉我便是我吃掉你，從來沒有考慮還會有你我共存的現象。結果遂使兩種事實上都已觸及到真理的觀點，不僅沒有縮小距離，反而強化了其間的抗爭性。今天，在這個問題上是到了需要「換腦筋」的時候了。

## 二

　　按秦文化二源說，秦文化的始發源頭在東方，秦人遠祖是古東夷族的一支。1964 年正式命名的屬於新石器時代晚期的大汶口文化，可能是原始秦文化賴以形成、孕育的母文化。

　　據《竹書紀年》、《後漢書‧東夷傳》等記載，東方濟、淮流域的古夷族計有九種，統稱「九夷」〔註7〕。夷人見於文獻記載的最早首領是太皞（昊），原屬九夷中風夷一支，後成為夷族的共同首領。「太皞之墟」在陳（今河南淮陽），位於淮河流域。少皞（昊）是東夷族又一首領，傳說因修太皞之法，故曰少皞。「少皞之墟」在今山東曲阜。春秋時郯國即少皞後裔所建。一般認為少皞族應是從太皞族分出來的支系。秦人自以為「主少皞之神」，表明其與少皞關係至近。

　　太皞、少皞之後，皋陶與伯益兩支夷族與秦人有直接的血緣聯繫。按通常的說法，皋陶即《史記‧秦本紀》中的大業，伯益為大業之子。郭沫若主編的《中國史稿》認為他們是兩個近親氏族部落發展下來的，說或有據。《史記‧五帝本紀》載，皋陶、伯益等皆堯時已「舉用」者，及舜時則給以「分職」。實際上，他們均是以堯、舜為盟主的處於黃河中下游地區的華夏氏族部落聯盟的夷人酋長。其初居之地，在以今山東曲阜與費縣為中心的魯中南一帶。皋陶的後裔有英氏、六、蓼和群舒（即舒蓼、舒鳩、舒鮑、舒庸、舒龍、舒龔），他們大體分佈在江淮之間今安徽六安、舒城地區。伯益作為秦人的直系遠祖，後裔有徐氏、郯氏、莒氏、終黎氏、運奄氏、菟裘氏、將梁氏、黃氏、江氏、修魚氏、白冥氏、蜚廉氏、秦氏，其分布地區主要在今山東，另還有河南、安徽、江蘇、山西等地。以上諸氏中，直接與「秦」、「秦人」、「秦族」、「秦國」

〔註7〕即畎夷、於夷、方夷、黃夷、白夷、赤夷、玄夷、風夷、陽夷。

之稱能聯繫在一起者，唯有「秦氏」。

清洪亮吉《四史發伏》卷一引梁崔靈恩《毛詩集注》云：「秦在夏商為諸侯，至周為附庸，則秦本建國，疑伯翳即封於秦。」洪氏認為崔說「當有據」。甚是。實際上，這一問題在漢代人心目中似乎是很清楚的。如《鹽鐵論·結合》記「大夫」之言曰：「伯翳之始封秦，地為七十里。」司馬遷《史記·秦本紀》記載周孝王封非子邑「秦」時所說的一段話——「昔伯翳為舜主畜，畜多息，故有土，賜姓嬴；今其後世亦為朕息馬，朕其分土為附庸，邑之秦，使復續嬴氏祀，號曰秦嬴」——也是說伯翳本封於「秦」地，而其後裔非子所邑之「秦」，不過是「復續」伯翳之號而襲用之罷了。自然，伯翳受封之「秦」與非子所邑之「秦」，不是同一地方。此「秦」地當為「秦氏」故城今河南與山東交界處的范縣。非子所邑之「秦」實際是根據東方之「秦」而來的（此係「地名遷移」，說詳後）。

位於東方的夷族另一大支系顓頊族，與秦人關係亦至為密切。顓頊或稱高陽，被秦人奉為始祖。《史記·秦本紀》：「秦之先，帝顓頊之苗裔。」《漢書·地理志》：「秦之先曰柏益，出自帝顓頊。」秦嘉謨《世本輯補》卷七：「秦氏本自顓頊，後為國號，因以命氏。」1986 年陝西鳳翔秦公 1 號大墓出土的石磬殘銘，有「天子郾喜，龏超是嗣；高陽有靈，四方以鼐」之文，則是出土文物中關於秦人始祖是顓頊高陽氏的直接證明。

前文曾指出，秦人自以為「主少暤之神」，那麼，顓頊與少暤之間究竟是一種什麼關係呢？

眾所周知，我國典籍關於遠古歷史的記載頗多歧異，令人迄不能明。不過對於回答上述問題，有一種說法是值得重視的。《史記·五帝本紀》載，黃帝娶西陵之女嫘祖生二子：一曰玄囂，是為青陽，二曰昌意；昌意娶蜀山氏女昌僕，生高陽，是為顓頊。《通鑒外紀》卷一引《帝考德》云：「少昊名清。清者，黃帝之子清陽也。」《世本》、《春秋緯》、《潛夫論·五德志》、《易·繫辭下·疏》引《帝王世紀》、《路史·後紀》等，也都有青陽即少暤之說。《山海經·大荒東經》云：「東海之外大壑，少昊之國。少昊孺帝顓頊於此，棄其琴瑟。」郝懿行《箋疏》：「此言少暤孺養帝顓頊於此，以琴瑟為戲弄之具而留遺於此也。……少暤即顓頊之世父，顓頊是其猶子，世父就國，猶子隨侍，眷彼幼童，娛以琴瑟，蒙養攸基，此事理之平，無足異者。」袁珂《山海經校注》認為：「郝說是也；雖仍從歷史觀點解釋，已近神話本貌矣。據《繹史》

卷七引《帝王世紀》云：『顓頊生十年而佐少昊，二十而登帝位。』則郝說所謂『少暤即顓頊之世父，顓頊是其猶子』，大致可信矣。經文『孺帝顓頊』之『孺』，郝釋為『孺養』，當無問題也。」梁玉繩《漢書人表考》亦指出：「孺帝猶後世稱孺子王。其嗣少昊，以臣代君，故以孺帝顓頊連言之。」又，《帝王世紀》等書還記載說昌意「德劣」而為「諸侯」，若聯繫《五帝本紀》關於「黃帝崩，葬橋山，其孫昌意之子高陽立，是為帝顓頊也」的記載來看，黃帝的事業顯然是由青陽少暤和高陽顓頊繼承的，而少暤與顓頊雖非親父子，但顓頊未佐其父而佐少暤，並成為他的接班人。如果我們剔除這裡面附加進去的父子、君臣一類的關係，可知少暤與顓頊應是有密切關聯的兩個相近氏族或部落，二者皆與秦有直接關係。

　　從地域上看，少昊之墟在曲阜，前文已言之。而顓頊及其族人的住地，古籍中有不同的說法。如《史記》之《五帝本紀‧集解》、《周本紀‧正義》引《帝王世紀》載其都窮桑（魯北），後徙商丘（今河南濮陽）；《太平御覽》卷一五八引《圖經》載濬義（今河南開封）有高陽故城，顓頊佐少昊有功封於此；《竹書紀年》載顓頊即帝位居濮（今河南濮陽）；《左傳》昭公十七年載衛是「顓頊之墟」，故稱「帝丘」，杜預注衛即濮陽縣；等等。綜合以上諸說，可知顓頊居地主要應在濮陽。如是，自曲阜至濮陽，再加上前述之秦氏故城范縣，這樣一個位於魯西南豫魯交界處的三角形地帶，當即為秦人、秦文化的始源之地。

## 三

　　夏末，帝履癸（夏桀）「為有仍之會」，發動對東夷的戰爭。這時居住在黃河下游的商族強大崛起，與反抗夏王朝的東夷各部匯合，組成反夏聯軍。雙方在鳴條之野（或謂在今河南封丘東）決戰，聯軍獲勝。《史記‧秦本紀》云「費昌當夏桀之時，去夏歸商，為湯御，以敗桀於鳴條」，所反映的當即這段史實。此後商夷聯軍乘勝西進，攻佔夏王朝心臟地區——汾河下游的大夏，並西上掃蕩涇渭流域的夏朝殘餘勢力，如此就出現了迄今我們所能知道的最早的一次秦人、秦文化的西遷。

　　有關商夷聯軍西進關中造成秦人西遷一事，於文獻是有印跡可尋的。《竹書紀年》載：「桀三年，畎夷入於岐以叛。」《後漢書‧西羌傳》亦載：「後桀之亂，畎夷入居邠岐之間。」為什麼夏末關中邠岐地區突然出現了「夷」人的活動？這似乎只有聯繫商夷聯軍的西進，才可能作出合乎邏輯的解釋。歷史

上，不乏出征軍隊留居出征之地而變成當地人的實例。如元代征伐雲南時派去的大批蒙古騎兵，便有萬餘人留居當地。清代派出達斡爾族騎兵去新疆，至今仍定居該地。這種現象被稱作「武裝遷移」。商夷聯軍西進後，有一部分人留居關中，亦當是「武裝遷移」現象。據前引文獻還可確切知道，留居的夷人乃「畎夷」。有學者認為秦人是畎夷的支系，極當。

在「武裝遷移」同時，還有「地名遷移」現象。「部族遷徙所至，即以該部族的族名或原住地的地名作為新居的地名，這是古代常見的事」〔註8〕。畎夷留居關中地區後，隨之遷來的地名，今可考見者有「犬丘」及「垂」。眾所周知，西周春秋時，宋國有犬丘邑（今河南永城）；衛國亦有犬丘（今山東曹縣）。古「犬」「畎」通。宋、衛兩犬丘，或即夏畎夷所留下的居址。無獨有偶，就在同一時期，今陝西興平東南也有犬丘（或稱廢丘），甘肅天水西南亦有犬丘（即西犬丘）。此兩犬丘當為畎夷入居涇渭流域後的駐地。從東方的犬丘到西方的犬丘，這一地名遷移現象正反映了畎夷由東而西的遷徙足跡，犬丘又稱垂。《左傳》隱公八年杜預注：「犬丘，垂也，地有兩名。」由此可知天水的西犬丘稱作西垂，同樣是地名遷移。

畎夷入據關中，在商代甲骨卜辭中也顯露出某些蛛絲馬蹟。例如《殷墟書契》及其《續編》所錄武丁時期卜辭中常見商王命犬部落酋長「犬侯」與多子族一起征伐周族、勤勉於王事的記載，當時活動於關中及其西部的犬部落（甲骨文稱「犬方」或「犬」），無疑就是夏末商初西遷的畎夷的後裔。由此亦可旁證夏末商初秦人西遷的事實。〔註9〕

秦人、秦文化的第二次西遷，約發生在商末。《史記·秦本紀》中有兩則材料直接反映了這次西遷的史實——

材料一：⋯⋯中潏，在西戎，保西垂。

材料二：申侯乃言（周）孝王曰：「昔我先酈山之女，為戎胥軒妻，生中潏，以親故歸周，保西垂，西垂以其故和睦。」

值得注意的是，材料一雖言中潏「在西戎，保西垂」，卻未說明為誰「保西垂」；而材料二則明確指出，中潏「歸周，保西垂」。這實際正是史遷慣用的

〔註8〕譚其驤：《漢書地理志選釋》。

〔註9〕秦人夏末商初的西遷，最先由段連勤教授提出，見所著《關於夷族的西遷和秦嬴的起源地、族屬問題》）（1982年5月《人文雜誌—先秦史論文集》），後尚志儒教授亦主之，見所著《早期嬴秦西遷史蹟的考察》（《中國史研究》1990年第1期）。二文均收入《秦文化論叢》第1集。

「互見」筆法，通過材料二補充說明材料一。《史記》在這裡的記述並無矛盾、抵悟之處。至於中潏為何「歸周」的問題，近來有學者從當時商、周、犬戎三方的關係發展變化進行分析，或認為中潏歸周是周對畎夷實行「和親政策」的結果〔註10〕，或認為是在周人強大、殷商衰落形勢下中潏一族作出的「最終選擇」〔註11〕。儘管論者的見解尚存在分歧，但認為商末確有秦人、秦文化的西遷，則已是共識。

　　商末中潏一支秦人的西遷，在考古資料方面似也可以得到某種程度的印證。考古學家發現出自陝、甘一帶的廣折肩罐上亞字框中有鳥下加手的捕鳥形族徽，認為所代表的可能是一個善於捕鳥的氏族。古時習慣以官職為氏，據此可知該氏族必定有一個善於捕鳥的祖先，曾經充任過商朝或以前的鳥（或鳥獸）官，而其子孫又住在今陝、甘一帶先周文化地域內。如是：人們自然把這個氏族同秦的祖先聯繫起來，甲骨卜辭中的「淖」氏族和金文中的「𡕥」氏族，或即指此〔註12〕。另外，甘肅毛家坪、董家坪兩處西周時期的秦文化遺存表明，該地的秦人早在商代晚期便已經生活於此，並開始了生活周式化的過程〔註13〕。聯繫上述兩方面的考古資料來看，商末曾有較大規模的秦人西遷，是完全可以肯定的。如果再結合文獻記載，那麼這支西遷的秦人，顯然應該是「鳥身人言」的中衍之玄孫中潏所率的「歸周保西垂」的嬴秦族人了。據另一些考古工作者的研究，認為陝西周原地區的壹家堡類型文化「可能是秦族文化或其中的一支文化」〔註14〕。如果這一推測尚不致大謬，則可知商時西遷的秦人活動區域還是相當可觀的。

　　第三次秦人、秦文化的西遷，發生在周公東征之後。過去人們談到嬴秦西遷，一般均以此次當之，故論者甚多，茲不復贅。周公平叛後把所滅國人民一部分遷至成周洛邑，一部分則被遷到宗周京畿地區（所謂「遷於九畢」）。周器銘文中的「秦夷」，即後一部分遷民的後裔。總之，這次西遷，規模大，人數多，並帶有強迫性。實際上，秦人是作為戰俘而被迫西遷的。

　　上述三次西遷之外，約在西周中期偏晚，還有一次秦人自趙城（今山西洪

〔註10〕段連勤：《犬戎歷史始末述——論犬戎的族源、遷徙及同西周王朝的關係》。《民族研究》1989 年第 5 期。
〔註11〕前揭尚志儒文。
〔註12〕參見鄒衡：《論先周文化》。《夏商周考古學論文集》，文物出版社 1980 年版。
〔註13〕參見前揭趙化成文。
〔註14〕劉軍社：《壹家堡類型文化與早期秦文化》。油印本，1994 年。

洞北趙城鎮之西南）向西方的遷移。周滅商後，助紂為虐的蜚廉、惡來父子雖死，但後裔仍存。蜚廉後裔造父以善御幸於周繆（穆）王，「繆王以趙城封造父，造父族由此為趙氏」；惡來後裔非子「以造父之寵，皆蒙趙城，姓趙氏」。記述這段史實的《秦本紀》行文至此，突然筆鋒一轉云：「非子居犬丘」。這裡，從「趙城」一下子便跳到了「犬氏」，其間秦人經歷了自趙城至犬丘的遷移，甚明。非子所居之犬丘，裴駰《集解》引徐廣曰及張守節《正義》引《括地志》，均以漢代槐里當之。明人董說、近人王國維及郭沫若等皆指出其誤，考證應在漢西縣境，甚是。至於大駱、非子一支秦人此次遷移的確切時間及緣由，因記載過於簡略，已難考其詳。此中奧秘，只能有待新出土的考古資料來揭示了。

以上幾次秦人、秦文化的西遷，歷時約六七百載，西遷後的居地，大體集中於今陝西關中西部至甘肅東部一帶──這裡，正是歷史上所謂的「西戎」的活動地區。由於史料的闕如，今天要想完全搞清楚西遷秦人活動的具體細節，已十分困難，但有一點卻可以肯定：即西遷的贏秦族免不了入境隨俗，被當地同化，成為當地的居民，而其原有的文化習俗則逐漸喪失。從這種角度來看，西來說視秦人為西戎的一支，應該是不差的。有學者研究認為，西戎三大支派之一的犬戎，即由夏末西遷的畎夷發展而來〔註15〕。其說頗有見地。很顯然，從「畎夷」變作「犬戎」，是西遷秦人「戎化」的集中反映。

眾所周知，犬戎是西周時期的赫然大族。西周末，它與申侯等聯合，「殺幽王驪山下」，「盡取周賂而去」，使西周滅亡；此後它即迅速解體。不過，這時與犬戎在族屬上存在淵源關係的秦國卻又崛起。如此，自「畎夷」到「犬戎」，再到「秦國」，似可聯繫起來，讓我們大體看到西遷秦人歷史發展的基本線索──儘管這中間還有很多相當大的缺環。從這當中不難看出，秦人西遷後的居地，雖非秦人、秦文化的始發之地，但卻是其復興再生之地；而真正對非傳說性秦文化產生決定性影響的，並非東方秦人始發地的文化因素，相反倒是秦人移居西方後復興之地的文化因素──即西戎文化因素。歷史文獻多稱秦為戎狄，主持變法的商鞅亦大講「秦與戎狄同俗」，不少秦墓都具有濃厚的「西戎」文化色彩等等，實際上正反映了這一客觀現實。這些，就使秦人在西方的復興不能不具有一種始發或曰再次起源的性質。

總之，在秦文化淵源問題上，不能僅有單向思維，而應作全方位的、多角

---

〔註15〕段連勤：《犬戎歷史始末述──論犬戎的族源、遷徙及同西周王朝的關係》。《民族研究》1989 年第 5 期。

度的考察。這裡，既要看到秦文化的始發之源，又要看到它的復興之源，還要看到復興之源的再次起源特性，三者缺一不可。如是一種以「源於東而興於西」加以概括的秦文化二源說，將秦文化西來說與東來說的精粹集於一體，實現了二者的統一結合，或庶幾接近歷史的真實。

原載《西北大學學報》哲社版 1995 年第三期

# 秦文化瑣議 [註1]

## 一、地域文化家族中的特殊成員

在中國地域文化的大家族中，秦文化是一個十分特殊的成員。

秦文化具體指秦族（即建國前的秦人）、秦國與秦朝文化 [註2]。這裡，秦族、秦國文化無疑屬於正宗的地域文化，其地域範圍在今甘肅東部至陝西關中地區。然而秦朝文化，則大大超出了地域文化的界限，是統治整個中國的文化，亦即中國文化。當然，如果從世界範圍去考察，秦朝文化仍屬一種地域文化——只不過是世界地域文化罷了。

可見，既有地域性又有超地域性的雙重品格，是秦文化這個特殊成員特殊性之所在。這就決定了秦文化的內涵，不像其他地域文化那樣，僅僅限於一隅之地，而每每要涉及到許多秦以外乃至全國性的東西——

譬如講秦的制度文化，我們就不能不說皇帝制度、三公九卿、郡縣制這類大家都極為熟悉並公認的中國文化的內容；

再如講思想文化，我們就不能不談法家學說、五德終始論等非秦地所產而實際上已成為秦思想文化的理論；

再如講文化典籍，我們就不能不介紹《商君書》、《呂氏春秋》一類非秦人撰著但卻集中反映秦政治理論的著作；

再如講文字，篆書、隸書固然是重要內容，但無論如何我們也不可避免大講特講秦的統一文字；

……

總之，秦文化既是地域文化，也是全國文化。而且由於秦在中國歷史上特

---

〔註1〕本文是《中國地域文化·秦文化卷》緒論之摘要。
〔註2〕本文所用文化概念為大文化，即視文化為物質財富與精神財富的總和。

別重要的地位，所以秦文化內涵中全國性的東西要遠遠大於和重於地域性的東西。這樣，我們從秦文化中看到的地域特色，也就勢必相對地少於其他地域文化。在許多方面，甚至不允許從地域的角度而必須站在超地域的高度去介紹秦文化。

儘管秦文化具有如上的特殊性，但這並不意味著它毫無地域特色可言。眾所周知，孕育秦文化的黃土地，古為雍、梁二州，戰國時始稱山西（亦稱關中），即崤山和華山以西的廣大地區。這裡是古代中國最富庶的地區，是華夏文明的發祥地，是極有特色的地區。請看史學大師司馬遷對該地區的描述。

> 關中自汧、雍以東至河、華，膏壤沃野千里，……其民猶有先王之遺風，好稼穡，殖五穀，地重，重為邪，……天水、隴西、北地、上郡與關中同俗，……畜牧為天下饒。……關中之地，於天下三分之一，而人眾不過什三，然量其富，什居其六。〔註3〕

請再看另一位史學大師班固的描述：

> 秦地，於天官東井、輿鬼之分野也。其界自弘農故關以西，……《禹貢》時跨雍、梁二州，《詩·風》兼秦、豳兩國。……其民有先王遺風，好稼穡，務本業，故《豳詩》言農桑衣食之本甚備。有鄠、杜竹林，南山檀柘，號稱陸海，為九州膏腴。……天水、隴西，山多林木，民以板為室屋。及安定、北地、上郡、西河，皆迫近戎狄，修習戰備，高上氣力，以射獵為先。故《秦詩》曰「在其板屋」；又曰「王于興師，修我甲兵，與子偕行」。及《車轔》、《四載》、《小戎》之篇，皆言車馬田狩之事。漢興，六郡良家子選給羽林、期門，以材力為官，名將多出焉。〔註4〕

這裡，筆者之所以大段引用古人的文字，目的在於使讀者親自去直接體會第一手資料的韻味，而任何的譯文或解釋，都將無法反映出原作的神采。通過這些，我們可以體察出秦地的地理環境、民風民俗。這些特定的條件，則鑄就了秦文化的地域特色，而這種特色自然便構成了秦文化內涵的重要方面。

上述之外，應向讀者再作說明的是，關於秦文化與陝西文化的關係問題。作為地域文化，秦文化通常被理解為陝西文化。誰個不知，陝西省簡稱為秦。因此，秦文化即為陝西文化，完全是合乎邏輯的推理。其實，事情並不那麼簡

---

〔註3〕《史記·貨殖列傳》。
〔註4〕《漢書·地理志》。

單。秦文化與陝西文化之間，還不能全劃等號。

　　首先，秦文化是歷史概念，它與秦族、秦國、秦朝的歷史相始終，嚴格講，秦朝滅亡，秦文化史即告結束。而陝西文化則是現實概念，它指今天陝西省這一行政區的文化〔註5〕。我們說秦文化不等於陝西文化，正是基於這樣的概念不同。其與陝西省簡稱為秦是兩碼事，二者不存在必然聯繫。

　　其次，就陝西文化來看，其地域包括陝北、關中、陝南三大部分；其內容除秦文化之外，至少還包括原始文化、周文化、漢文化、唐文化等幾個部分。作為地域文化的秦文化，在地域上既沒有覆蓋陝西之全部，在內容上又只是諸多文化之一而非惟一，所以要把它說成陝西文化，顯然有片面性。

　　再次，從秦文化本身來看，它的源頭，並不在陝西。大家知道，秦文化的淵源，因對秦人發祥地的不同認識而形成兩種主要觀點，一種認為秦文化源於東方海濱，即今山東地區；另一種認為源於西方戎狄，即今甘肅一帶。很明顯，不論哪種看法，皆與陝西無關。另外，秦文化早期階段（指秦人建國以前）的地域，也不限於陝西，更非以陝西為主。按東來說，至少在陝西以外的河南、山西等地，都曾是秦人的活動區。按西來說，秦人早期則主要活動於甘肅東部。最新的考古材料表明，迄今所知最早的秦文化遺存（屬西周時期），其地點在今甘肅天水地區，而不在陝西。由此可見，說秦文化就是陝西文化，不夠嚴謹。

　　綜上，我們認為，秦文化不等於陝西文化。因此，當界定秦文化的內涵時，絕不能把陝西文化的內容一古腦兒地全囊括進去。

　　不過，這只是問題的一個方面。問題還有另一個方面，即秦文化與陝西文化之間存在著密不可分的血緣關係，在一些特定的情況下，秦文化足以代表陝西文化。

　　其實，這是人所共知的問題。雖然秦文化的源頭不起自陝西，早期秦族的活動地主要也不在陝西，但自秦人建國後，其勢力便不斷向東發展，即由甘肅東部進入陝西中部，並以此為大本營，進而統一天下，建立了中國歷史上第一個大一統的中央集權制的帝國。顯而易見，秦文化的主體是在陝西發展起來的，秦文化的成功是在陝西取得的。它上承周文化，下啟漢、唐文化，是陝西文化中最為重要、最富特色和最值得驕傲的部分，其他各文化均無法與之相提並論。

　　惟其如此，所以確定秦文化內涵時，雖不能把陝西文化全囊括入內，但也

---

〔註5〕陝西作為行政區名稱最早出現於北宋初，其距秦亡已1000多年。西周時分陝而治的陝西，指陝陌（或謂郊鄢）以西，與今陝西無關。

應考慮到陝西文化的相關內容。如果我們把以秦國、秦朝文化為主的秦文化比作紅花，那麼，相關的陝西文化則是綠葉。須知，紅花只有配上綠葉，才是最完美的畫面。

## 二、秦文化的發展歷程

《史記·秦本紀》載，秦人祖先是傳說中的五帝之一顓頊的後裔女修，她吞玄鳥隕卵而生子。學者普遍認為，這反映了原始社會母系氏族階段的情形。秦文化的開端，起碼可以追溯到這時。此後，秦文化的發展，經歷了三大時期五個階段——

第一期：秦族時期。此期分兩個階段：

一、傳說階段；

二、實證階段；

第二期：秦國時期。此期亦分兩個階段：

三、周化階段；

四、法家化階段；

第三期：秦朝時期。此期僅作一個階段：

五、傳佈全國階段。

上述的分期，是依據秦文化自身發展中顯示出的特徵為標準來劃分的。關於秦文化發展的三大時期，界限極明顯，用不著多費筆墨；而五個階段的劃分，牽扯具體問題較多，需再略作說明。

秦族時期的傳說階段，自女修至大駱。其傳承關係如下圖所示：

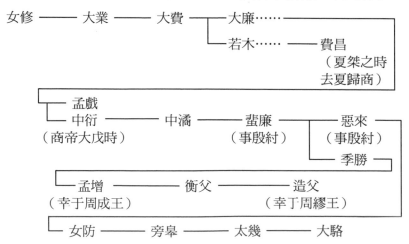

據《史記·秦本紀》；凡直線表示父子相傳，加「……」者表示隔代相傳或世代不清

通過零星的材料可知，此階段秦人以「調訓鳥獸」見長，並「善御」。有人據此認為秦人祖先是以畜牧為主的游牧部族。

秦族時期的實證階段，自非子至莊公，其間歷秦侯、公伯、秦仲，共五代。文獻記載，非子曾為周孝王「主馬於汧渭之間」（今陝西寶雞縣西渭水與汧水會合處一帶），被「分土為附庸」，並「邑之秦」（即在秦地築城，其地望或說在今甘肅清水縣東之秦亭，或說在該縣西之育故亭），號稱「秦嬴」。有人認為，這標誌著秦政權已經「草創」。前不久，甘肅省文物工作隊及北京大學考古系同志，在甘肅天水地區的甘谷縣毛家坪和天水縣董家坪，發現了屬於西周時期的秦文化遺存，從而向我們揭示了西周時期秦文化的某些基本特徵〔註6〕。我們之所以把此階段稱為實證階段，即謂其有考古實物證據之意。在這之前，僅有傳聞，而無實證。

秦國時期的周化階段，自襄公至獻公，共二十四代君主（不享國者除外）。此階段以秦人吸收、繼承周文化為特徵，考古資料表明，秦人吸收周文化，早在西周時已經開始，但大量地全面吸收繼承，則在秦文公十六年（前750）取得對戎戰爭的勝利，「收周餘民」之後。從此，可以說開始了一種「秦人周化」運動。其結果，導致了穆公時代的繁榮昌盛，秦國步入了春秋霸主的行列。史稱「開地千里，遂霸西戎」。春秋後期至戰國初，秦一度衰落。這實際也是秦所繼承的周文化日暮窮途的反映。不過，自簡公時的「初租禾」、「令史初帶劍」，到獻公時「止從死」、「為戶籍相伍」等一系列改革，卻揭開了秦文化大變革的序幕。

秦國時期的法家化階段，自孝公至統一前，共歷七代君主。這一階段時間雖不算長，但卻非常重要。秦文化至此因商鞅變法而被注入了新的生命——法家思想，從而使之發生了質的飛躍。通常人們看到的秦文化的一些特徵，如「刻薄寡恩」、「嚴刑竣法」、「尚首功」等等，實際上均是此階段的特徵。秦最終併吞六國，一統天下，即此階段文化大變局的直接產物。

秦朝時期（前221～前206）因時間短暫，僅劃作一個階段。它既與「秦族時期」、「秦國時期」並列為一個大的時期，又與秦族時期、秦國時期各自的兩個階段並列，為秦文化發展的五個階段之一。這是秦文化傳佈全國的階段。儘管在傳佈過程中，存在著相當激烈的地域文化衝突，但秦文化依靠強大的軍事、政治力量，畢竟成為一種統治文化。特別是大一統集權制的秦文化模式，

〔註6〕參見趙化成《尋找秦文化淵源的新線索》，刊《文博》1987年第一期。

一直延續了兩千餘年。從這種意義上講，秦文化在中國歷史上堪稱常青之樹，其深遠影響是任何其他地域文化所無法相比的。

## 三、三個主義

作為獨立的文化形態，秦文化有著自己顯明的特色。我們把它概括為「三個主義」，即集權主義、拿來主義、功利主義。

集權主義，指統治權力的高度集中，這是秦文化制度層次顯示出的特色。最能說明這一點的是，秦統一後所推行的一系列政治制度。其中主要有皇帝制度、三公九卿制和郡縣制。這些制度自然不會是突然從天上掉下來的，而是秦傳統管理模式的進一步發展與完善。為什麼秦的管理會帶有集權主義的特色？這是一個困擾人們已久迄今尚無滿意答案的問題。我們認為，這當與秦歷史上長期處於軍事戰鬥狀態有直接關係。

眾所周知，秦史上秦與戎狄的軍事衝突，起始很早。襄公建國後這一鬥爭進入一個新的階段。秦人為了佔有周天子賜予的岐、豐之地，同盤據在那裏的戎狄展開了極其艱巨的軍事鬥爭，襄公本人即死於伐戎的征程之上。後歷經文公、憲公（寧公）、出子、武公，到德公時秦人才在陝西關中地區站穩了腳跟。軍事鬥爭必然要求權力集中，絕對服從。這裡沒有給民主留下任何席位。正是這樣特定的客觀條件，造就了秦文化的集權主義。

由此出發，似還可以對秦文化中某些特殊現象作出新的解釋。例如對秦何以未形成嫡長子繼承王位制度的問題，如果從這個角度去理解，答案便十分清楚。戰爭的環境決定了秦擁立新君，必然要首先考慮其本領而不是嫡庶。過去《公羊傳》以「秦者夷也」來解釋秦的「匿嫡之名」，顯然出於偏見。秦縱然受戎狄影響至深，但接受周文化也是無可非議的事實。從馬家莊秦宗廟遺址來看，秦對周文化重要內容之一的宗法制是有所繼承的〔註7〕。既如此，秦為何偏偏無視宗法制中的嫡長子繼承制？我們說，不是秦先天性排斥這一制度，而是客觀環境不允許它嚴格執行這一制度。對此中之奧妙，為《公羊傳》作注的漢儒何休似乎隱約有所察覺，故他講秦之擇君，乃「擇勇猛者立之」。其所以如此，蓋戰爭之需要也。很明顯，這裡絕非什麼觀念決定了現實，而是存在決定意識。由此一例，即可見戰爭的客觀環境，對秦文化影響之深之大。由此一例，也可以進一步加深我們對秦集權主義成因的理解。

〔註7〕參見係楊傑《馬家莊秦宗廟遺址的文獻學意義》，刊《文博》1990年第五期。

拿來主義是魯迅先生在 30 年代提出的。它主張對於外界一切有用的東西，不管三七二十一，首先「拿來」。魯迅講：

> 看見魚翅，並不就拋在路上以顯其「平民化」，只要有養料，也和朋友們像蘿蔔白菜一樣地吃掉，只不用它來宴大賓；看見鴉片，也不當眾摔在毛廁裏，以見其徹底革命，只送到藥房裏去，以供治病之用，卻不弄「出售存膏，售完即止」的玄虛。〔註8〕

兩千多年前的秦，自然不會有「拿來主義」這個詞兒，但秦文化的的確確是拿來主義文化。這也是秦文化開放性的具體反映。其尤為突出者有兩點：

一是秦對秦以外諸文化的拿來主義。

從有關傳說來看，秦人遠祖曾「拿來」過夏、商文化。相對之下，其「拿來」戎狄文化影響最大，以致被稱作「戎化」，被視為「西戎之一支」。考古發掘表明，秦人遠在居西陲時便開始「拿來」周文化，吸收了周人的製陶技術。建國後，在農業、青銅手工業、文字以及禮儀制度等方面，更是全面地「拿來」周文化。例如屬於春秋早期的寶雞西高泉村一號墓出土的青銅器，幾乎全是清一色的西周風格，其中壺、豆兩器，徑直是西周遺物（豆銘中的「周生」學者考定即周宣王時的「琱生」）〔註9〕，這無疑是最貨真價實的拿來主義了。戰國時，秦又「拿來」了法家理論，使秦文化面貌為之一新。至於像李斯所說的「棄擊甕叩缶而就鄭衛，退彈箏而取昭虞」一類秦「拿來」山東六國文化的事例，實不勝枚舉，這裡就不再一一贅述。另，史載秦統一六國過程中，「每破諸侯，寫放其宮室，作之咸陽北阪上」。這固然是秦以征服者姿態搞的文化掠奪，但也未始不是他們文化拿來主義的一種變相表現。

二是秦國對別國人才的拿來主義。秦史上，曾在秦任職或為秦的發展作出了重要貢獻的一大批著名人物，如百里奚、蹇叔、由余、丕豹、公孫枝、內史廖、士會、白乙丙、西乞術、孟明視、商鞅、張儀、公孫衍、司馬錯、樂池、魏章、甘茂、甘羅、陳軫、齊明、周最、向壽、屈蓋、魏冉、薛文、樓緩、壽燭、芈戎、白起、任鄙、呂禮、蒙武、尉斯離、胡傷、灶、王齕、司馬梗、張唐、范睢、蔡澤、將軍廖、呂不韋、蒙敖、王齮、茅焦、尉繚、桓齮、王翦、李斯、昌平君、王賁、李信、王綰、馮劫、王離、趙亥、隗狀、馮無擇、王戊、

〔註8〕《且介亭雜文·拿來主義》。《魯迅全集》第六卷，人民文學出版社 1981 年版，第 39 頁。

〔註9〕參見李學勤《秦國文物的新認識》，刊《文物》1980 年第九期；中國社科院考古所《新中國的考古發現和研究》，文物出版社 1984 年版，第 312 頁。

趙嬰、楊穆、蒙恬、宗勝等，均是秦「拿來」的別國人才。為了更好地吸收外來人才，秦發展、完善了客卿制度，使之成為一種有效的「儲才」手段，對於積極引進合理使用人才，發揮了重大作用〔註10〕。應該說，這是秦拿來主義最成功的方面。整個春秋戰國時期，沒有任何一個國家可以與之相匹敵。

功利主義是秦文化價值層次所具有的特色，它形成於商鞅變法之後，是秦文化「拿來」法家思想的結果。

大家知道，商鞅變法把秦的社會完全納入了「農戰」的軌道。這一重大變革對秦人精神面貌的影響，集中反映在兩點上：一是造成了秦的「上首功」之風。戰國齊人魯仲連稱秦人「上首功之國」，即指此。所謂「上首功」，就是崇尚斬首之功，亦即崇尚戰功。二是造成了「貪狠強力，寡義趨利」的世俗。這一點，漢人賈誼早在兩千多年前便已經正確地指出了。他說：

> 商君遺禮義，棄仁恩，並心於進取，行之二歲，秦俗日敗。故秦人家富子壯則出分，家貧子壯則出贅。借父耰鉏，慮有德色；母取箕帚，立而誶語。抱哺其子，與公並倨；婦姑不相說，則反唇而相稽。其慈子耆利，不同禽獸者亡幾耳。〔註11〕

這裡，請讀者特別注意引文開頭的「商君」二字。它表明賈生所言之民俗非秦所固有，而是商鞅變法後新形成的。

毋庸置疑，追求功利，乃人類的一種普遍行為。即使那些自詡看破紅塵的宗教徒，亦不例外。不過他們所追逐的是宗教王國裏的另一種功利罷了。實際上，佛教徒的想成佛，與凡夫俗子的想陞官發財，其本質並無二致。所以切莫錯以為功利主義乃是秦文化的專利品，其他文化就不講功利。然而必須看到，秦文化的功利主義畢竟與其他文化的功利主義有所不同。法家化的秦人對功利的追求是赤裸裸的。它既沒有蒙上道德的幕紗，也沒有披上仁義的外裝，更沒有塗上浪漫的色彩。這就是秦的功利主義與其他功利主義的區別之所在。

## 四、近兩千年中國文化之基石

中國文化，源遠流長。如果從考古發現的中國境內最早的元謀猿人算起，迄今已有一百七十萬年的歷史，如果從進入階級社會以後的文明時代算起，也

---

〔註10〕 參見黃留珠《秦客卿制度簡論》，刊《史學集刊》1984 年第三期；《中國古代的幾種「儲才」形式》，刊《人文雜誌》1987 年第一期。

〔註11〕 《漢書·賈誼傳》。

有五千年之久。在這樣漫長的過程中，秦文化居於承前啟後、繼往開來的重要地位。

秦以前的中國文化，原始文化之外，就是夏、商、周三代文化。孔子講：「殷因於夏禮，所損益可知也；周因於殷禮，所損益可知也。」〔註12〕可見三代的文化，基本是一個體系，其依次承繼，而又有所發展。秦之先祖，曾與夏商有過交往，特別是秦人崛起過程中，全面吸收繼承周文化，「以詩書禮樂法度為政」。這表明秦文化與三代文化之間存在著一定的傳承關係。可是自商鞅變法後，情況發生了根本性變化，所謂「師申商之法，行韓非之說」，形成異於三代文化傳統的全新的法家文化體系。它「非有文德」，「以貪狼為俗」，「趣利無恥」。隨著秦統一大業的完成，這種文化被推布到了全國。顯然，法家化以後的秦文化，給三代文化劃了句號，它揭開了中國文化發展史上新的一頁。

漢興，乍看起來，法家理論因秦的速亡而遭到猛烈的抨擊，大有退出歷史舞臺的趨勢。特別是漢武時罷黜百家獨尊儒術，似乎更是對法家學說致命的打擊。然而實際上，劉氏王朝並沒有行儒家的仁政，而是堅持所謂的「霸王道雜之」的「漢家制度」。這種制度儘管披著儒家的外衣，但實質卻仍是法家的那一套，故被稱之為「外儒內法」或「儒表法裏」。此後兩千餘年的中國封建社會的統治者們，無不遵循這一思想模式去治國治民。可見秦文化並沒有因秦的滅亡而退出歷史舞臺，相反，它經過一番喬裝打扮，又以新的面目出現於中國社會。有些研究者認為漢文化的主體是秦文化，看來不無道理。從這種意義上講，秦文化的的確確是近兩千年中國文化之基石。而這種基石功能，更為集中地體現於以下兩個方面：

其一，秦文化奠定了大一統國家和觀念的基礎。

我國的國家形態，三代可以統稱為邦國時期，其以小國寡民為主要特徵。當然，這一時期還可再細作區分，如有研究者認為夏為族邦，商為方國，周為城邦等等。秦王朝的建立，結束了邦國時期的歷史，開創了大一統國家的新時代。自此而後的兩千多年裏，儘管曾多次出現割據分裂的局面，但大一統畢竟是歷史發展的主流。由於大一統國家的現實，也就造就了大一統的意識觀念。從秦漢以來，大一統被視為「天地之常經，古今之通誼」。有多少仁人志士，為大一統而奮鬥而獻身，直到今天，它仍是我們所堅持的基本原則之一。追溯起來，這種大一統心理定勢的形成，實乃秦文化的功勞。

---

〔註12〕《論語・為政》。

其二，秦文化奠定了中央集權政治制度的基礎。

我國政治制度的發展，秦是一個分水嶺。其前，夏、商處在神權政治時期。以商代為例，其政事的決定，既非商王個人專斷，又非貴族會議或民主大會決定，而是通過占卜請上帝來命定。據文獻記載，夏已有官吏設置，甚至還有「夏后氏官百」的說法。不過，從可考之夏代官吏來看，諸如「四鄰」、「三正」、「羲和」、「太史」、「瞽」、「官師」、「遒人」、「大理」等，皆為氏族時期的巫吏、長老職務的分化，尚帶有明顯的原始社會痕跡。西周較之夏、商大大前進了一步，已進入貴族政治時期。其最高統治者有王、天子、天君、辟王、辟君、后等名稱，王的左右置三公，即太師、太傅、太保，皆為宗族長老，對王負有指導、輔佐、監護的責任。政府機構分為卿士僚與太史僚兩大部門。前者為軍政司法部門，以卿士（卿事）為首長，其下主要有三個政務長官司徒、司馬、司空，合稱「三有事」或「三事大夫」。後者是掌管曆法、祭祀、占卜、文化、教育等事務的部門，以太史為首長。地方有國、邑之分，國為諸侯封地，邑為大夫封地。顯而易見，三代政制比較簡略，也比較鬆散，其事神重於治人。秦完全改變了這樣的政制格局，代之以一整套新的中央集權的政治制度。其最高統治者稱皇帝，擁有至高無上的權力；協助皇帝處理政務的大臣主要有三公（丞相、太尉、御史大夫）九卿（奉常、郎中令、衛尉、太僕、廷尉、典客、宗正、治粟內史、少府），各自掌管一定的部門；地方設郡、縣兩級行政機構，長官直接由中央任命。這樣一種「皇帝——公卿——郡縣」的官僚科層結構及其制度，自秦到清，除了職官名稱因時有所變化之外，基本模式並無更改。故譚嗣同歎謂：「二千年來之政，秦政也。」〔註13〕惲敬也感慨講：「自秦以後，朝野上下，所行者，皆秦之制也。〔註14〕

總之，秦文化的歷史地位極其崇高，極其重要。在外國人的心目中，「秦」就是「中國」的代名詞。英語的「China」（中國），經學者考證，即「秦」的譯音。國外古文獻中對中國的一些稱呼，如「賽尼」、「希尼」等，亦均為「秦」之音譯。由此不難看出，秦文化對於中國歷史的巨大意義。

原載《秦漢史論叢》第五輯，法律出版社，1992 年

〔註13〕《仁學》卷上。
〔註14〕《大雲山房文稿》卷 《二代四革論》。

# 秦文化的南播

　　秦文化向南方的傳播，是一個很值得做系統研究的課題。這裡所說的「南方」，主要指所謂的「楚越之地」，即古楚國以及受楚文化影響的越人地區。作為先秦時期形成的諸多地域文化之一的秦文化，在戰國後期，隨著秦兼併戰爭的勝利進行而向四方傳播。比較而言，其南播的進程，為時最久，南播的步履，也最艱難，而最終又是南方的楚人率先舉起反秦的義旗，應驗了「楚雖三戶，亡秦必楚」的預言。科學總結這一段文化遷播的歷史，對我們深入理解公元前3世紀末至前2世紀初中國社會，無疑是重要的一環。

一

　　秦、楚均出自帝顓頊一系，可謂同祖，但二者一西一南，發展為兩種不同的文化——秦文化與楚文化。自春秋至戰國相當長的時間裏，兩國戰爭較少，基本上友好相處，雙方通使、通婚、結盟，免不了帶動彼此間的文化交流。不過，這種和平漸進式的文化傳播，不在本文所討論的範圍之內。我們著眼的秦文化南播，是指大規模的文化推進。它的開始，當在公元前278年，即秦昭王二十九年。是年，秦將白起攻取楚都郢（今湖北江陵），並在新佔領的楚地設置南郡，從而實現了秦文化的首次大規模南遷。

　　20世紀70年代以來，考古工作者在原秦南郡轄境內，即今湖北宜昌、江陵、雲夢等地，曾發現並發掘秦墓40餘座。「秦墓葬有許多特點，例如墓坑坑口一般無臺階，坑壁較垂直，槨室內普遍發現設置板門的做法，隨葬器物中以日常生活用品為主，陶器基本組合為釜、盂、甑、甕、罐等。這些特點與戰國時期同類楚墓相比，有明顯的區別，例如楚墓中常出現的禮器、樂器、兵器和

鎮墓獸等，在秦墓中幾乎絕跡，這反映了秦佔領楚地後，各種制度，其中包括埋葬制度都有了變更，秦文化對江漢地區的影響是深刻的。」〔註1〕應該說，這是秦攻佔楚都郢後，秦文化大規模南播的鐵證。

秦在楚都舊地設郡實施統治之後，南進勢頭一度放緩。從公元前226年起，秦又集中力量攻楚。經過艱難曲折的反覆較量，公元前223年（秦始皇二十四年），秦將王翦終於滅楚，「平荊地為郡縣」。〔註2〕至此，秦文化南播的第一個階段，基本劃了句號。

楚亡後；秦將王翦乘勝「南征百越之君」〔註3〕，從此拉開秦文化南播第二階段的幃幕。其時在秦始皇二十五年，即公元前222年。

所謂「百越」，乃泛指今浙閩兩廣一帶的越人。「自交趾至會稽七、八千里，百越雜處，各有種姓」〔註4〕。據《史記・越王句踐世家》，楚滅越，「越以此散，諸族子爭立，或為王，或為君，濱於江南海上」。可見，「百越」乃句踐的後裔。其「文身斷髮」，多以所處地理方位而得名，如「東越」（亦稱「東甌」、「甌越」、「閩越」等，居今浙江南部及福建）、「南越」（居今兩廣大部分地區）、「西甌」（曾稱「駱越」，居今越南北部、廣西南部及廣東西南角）等等。王翦所征究竟何「越」？戰果如何？《史記・秦本紀》載：「（始皇）二十五年，王翦遂定荊南地，降越君，置會稽郡。」秦會稽郡轄境在今蘇南及浙北一帶，郡治吳縣即今蘇州。有研究者指出，王翦南征「當然不會單單是指向會稽的區區之越，而是分部向東、南、西南出擊」，並具體論證王翦服東越，置閩中郡，通過海路，進抵嶺南，據有番禺〔註5〕。此說獨樹一幟，頗有見地，或許符合事實。但不論如何，王翦在滅楚後又繼續向越人地區進軍，當無可置疑。隨此，秦文化則進一步向南方濱海地區傳播。

統一六國後不久，秦始皇在王翦南征的基礎上再度經略百越。有關史實，《淮南子・人間訓》、《史記・主父列傳》及《漢書・嚴助傳》等均見記載，比較起來，《淮南子》所記最為詳瞻。為便於分析，茲將這段人們熟知的材料錄抄如下：

> 秦皇……乃使尉屠睢發卒五十萬為五軍：一軍塞鐔城之領，一

〔註1〕《文物考古工作三十年》，文物出版社1981年版，第302頁。
〔註2〕《史記・王翦列傳》。
〔註3〕《史記・王翦列傳》。
〔註4〕《漢書・地理志》注引臣瓚曰。
〔註5〕文錫進：《關於秦統一嶺南的戰爭問題》，《中山大學學報》1986年第二期。

軍守九疑之塞，一軍處番禺之都，一軍守南野之界，一軍結餘干之水。三年不解甲弛弩，使監祿無以轉餉。又以卒鑿渠而通糧道，以與越人戰，殺西嘔君譯吁宋。而越人皆入叢薄中，與禽獸處，莫肯為秦虜，相置桀駿以為將。而夜攻秦人，大破之，殺尉屠睢，伏屍流血數十萬。乃發適戌以備之。

此段文字；所敘事者三：第一，「秦皇」至「無以轉餉」，記始皇使尉屠睢發卒五十萬分五軍戌守五嶺；第二，「又以卒」至「流血數十萬」，記鑿靈渠以與「西嘔」（「西甌」）人作戰的經過；第三，「乃發⋯⋯備之」，記尉屠睢被越人殺死後秦又發適戌以備之。這三件事，雖有因果關係，但彼此各自獨立，卻是清清楚楚、明明白白的。今不少論著均把五處戌守誤解為五軍對越作戰，或云東西兩線進攻，或云五路併發，或云先東路、中路攻東越、南越，然後西路進攻西嘔，等等。其實，稍具軍事常識的人就會知道，以當時的運輸、通訊等條件，拉那麼長的戰線，在那樣惡劣的地理環境下，試圖兩線作戰或多路進攻，都是不可能的。何況《淮南子》文中的「塞」、「守」、「處」、「結」諸字，皆戌守而非進攻之義甚明，似乎用不著再多作詮釋。特別是「一軍處番禺之都」，分明是講秦軍已居處番禺，而論者偏要說成是什麼「以凌厲的攻勢佔領」或「迅速佔領」之類，令人實感莫名其妙。這裡，我認為關於王翦軍從海路佔據番禺之說，是值得重視的。由於王翦軍早已打通了去番禺的海路，故尉屠睢一軍才能「處番禺之都」。「守南野之界」與「結餘干之水」的兩支秦軍，皆屯駐於關隘要塞，用以加強控制閩中山區大量越人的目的，十分明顯。至於是否還具有其他作用，似也值得進一步研究。秦時韓江三角洲尚未形成，今潮汕平原一帶還是汪洋大海，南野等地去海並不像今日那麼遙遠。

總之，尉屠睢伐越，先以五軍戌五方做了長達三年的準備，其中包括修建靈渠以解決軍糧等後勤供應的難題，然後全力向西甌進擊，秦軍先勝後負，而且敗得很慘。在這種情況下，「秦乃使尉佗（即趙佗）將卒以戌越」〔註6〕。秦始皇三十三年（前214），秦政府「發諸嘗逋亡人、贅婿、賈人略取陸梁地（即嶺南），為桂林、象郡、南海，以適遣戌」〔註7〕。此次「略取」的主將任器遂被任為南海尉，典主三郡之事；副將趙佗被任為龍川令。翌年秦又「適治獄不

〔註6〕《史記‧主父列傳》徐樂上書之言。另見《漢書‧嚴助傳》。
〔註7〕《史記‧秦始皇本紀》。

直者」〔註8〕戍南越地。當陳勝、吳廣起義前「不一年」，趙佗「使人上書，求
女無夫家者三萬人，以為士卒衣補，秦皇帝可其萬五千人」〔註9〕。至此，秦
文化南播的第二階段，基本算是結束。

考古工作者在今湖南、江西以及兩廣地區均發現了一定數量的秦遺物遺
址和墓葬，成為當年秦南戍五嶺、進軍嶺南的見證。如湖南出土的長胡四穿秦
銅戈，江西出土的置於陶罐中的秦銅戈、銅矛、銅鏃，廣州發現的秦造船遺址，
廣西灌陽、興安、平樂發現的秦墓等等〔註10〕。迄今仍存在的秦代的遺跡——
廣西興安靈渠，自然是秦文化南播第二階段最有力的證據了。

二

秦文化的南播，與秦對「楚」、「越」的兼併同步而行，從某種意義上不妨
這樣說：秦文化南播的主要途徑是戰爭。不過，戰爭時間終究有限，具體的戰
役，一二天或更短的時間就可以結束，而文化傳播卻是曠日持久的事，所以戰
爭實際上只能起一種開路的作用，它不會使秦文化在新佔領地區生根、開花、
結果。這一使秦文化凝固的任務，則主要靠秦所設置的行政機構去完成。

據王國維的考證，秦在楚故地所設郡有八，即南郡、九江、泗水、東海、
長沙、薛郡、黔中、陳郡；在越人地區所置郡有五，即會稽、閩中、南海、桂
林、象郡（兩項合計，占王氏所考秦48郡的27%）〔註11〕。郡下設縣（道）、
鄉、亭等各級機構，它們共同組成推行秦文化的機器。一般說來，其均採用頒
布法令強力推行的做法。雲夢秦簡《語書》便典型反映了這一情況。

《語書》是秦南郡守騰頒發給本郡各縣、道的一篇文告，其中說道：

> 凡法律令者，以教道（導）民，去其淫避（僻），除其惡俗，而
> 使之於為善殹（也）。今法律令已具矣，而吏民莫用，鄉俗淫失（泆）
> 之民不止，是即法（廢）主之明法殹（也），而長邪避（僻）淫失（泆）
> 之民，甚害於邦，不便於民。故騰為是而修法律令、田令及為閒私
> 方而下之，令吏明布，令吏民皆明智（知）之，毋巨（距）於罪。

文告發布於秦王政二十年（前227）四月初二日，當時秦統治南郡已過了
半個世紀，由於仍有一些人不遵守法令，故當局把法律令、田令及懲辦奸私的

---

〔註8〕《史記·秦始皇本紀》。
〔註9〕《史記·淮南列傳》。
〔註10〕參見《文物考古工作三十年》湖南、江西、廣東、廣西各省區綜述稿。
〔註11〕《秦郡考》。《王國維遺書》（二），上海古籍出版社1983年版。

法規整理出來，重新公布。由此不難推見，在置郡之初，以法令及行政命令推
行秦文化的種種情形。這裡值得注意的是，「令吏明布，令吏民皆明知之」一
句所具有的特定內涵。原來秦實行一種法官法吏制，其具體做法，是在中央和
地方各設若干法官、法吏，「為天下師」，負責學習法令，解答吏民有關法令的
問題，並核對、頒布法令，以求達到「萬民皆知所避就，避禍就福，而皆以自
治也」〔註12〕。從南郡的實例可知，秦在佔領區推行秦文化，法官法吏起了重
要作用〔註13〕。

　　文化遷播過程中，物質層次的變化，較為容易，其次是制度層次，而最難
的要數風俗習慣和價值觀念。各種法令及行政命令，對於推行某些文化表層的
東西，可能是有效的——就南郡的例子來看，歷時半個世紀，仍有「吏民莫用」
的情況，亦足見其仍然不易。至於文化深層的變更，就遠非強力所能夠湊效了。
如此，在佔領區勢必出現秦文化與該地原有文化混合的現象。這從雲夢秦簡
《日書》中可以看得非常清楚。

　　《日書》是古代一種以時日推斷吉凶的占驗書。掌此占術之人稱為「日
者」。《史記》張守節《正義》曾講，日者「言辭最鄙陋」。看來，它主要流傳
於社會基層，而低級官吏似亦精通此道。湖北雲夢睡虎地十一號秦墓和甘肅天
水放馬灘一號秦墓，都出土了《日書》的實物。由於《日書》本身即是一種文
化，而且是一種民眾文化，因此用它來說明文化現象，應是較為準確並具有普
遍性的。《睡》簡《日書》有如下記載（只錄關鍵字句，省略部分以「……」
號表示，引文據文物出版社 1990 年版）：

　　秦除：

　　……

　　2. 毌以楚九月己未臺（始）被新衣，衣手□必死。

　　3. 歲：

　　刑夷、八月、獻馬，歲在東方……

　　夏夷、九月、中夕，歲在南方……

　　紡月、十月、屈夕，歲在西方……

　　七月、爨月、援夕，歲在北方……

〔註12〕《商君書·定分》。
〔註13〕關於法官法吏問題，說詳拙作《略說秦的法官法吏制》（《西北大學學報》1981
　　　　年第一期）。

十月楚冬夕……

十一月楚屈夕……

十二月楚援夕……

正月楚刑夷……

二月楚夏屎……

三月楚紡月……

四月楚七月……

五月楚八月……

六月楚九月……

七月楚十月……

八月楚爨月……

九月楚臅（獻）馬……

4. 毀棄：

八月，九月、十月毀棄南方，‧爨月臅（獻）馬、中夕毀棄西方，‧屈夕、援〔夕〕、刑屎毀棄北〔方〕，‧夏尸、紡月毀棄東方，皆吉。援夕、刑尸作事南方，‧紡月、夏夕（尸）、八月作事西方，九月、十月爨月作事北方，臅（獻）馬、中夕，屈夕作事東方，皆吉。正月、五月、九月之丑，二月、六月、十月之戌，三月、七月、十一月之未，四月、八月、十二月之辰，勿以作事。……

5. 秦：

……

以上 1～4 見於《日書》甲種，5 見於《日書》乙種。這類記載，在出土秦地的《放》簡《日書》中未見，而為出土於楚地的《睡》簡《日書》所特有，因此它就不能不具有某種特殊的意義。下面，試對這些記載的文化內涵逐條略作分析——

1.「秦除」，《睡》簡整理小組注云：「除，即《史記‧日者列傳》的建除，可見是起源於秦。」其實，建除指的是十二方位，又稱「建除十二辰」或「建除十二神」，簡稱「建除」，因十二方位首兩字為「建、除」故名。同時，建除也可指建除家——一種以十二地支定方位歲月以占吉凶的古占卜派別。「秦除」當為秦地的建除規定。後世關於建、除、滿、平、定、執、破、危、成、收、開、閉十二辰之說，實際就是「秦除」。「秦除」之外，還有其他「建除」規定，這在《睡》簡《日書》中便有反映（詳後文）。把此處的「秦除」

與《放》簡《日書》所記建除相對照，二者完全吻合，可見這是貨真價實的秦文化。《睡》簡中特標出「秦除」，表明秦文化在當地的流行並佔據了某種主導地位。

2.「毋以……」，這是一則關於「衣」的禁忌。「楚九月」為秦六月，此月己未日不可「始被新衣」，否則將招禍。這裡明言「楚九月」顯然是以秦人的口吻講楚文化的東西。

3.「歲……」所述內容有二：一是據歲星運行的時月方位定吉凶的占術，二是秦楚月名對照及各月白晝與夜晚長短的比例，前者十二月名全用楚制，屬楚文化無疑。後者則是站在秦的立場上，處處以秦制為主體並對照楚制的記述，自應屬秦文化。這裡，秦楚兩種文化混而交織。秦楚月名對照之所以有其必要，顯然是兩種文化混合併行的結果。

4.「毀棄……」是以月份配方位或以時月斷定「毀棄」及「作事」吉凶的占術。其中所用月名，既有楚制，也有秦制。「正月」之前為楚制，自「正月」以下皆秦制。這是秦楚文化混合使用的典型。

5.「秦……」是將各月的時日分為「採穗」、「正陽」、「危陽」、「敦」、「熒」、「陰」、「徹」、「結」等七類以定吉凶的占術。《睡》簡整理小組注：「此當為秦人之說。」《日書》甲種也有類似的一段，題為《稷辰》，顯然亦應屬秦文化。

綜上，足可以說明在秦佔領的楚地秦楚文化混合的情況，前文所謂的「特殊意義」也正在於此。上舉的五條材料，皆是選取的最顯著的秦楚兩種文化並行的例子，實際上，整個《睡》簡《日書》即一個秦楚文化的混血兒。那種認為「《放》簡是純秦《日書》」的觀點，無疑是對的，而認為「《睡》簡是純楚《日書》」的看法，恐怕就值得商榷了。

無可否認，《睡》簡所反映的事實，基本以楚地為限，而越地則另有一番景象。當然，越人地區很大，各地情況也不盡全然一樣。例如會稽，因為位置最北，所以與楚地相差就不是很大。從秦《會稽刻石》中「宣省習俗，黔首齋莊」、「防隔內外，禁止淫泆，男女絜誠」等語來看，似同南郡守騰《語書》所表達的內容多有相近之處。至於閩越、南越、西甌等地，由於地理方面的原因，其差別就大多了。秦在這些地方雖設郡縣，但卻實行特殊政策，如讓當地越人首領仍為「君長」〔註14〕，在桂林、南海、象郡不設守〔註15〕，等等。秦所置

〔註14〕見《史記·東越列傳》。
〔註15〕參見《晉記·地理志》。

官吏，也不得不「同其風俗」，「魋結箕倨」〔註16〕。可見當地文化一直都佔據著主導地位。秦文化向這一地區的遷播，除以戰爭開路以外又多了徙民一途。儘管移民給當地帶去了新的文化因素，然而更多的卻是被當地習俗所同化。

三

楚越之地是我國早期人類的活動地區之一，馬壩人、長陽人、柳江人、麒麟山人等一系列早期人類遺跡以及河姆渡新石器遺址的發現，都一再證實廣大江南地區原始文化的發展並不晚於中原地區。可是進入階級社會後，這一地區卻落後了。請看司馬遷在《史記》中對該地的描述：

> 楚越之地，地廣人稀，飯稻羹魚，或火耕而水耨，果隋贏蛤，不待賈而足，地埶饒食，無飢饉之患，以故呰窳偷生，無積聚而多貧。是故江、淮以南，無凍餓之人，亦無千金之家。

這說明，直到西漢時，江南地區仍停留在「水耕火耨」、貧富分化尚不十分嚴重的階段。相比之下，秦自商鞅變法後，所建立的新體制，與當時社會生產力發展頗相適應，故其綜合國力巨增，「兵革大強，諸侯畏懼」〔註17〕，秦文化成為當時最先進的文化。先進文化向落後地區遷播，不論怎麼講，對落後地區的發展與進步，是有益的。所以總的來看，秦文化南播具有時代的積極意義。

然而，秦文化南播畢竟是與兼併戰爭相伴進行的，所以對佔領區民眾而言，就存在一個亡國之恨的問題。特別是楚這樣與秦同大並足以難秦的強國，其不服之感，就更為普遍而激烈。誠如范曾所言：「夫秦滅六國，楚最無罪，自懷王入秦不反（返），楚人憐之至今，故楚南公曰『楚雖三戶，亡秦必楚』也。」〔註18〕從秦佔有楚都郢置南郡以後的歷史來看，楚人武裝反秦似乎一直十分活躍。《睡》簡《編年紀》中便有「南郡備敬（警）」的記載。特別是曾為秦竭誠效力的昌平君，被項燕等立為「荊王」，「反秦於淮南」〔註19〕，更是一樁嚴重的事件，給秦當局留下了深刻的印象。故當秦王朝建立後，秦始皇常說「東南有天子氣」，屢次「東遊以厭之」〔註20〕。所謂「天子氣」云云，恐怕

---

〔註16〕《史記‧陸賈列傳》及司馬貞《索引》。
〔註17〕《戰國策‧秦策一》。
〔註18〕《史記‧項羽本紀》。
〔註19〕《史記：秦始皇本紀》。
〔註20〕《史記‧高祖本紀》。

當為「亡秦必楚」預言的某種昇華。這裡，自然就有一個問題需要作出回答：在承認秦文化南播對江南地區發展、進步有益的前提下，應該如何認識和評估楚人的反秦鬥爭？

大家知道，在科學中普遍存在一種特殊的邏輯矛盾命題。其在不同的學科中有不同的提法，如在物理學中叫「佯謬」，在數學和邏輯學中叫「悖論」等等。實際上，這就是哲學上的矛盾。上述需要回答的問題，顯然亦具有這樣的特徵，或許可以稱之為歷史學上的悖論。在此，我們既要肯定秦文化在血與火中南播的進步作用和積極意義，也要肯定楚人的反秦實踐與反秦意識的愛國主義精神。任何肯定一方而否定另一方的做法，都是不符合歷史真實的。

無疑，楚人的反秦鬥爭，是秦楚兩種文化衝突的集中反映。但如果過分強調了文化衝突而忽視了文化融合，似也不盡符合歷史實際。這兒不妨讓我們剖析一個具體的實例——

《睡》簡《日書》中先後出現了三種關於「除」的記載，茲依其順序姑名之曰「除一」、「除二」、「除三」：

除一：建、陷、彼、平、寧、空、坐、蓋、成、甬、濡、贏

除二：建、除、盈、平、定、摯（執）、柀（破）、危、成、收、開、閉

除三：建、余（除）、吉、實、窖、徹、沖、剽、虛、吉、實、閈（閉）

除一、除二見於《日書》甲種，除三見於《日書》乙種。除二標明為「秦除」。這樣三種「除」同時並存，反映了不同文化並存的現象。不過，耐人尋味的是，在西漢人編纂的《淮南子》一書中，卻只見到如下記載：

> 寅為建，卯為除，辰為滿，巳為平，主生；午為定，未為執，
> 主陷；申為破，主衡；酉為危，主杓；戌為成，主少德；亥為收，主
> 大德；子為開，主太歲；丑為閉，主太陰。

這樣一種由建、除、滿、平、定、執、破、危、成、收、開、閉組成的十二辰，同於除二，正是「秦除」。此例表明，在秦文化南播過程中，儘管文化並存乃至文化衝突不可避免，但最終卻是秦文化取得主體地位，易言之，即是說實現了以秦文化為主體的文化融合。顯然，這是當時歷史發展的大趨勢。

《睡》簡的時代，大體在秦統一前後，而《淮南子》的成書，則在漢武帝初年，二者相去約近一個世紀。值得注意的是，在此階段出現的一種十分有趣而又發人深思的社會現象——

　　秦末，鋤耰白梃發難反秦的陳勝、吳廣，是楚人〔註 21〕，首義之地大澤鄉，是楚地；繼陳、吳之後滅秦的項羽、劉邦，也是楚人。「亡秦必楚」的預言確確實實得到了應驗。這看來似乎巧合的事件之中，自有其歷史的必然性。然而秦雖亡，秦文化卻不僅未亡，相反倒由亡秦的楚人將其繼承並發揚廣大。歷史上所謂的「漢承秦制」，就是最好的證明。對於「漢承秦制」，不應作字面狹義的理解，而只有把它視為對整個秦文化的繼承，方算抓住了問題的實質。其實，就制度本身而言，它也是文化的重要內容。而且需要看到，秦文化最核心的部分，也正是其政治制度。所以不管從何種視角來考察，把「漢承秦制」理解為漢政權對秦文化的全面繼承，都是不差的。準此，漢初的許多頗令人費解的歷史現象，似都可迎刃而解，例如長期困擾學人的劉邦為何仍然沿用秦的水德制度問題等等。在漢承秦制這一點上，我們還應看到，追隨劉邦打天下的蕭何、曹參等骨幹分子，原來均為秦吏，他們熟悉秦的一套制度，當他們大權在握之後，繼續沿用所熟悉的東西，便是自然而然之事。可見漢承秦制有一定的社會文化根源。不過由此也從一個側面透露出重要的信息，那就是秦文化南播成績斐然，至少在楚地確實是生根、開花並結了果的。否則，在楚地成長起來的蕭、曹等人就不可能習慣地沿用秦制去規劃漢事。前文所說的以秦文化為主體的文化融合是當時歷史發展的大趨勢，於斯亦可再度得以驗證。有學者曾指出，西漢政權的建立是秦統一事業的回歸〔註 22〕。此誠的論。不過我想再補充一點，即其也是秦文化的回歸。

　　總之，從秦文化的南播到楚人亡秦又繼承秦文化的歷史發展，足以使我們領略歷史進程的複雜性。歷史雖不會簡單重複，但卻有更高層次的回歸。而且經常會遇到這樣的情況：本來要到這個房間，結果卻走進了另一個房間。也許這是因為歷史喜歡捉弄人，喜歡同人們開玩笑的緣故吧！

1993.8.8 定稿

原載《秦文化論叢》第二輯，西北大學出版社，1993 年；

《秦漢史論叢》第六輯，江西教育出版社，1993 年

---

〔註21〕陳勝鄉里地望雖有爭議，但其為楚人應無疑義。參見譚其驤《陳勝鄉里陽城考》（《長水集》下，人民出版社 1987 年版）。

〔註22〕田餘慶：《說張楚——關於「亡秦必楚」問題的探討》。《歷史研究》1989 年第二期。

# 重新認識秦文化

　　自云夢秦簡、秦陵兵馬俑、青川秦木牘等一系列考古新資料面世以來，人們對秦文化的認識眼界大開，關於秦文化的研究亦出現了空前的熱潮，並取得了很大的成績。然而，人們的認識總是無窮盡的。目前隨著秦文化研究的深入，重新認識秦文化的一些問題，已被提到議事日程之上。如本文所論述的關於秦文化的軍事性質，便是一個很少有人注意而需要重新認識的重要問題。

　　　　　　　　　　　　　一

　　秦文化是由秦族文化、秦國文化與秦朝文化組成的。鑒於秦族文化資料有限，本文對其存而不論，僅探討秦國與秦朝文化。為了行文的方便，若無特別需要，把它們亦籠統稱作秦文化。這裡所講的文化，是指物質財富與精神財富的總和。

　　一般認為，秦人建國始於襄公被封為諸侯，即公元前 770 年。秦人立國伊始便被置於同戎狄的戰爭之中，而實際上這種戰爭在建國前便已開始。若從《史記：秦本紀》記載的秦仲時代秦、戎武裝對峙算起，至襄公始國雙方戰爭狀態已持續 70 餘年。襄公之後，歷經四代，到德公時秦人才在被賜的岐、豐之地站住了腳，這大約又經歷了 90 餘載。前後合計，秦、戎軍事鬥爭長達一個半世紀以上。秦國時期的秦文化，正是在這樣漫長的戰爭背景下發展起來的。

　　誠然，周初分封的各諸侯國，大都有過武裝殖民的經歷，但其時間比秦要短得多。如齊同萊夷的鬥爭，在太公當代便告結束。再如伯禽征伐夷戎定魯，也是很快就完成的。秦不僅武裝鬥爭時間長，而且所處的時代也已是「禮壞樂

崩」的春秋時期。這些因素綜合起來，就使秦文化不能不較其他諸國文化帶有更多的軍事性質。這突出地反映在以下幾個方面：

### （一）「擇勇猛者立之」

秦制度文化中存在一種很特殊的現象，即未形成嚴格的傳子制，特別是嫡長子繼承制，而是另外實行了「擇勇猛者立之」〔註1〕的王位繼承法。

《公羊傳》曾以「秦者夷也」來解釋秦的「匿嫡之名」，這顯然是一種偏見，並不足取。新近有學者從文化的價值層次著眼，認為此現象是秦人功利主義價值觀所決定的。其實，秦人那種斤斤計較利害得失，不講父子之情、婦姑之禮的功利主義價值觀，形成於商鞅變法之後，而秦沒有嚴格的嫡長子繼承制，在這之前便已存在，相反倒是孝公以後傳子基本成為定制，而尤以嫡長子繼承者居多。顯然，新觀點難以解釋這些現象。

歷史研究中不少深奧而玄秘的難題，真正的答案實際上卻非常簡單。如果聯繫秦人建國的歷史背景去考察秦的特殊王位繼承制，其謎底便自然露出。在戰爭的特定環境下，只有「勇猛者」才能率眾殺敵，奪取勝利，從而獲得生存與發展。對此，從《淮南子·人間訓》的一條材料似可得到證實：「秦……與越人戰，殺西嘔君譯吁宋，而越人皆入叢薄中，與禽獸處，莫肯為秦虜，相置桀駿以為將，而夜攻秦入，大破之。」這裡，西嘔人「相置桀駿以為將」與秦人「擇勇猛者立之」，完全如出一轍。可見是戰爭的現實造成了秦特有的王位繼承法，而這種特有的繼承法也突出反映了秦文化的軍事性質。

就「擇勇猛者立之」的實質而言，應屬傳賢式繼承，其餘緒直到秦孝公時尚可看到。《戰國策·秦策》記載孝公病危之際，曾打算傳位商鞅，恐怕正是秦人這一傳統的體現吧！

### （二）特殊的庶長制

秦特有的庶長制，也是軍事鬥爭給秦制度文化打上的深刻烙印，反映了秦文化的軍事性質。由於史傳的闕如，有關此制最早發生的歷史已難述說清楚〔註2〕。不少學者都把它同秦軍功爵制聯繫起來作考察，是很有道理的〔註3〕。秦爵制作為一種激勵制度，主要用以獎賞戰功，具有顯著的軍事性特徵，故被稱為軍功爵。在戰爭中立國的秦，有此制度，當在情理之中。春秋時此

〔註1〕《春秋公羊傳》昭公五年何休注。
〔註2〕近來有研究者認為秦庶長源於周制「庶尹」、「庶正」，似可聊備一說。
〔註3〕參見陳直：《史記新證》，天津人民出版社1979年版，第12頁。

制雖尚處草創階段，今可考見的爵名不過大庶長、庶長、左庶長、不更等少數幾個，但其軍事性質卻顯而易見。這從古人對庶長名稱的詮解，還可得到進一步的證明。

《漢書·百官公卿表》顏注：「庶長，言為眾列之長也。」此處之「長」，當為「入使治之，出使長之」之「長」，亦即軍隊長官之義。《續漢書·百官志》劉昭注引劉劭《爵制》則把這層意思說得更加清楚，指出庶長即後世之將軍，因統將庶人，故名。可見庶長乃軍事活動的產物。蓋秦人同戎狄武裝鬥爭中，率軍之將即庶長也。此亦當為「勇猛者」或「桀駿」之類人物。「古者天子寄軍政於六卿，居則以田，警則以戰」〔註4〕，軍事長官兼作行政長官乃當時之通例，所以秦庶長也必然同時是政務官。顯然，庶長制從它產生的第一天起，便是具有濃鬱軍事色彩的制度；商鞅變法及其以後的軍功爵制正是以此為基礎發展而來。

必須指出的是，秦爵中許多名稱六國亦間有之，如公大夫、公乘、五大夫、關內侯等，但庶長卻為秦所獨有。這表明庶長制乃秦制度文化中富有特色的內容。它所具有的軍事屬性，自然也就成為體現秦文化特徵的重要方面之一。

### （三）以置縣作為主要統治形式

周代實施的分封制即古人所謂的「封建制」，具體指以「授民授疆土」為特徵的裂土分封和采邑兩種制度。歷史上，秦沒有嚴格實行這樣的制度〔註5〕，而以置縣作為主要統治形式。

縣的名稱起始很早，但真正作為政區單位似在春秋時期。公元前688年，秦「伐邽冀戎，初縣之」〔註6〕；翌年，又「初縣杜、鄭」。〔註7〕這是史籍中最早置縣的記錄之一〔註8〕。從字義上看，「縣」即「懸」，《說文》曰「繫也」。實際上，它還有「邊」、「遠」之義。《淮南子·秦族訓》「縣烽未轉」，注云「縣烽，邊侯」，《主術訓》「其於御兵刃縣矣」，注云「遠也」，是其用例。據此不

---

〔註4〕《續漢書·百官志》注引劉劭《爵制》。
〔註5〕《史記·李斯列傳》：「秦無尺土之封，不立子弟為王」。《文獻通考·封建六》：「秦之法未嘗以土地予人，不待李斯建議而罷封建也。」儘管這些論斷存在某種片面性，但司馬遷與馬端臨洞察到了秦推行分封制與其他各國的不同，是應當肯定的。這種不同，確切地說應是：秦沒有嚴格實行分封制。
〔註6〕《史記·秦本紀》。
〔註7〕《史記·秦本紀》。
〔註8〕此外，就在秦始縣的同年，楚亦置縣。事見《左傳》哀公十七年。

難推見，縣在最初似應指直接係屬於中央的邊遠城邑，而且其多為新開拓的領土。春秋時一些諸侯國每在新佔有的領土上設縣的史實，便有力地證明了這一點。這類邊地所置之縣，為了有效地實施統治和保證領土的安全，必須依靠軍事力量，其機構必然是軍政合一的，具有十分突出的軍事性質。

秦之所以沒有嚴格實行分封制，而以軍事性極強的縣作為其主要統治形式，是同它特殊的建國經歷直接有關的。眾所周知，秦受封為諸侯時周天子對它的授民授疆土僅僅是空頭支票，秦人依恃武力經長期艱巨的戰爭，才從戎人手裏奪得岐、豐之地。可見秦立國之初根本就沒有可供「錫田錫邑」的現成大片疆土，其領地需從戎人手裏奪取。所以每獲一地，都應算作新佔領區，自然也需要置縣（這裏並不排除某些分封的特例），如此就使縣成為一種最為常見的行政區劃單位〔註9〕。後來獻公在國都櫟陽設縣，商鞅變法進一步全面推廣縣制而不是其他制度，絕非偶然現象，而是同春秋以來秦始終把縣作為主要統治形式的傳統一脈相承的。

當然，秦文化的軍事性並不完全限於上舉的三個方面。事實上，有不少貌似與軍事無關而實際卻有關的內容。例如秦多相馬專家，過去論者多以秦人「好馬及畜」的特長作出解釋，然而最新的考古資料證實，早在西周時秦人已過上相對定居的農耕生活，〔註10〕把春秋以來秦國出現的相馬專家再與秦先祖好馬及畜的歷史特點相聯繫，不免太遙遠了點。實際上，古代馬與軍事密不可分。「馬者，軍之大用」〔註11〕。與其把秦相馬術的發達看作秦人好馬及畜特點的孑遺，莫如將其視為當時軍事實踐的需要，庶幾更接近事實。所以相馬術的發達，是曲折地反映了秦文化的軍事性的。再如大體可以確定創作於春秋前期的石鼓文，其十鼓中半數以上均與田獵及馬有關。古之田獵本身便具有軍事檢閱和軍事演習的性質，許多軍事行動皆以遊獵形式進行。像公元前763年秦文公率「七百人東獵」〔註12〕，實際就是向東方擴展領土的軍事行動。所以石鼓文中大量有關田獵及馬的描述，不能單純視為貴族的戲遊玩樂，而是體現了軍事方面的意義。諸如此類的實例甚多，茲不一一。綜上，完全有理由這樣

〔註9〕《左傳》僖公十五年有秦「置官司」的記載，聯繫上下文及各家注釋，「官司」似應為泛指，而非是縣以外的行政機構。

〔註10〕參見趙化成：《尋找秦文化淵源的新線索》，《文博》1987年第1期；袁仲一：《從考古資料看秦文化的發展和主要成就》，同前，1990年第5期。

〔註11〕《韓非子·解老》。

〔註12〕《史記·秦本紀》

說：因長期戰爭的影響，秦文化先天地帶有強烈的軍事性。而這一點，恰恰也是需要我們重新加以認識的。

## 二

春秋戰國，是一個窮兵黷武的時代。在刀光劍影中，古代社會經歷了翻天覆地的文明巨變。這樣一種人文生態環境，有利於秦文化軍事性的凝固，而不利於其消解。不過，在春秋及戰國初，秦人是不斷努力吸收周文化的。秦穆公在戎王使者由余面前以「中國」自居，炫耀「以詩書禮樂法度為政」〔註13〕，便是極好的證明。這一文化走向，到商鞅變法時發生了變化。

商鞅變法是以法家思想為指導的一場巨大社會變革。不論從哪種觀點去考察，它在秦國發展史上都是一個重大的轉折。秦文化與法家思想結合後，最突出的變化在於，其先天所具有的軍事性至此急劇膨脹，達到登峰造極的程度。要瞭解何以會發生如此變化的奧秘，還需要先從法家思想的淵源關係說起。　般人都知道，法家思想淵源於道家。這從《史記》中把韓非與老子同傳便可看出端倪。但法家與兵家同樣具有淵源關係，卻每每為人們所忽視。其實，法家與兵家的關係是要更為密切一些的。

古時法律一般都是在舉行大蒐禮時制定和頒布的。如公元前 621 年，晉「蒐於夷」，制定和頒布了《夷之法》，是為晉鑄刑鼎所公布《刑書》之藍本。再如公元前633年，晉「蒐於被廬」，制定和頒布了《被廬之法》等等。學者研究認為，蒐禮是由原始社會軍事民主時期的武裝人民大會演變而來，具有軍事檢閱、軍事演習和軍事部署的性質〔註14〕。由於大蒐的軍事性質和「臨時制刑不豫設法」〔註15〕的習慣，最初制定和頒布的法律皆臨戰使用的軍法。但隨著社會的發展，需要進一步制定常法（民法），大蒐禮亦演進為制定和頒布常法的所在。古時軍政合一，軍法自然也就是常法。所以最早的民法實由軍法蛻變而來。按章太炎的說法，「著書定律為法家」〔註16〕。既然法之初為軍法，那麼最早把軍法著書定律者亦必定是法家的肇始者，而這樣的人自當非兵家莫屬。可見法家與兵家之間有著更為直接的淵源關係，二者在根子上相通。惟

〔註13〕《史記‧秦本紀》。
〔註14〕參見李亞農：《大蒐解》，《學術月刊》1957 年第 1 期；楊寬：《「大蒐禮」新探》，同前，1963 年第 3 期。
〔註15〕《左傳》昭公六年杜注。
〔註16〕《檢論‧原法》。

此，所以法家每每也是兵家，是軍事家。法家的代表性人物李悝、商鞅、吳起皆有兵書著錄於史冊〔註17〕，《商君書》裏存有《戰法》、《立本》、《兵守》一類軍事著作，法家被時人指斥為「善戰者」〔註18〕等一系列事實，從不同的側面進一步印證了上述的結論。

令人頗感有趣的是，作為法家思想淵源的道家，同兵家之間也存在一些瓜葛。儘管自唐代王真開始提出的道家經典《老子》是部兵書的看法有些偏頗，但該書所講的動合無形、避敵鋒芒、欲奪固予、險而後勇等關於有無、虛實、進退的理論，以及豐富的樸素軍事辯證思想，卻使人不能不相信道、兵兩家間存在著非同一般的關係。特別是當把《老子》同最著名的兵書《孫子》對照比較後，則會清楚看到，這正是一種淵源關係。現試舉例如次

例一：《老子》講「以正治國，以奇用兵。」（五十七章）「孰知其極？其無正。正復為奇，善復為妖。」（五十八章）《孫子》則講「兵者，詭道也。故能而示之不能，用而示之不用；近而示之遠，遠而示之近。」（《計篇》）「善出奇者，無窮如天地，不竭如江河。」（《勢篇》）「奇正之變，不可勝窮也。奇正相生，如循環之無端，孰能窮之！」（同上）這種由正復為奇至奇正之變的運用與發揮，《孫子》所述無疑是《老子》思想的進一步闡發。

例二：《老子》講「上善若水。」（八章）「天下莫柔弱於水，而攻堅強者莫之能先，以其無以易之也。」（七十八章）《孫子》則講「夫兵形象水。水之形避高而趨下，兵之形避實而擊虛；水因地而制流，兵因敵而制勝。故兵無常勢，水無常形，能因敵變化而取勝者，謂之神。」（《虛實篇》）《孫子》這種由水無常形至兵無常勢的觀察與領悟，顯然是取法於《老子》關於水的特質的認識與理解。

例三：《老子》講「善為士者，不武；善戰者，不怒；善用於敵者，不與。」（六十八章）《孫子》則講「善用兵者，屈人之兵，而非戰也；拔人之城，而非攻也；毀人之國，而非久也。」（《謀攻篇》）這種由權謀思想至戰略技巧的闡發與應用，《孫子》《老子》間的相互承繼不也是一清二楚的麼？

其他諸如《老子》「常使民無知無欲，使夫智者不敢為也」（三章），同《孫子》「能愚士卒之耳目，使之無知，易其事，革其謀，使人無識」（《九地篇》）；《老子》「禍莫大於輕敵，輕敵幾喪吾寶」（六十九章），與《孫子》「夫惟無

〔註17〕見《漢書・藝文志》兵權謀家。
〔註18〕《孟子・離婁上》。

慮而易敵者，必擒於人」(《行軍篇》)等等，也都存在著極為明顯的內在聯繫。總之，通過對照《老》、《孫》兩書，可知兵、道兩家間存在淵源關係，信而有徵。

由於法家既淵源於兵家又淵源於道家，而兵家亦淵源於道家，所以在法家與兵家之間就形成了一種更為密切的關係。完全可以這樣講：法家與兵家密不可分，法家大都是軍事家，法家思想從根子上講屬於一種軍事思想，法家對人民的統治實質上就是軍事統治。正因為法家思想的軍事性質，所以當它同秦文化結合後，遂使其軍事性空前強化。這實際是兩種軍事性相加後產生的疊加效應。

與法家思想結合後的秦文化，是一種「作壹」(或曰「用一之道」)式的文化，實際即一種以「戰」為核心的結構失衡、畸形發展的文化。其空前膨脹的軍事性更為集中地反映在：

## （一）制度文化方面

商鞅一派法家極重制度。「凡將立國，制度不可不察也」〔註19〕。商鞅變法後的秦制度，最重要也最具代表性的，一是什伍制，再是軍功爵制，三是爰（轅）田制。它們無不充斥著軍事性質或與軍事密切相關。

「什伍」本是古時軍旅基層編制單位，《禮記·祭義》「軍旅什伍」是也。商鞅變法「令民為什伍」〔註20〕，即用軍隊編制形式組織民眾，使之平時生產勞動其中，戰時則以此建制進行作戰。這種作戰的編制形式，漢時仍然沿用。〔註21〕所以什伍制雖為戶籍制度，但同時也是一種軍事組織制度。

軍功爵制的軍事性質，似不用多說，是人所共知的。戰國時各國基本都形成了一套合乎本國國情的爵秩等級制度，用以獎勵有功者。但惟有秦國的這種激勵制度最為典型，其獎勵軍功的性質最為突出，正如朱師轍所講：「以爵賞戰功，故曰軍爵。」〔註22〕雲夢秦簡《軍爵律》之名，則進一步印證了這一點。

爰（轅）田制作為一種田制，表面上似乎與軍事無關，其實並不盡然。大家知道，關於爰田的解釋自漢以來便眾說紛紜，近年來學者研究的結論則相對

〔註19〕《商君書·壹言》。
〔註20〕《史記·秦本紀》。
〔註21〕《漢書·晁錯傳》：「遊弩往來，什伍俱前，則匈奴之兵弗能當也。」顏注：「五人為伍，二伍為什。」是其證。
〔註22〕《商君書解詁》卷五。

集中於「賞田」與「易田」兩說之上。前說認為爰田制與軍功爵制互為表裏，其目的皆在於獎掖軍功，是具有軍事性質的制度。後說認為爰田是與井田不同的另一種田制，具有軍事屯田的性質。可見儘管賞田與易田兩說的區別甚大，但二者卻殊途而同歸地都肯定了該制的軍事性。

### （二）精神文化方面

商鞅變法後的秦按照法家棄絕「文學」、「智術」的主張，實行禁言、愚民政策，「以民於戰」，結果造成了秦民好戰、重戰、樂戰的心態。「民之見戰也，如餓狼乏見肉」〔註23〕；「民聞戰而相賀也，起居飲食所歌謠者戰也」〔註24〕。由於人人崇尚戰功，爭立戰功，如此也就鑄就了秦人「遺禮義、棄仁恩、并心於進取」的功利主義價值觀。「秦人家富子壯則出分，家貧子壯則出贅；借父耰鉏慮有德色，母取箕帚立而誶語，抱哺其子與公並倨，婦姑不相說（悅）則反唇而相稽；其慈子耆利，不同禽獸者亡（無）幾耳」〔註25〕。秦民的這種精神風貌，時人或以」上首功」相稱〔註26〕，或以「貴奮死」相歎〔註27〕，在列國中是絕無僅有的。它最充分也最典型地體現了與法家思想結合後的秦文化急劇膨脹的軍事性〔註28〕。

上述之外，秦物質文化方面相對發達的如鉻鹽氧化防銹工藝之類的軍工實用技術，管理文化方面相對具有較高辦事效率的以技能型文吏組成的官僚體制等等，也都具有軍事性質或帶有明顯的軍事傾向，反映了經商鞅變法改造的秦文化軍事性登峰造極的具體情形。

### 三

商鞅變法後軍事性空前加強的秦文化，較之同時並存的齊魯文化、楚文化、燕趙文化等更能適應當時用武力統一天下的時代潮流。因此，統一天下的

〔註23〕 《商君書‧畫策》。
〔註24〕 《商君書‧賞刑》。
〔註25〕 《漢書‧賈誼傳》。
〔註26〕 《史記‧魯仲連列傳》。
〔註27〕 《韓非子‧初見秦》。
〔註28〕 商鞅一派法家在大力倡導「戰」的同時，還要求民眾專一於「農」。提出「喜農而樂戰」的口號。實際上，「農」與軍事同樣關係至密。原來商鞅一派法家認為民「屬於農則樸」，「樸則生勞而易力」，「易力則輕死而樂用」，「樂用則兵力盡」。可見在商鞅一派法家的字典裏，「農」與「戰」名異而實同，其終極目的還在於「戰」，所謂「務之所加，存戰而已矣」。

歷史重任，是由秦而非是其他諸侯國最後完成的。然而，正是由於秦文化軍事性的慣性作用，所以秦統一後，雖有「收天下兵聚之咸陽，銷以為鍾鐻」〔註29〕的偃武性舉措，但從總體上卻不能適應「攻守之勢異也」的新形勢，「其道不易，其政不改」，繼續用「馬上」一套辦法治天下。秦文化的軍事性在新的歷史條件下不僅沒有減弱，反以新的形式繼續膨脹，乃至惡性發展。

——確立專制主義中央集權的政治制度

集權政治的基礎是個體小農經濟。但把集權政治推上歷史舞臺的直接原因，卻同戰爭同軍事鬥爭分不開。是戰爭培養了官僚，「官僚不但成了專制政體實行的準備條件，而且還在某種程度上成了專制政體實現的推動力」〔註30〕。事實上，凡是軍事鬥爭都必然要求權力集中，絕對服從，而沒有給民主留下任何席位。秦王朝之所以選擇以皇帝制、三公九卿制和郡縣制為主體的專制主義中央集權的政治制度，一方面是按照法家理論從事政權建設的結果——前文已經指出，法家思想本質上就是一種軍事思想；另方面也是秦人在長期軍事鬥爭中形成的思維方式、行為準則以及某些特有的制度發展的必然結果。所以秦王朝確立的專制主義中央集權政治制度，從一定意義上講，是集中體現了秦文化的軍事性的。

——統治「酷烈」，暴力治國

實現統一的勝利，使秦始皇驕傲情緒空前滋長。他錯誤地認為法家思想無往而不勝，於是進一步以急刑峻法治天下，殺人如草芥，致使「赭衣塞路，囹圄成市」〔註31〕。為了滿足個人生前及死後窮奢極欲的享樂生活，他大建宮室，大造陵墓，橫征暴斂，頭會算賦，力役「三十倍於古」〔註32〕，租賦「二十倍於古」〔註33〕，使百姓「衣牛馬之衣而食犬彘之食」〔註34〕。古代兵刑不分，「急刑峻法」實際也就是「兵」，是軍事暴力。而役使民力本身就屬強制行為，帶有軍事強迫性質。特別是「焚書坑儒」這起赤裸裸的暴力事件，如果聯繫秦文化軍事性特徵去作考察，無疑會使我們的認識有所昇華。秦王朝的苛刑猛法，以暴力治國的舉措和對人民的酷烈統治，是秦文化軍事性惡

---

〔註29〕《史記·秦始皇本紀》。
〔註30〕王亞南：《中國官僚政治研究》，中國社會科學出版社，1981年版，第40頁。
〔註31〕《漢書·刑法志》。
〔註32〕《漢書·食貨志》。
〔註33〕《漢書·食貨志》。
〔註34〕《漢書·食貨志》。

性發展的具體反映。

——發動對外戰爭

秦的統一，使民眾脫離了「戰鬥不休」之苦，但天下初定，始皇卻北伐匈奴，南征百越，發動了一連串的對外戰爭，並興作許多與戰爭有關的浩大工程和軍事行動，如築長城、修直道、造靈渠、戍五嶺等等。秦王朝為什麼會在天下需要安定、經濟需要恢復發展、統治政策需要偃武興文之時，連續發動大規模的對外戰爭？如果從秦文化的軍事性特徵來看這個問題，其間的必然性則是一目了然的。應該說，秦統一後頻頻對外發動戰爭，既是秦文化軍事特性使然，又是秦文化軍事性的直接體現。

眼下很時興從文化的視角去探討秦亡的原因。不過論者目光所及，大都在秦文化與其他文化的矛盾衝突方面，而對秦文化自身存在的問題卻注意不夠。通過上述可以清楚看出，正是統一後秦文化軍事性的繼續膨脹與惡性發展，導致了秦的速亡。

司馬談《論六家之要旨》評論法家時講：「可以行一時之計，而不可長用也。」〔註35〕此論顯然是總結秦統一前後的歷史而得出的。如果換個角度來看，這實際也是給法家化的秦文化作出的一個評價。秦統一六國的勝利及其速亡，證明這一評價是十分恰當的。

最後，需要再補充說明的是，關於秦文化的軍事性質，還可從文獻裡保留的有關秦人尚武好勇的記述得到進一步的印證。例如《韓非子·初見秦》描述秦人說：「出其父母懷衽之中，生未嘗見寇耳，聞戰，頓足徒裼，犯白刃，蹈爐炭，斷死於前者，皆是也。」〔註36〕再如《淮南子·要略》：「秦國之俗，貪狼強力，寡義而趨利，可威以刑，而不可化以善，可勸以賞，而不可厲以名。」最值得一提的是《漢書·趙充國辛慶忌傳》的讚語，其中寫道：「山西天水、隴西、安定、北地處勢迫近羌胡，民俗修習戰備，高上勇力鞍馬騎射。故《秦詩》曰：『王于興師，修我甲兵，與子偕行。』其風聲氣俗自古而然，今之歌謠慷慨，風流猶存耳。」班固作為一名封建時代的史學家，他的上述總結，固然存在某些局限性，但所述「山西」地區（基本即秦地）的尚武風俗，卻完全真實可信。這實際給秦文化的軍事性作了一個極好的注腳。

---

〔註35〕《史記·太史公自序》。

〔註36〕一般認為，《初見秦》的作者不是韓非。郭沫若考證，以為可能出自於呂不韋之手。但不管怎樣說，所記事實是可信的。

　　秦人好勇尚武，不僅見諸傳世的文獻資料，而且在新出土的文獻資料中也有反映。特別是《睡》簡《日書》的一些記載，頗值得重視〔註37〕。例如《日書》甲種《稷辰》章中，有關於何時利於「報仇、攻軍、韋（圍）城、始殺」（簡46），何時有「小兵」無「大兵」（簡41），何時「利以戰伐」（簡44），何時有「兵」（簡46），何時「可以攻伐」（簡75）等方面的內容，反映了民眾關心軍事的情形。另在《生子》章中，記載著「壬辰生子，武而好衣劍」（簡148），「甲午生子，武有力，少孤」（簡140），「甲辰生子，穀（穀），且武而利弟」（同上），「庚戌生子，武而貧」（簡146），「壬子生子，愚（勇）」（簡148），「乙丑生子，武以攻（巧）」（簡141），「丙武生子，武以聖」（簡142）等內容，反映了時人對於後輩成為「武」者的嚮往。其中「武以聖」，恐怕是「武」的最高境界了。再如《日書》乙種同甲種《稷辰》相對應的《秦》，亦有何時「有兵」（簡54、58）、「兵」（簡57）、「毋（無）兵」（簡61、63）的內容。乙種同甲種《生子》相對應的《生》，同樣記載著何時所生之子「武聖」（簡241）：「武」（簡（245）、「愚（勇）」（簡245、246）、「好甲」簡239）一類內容。另乙種較甲種還多出關於「兵死」（簡217、223、250）的記載。這些秦簡材料，從又一個側面透露了秦文化的軍事性特徵。

　　當然，《睡》簡《日書》係秦楚兩種文化的混合物，其內容並非全屬秦文化〔註38〕。如「上皇」（簡830），不少論者都把它當作秦人信仰的「至上神」、「上帝神」，其實大謬不然。「上皇」見於《九歌》「吉日兮辰良，穆將愉兮上皇」。王逸注：「上皇，謂東皇太一也」〔註39〕。可見「上皇」實係楚人的觀念，與秦無涉。因此，在運用《睡》簡《日書》時，對其內容需要作一番分析、鑒別。從上引《日書》乙種同甲種《稷辰》相對應部分題為《秦》來看，這兩部分都屬於秦文化是沒有問題的。關於《日書》甲種《生子》和乙種《生》這兩章是否屬於秦文化，雖然從《睡》簡本身找不到直接證據，但無獨有偶，在屬於純正秦文化的《放》簡《日書》中恰巧也有《生子》章（簡16、17、19）〔註40〕，

〔註37〕　以下引秦簡釋文，均據《睡虎地秦墓竹簡》，文物出版社1990版。
〔註38〕　參見李學勤：《睡虎地秦簡〈日書〉與楚、秦社會》，《江漢考古》1985年第4期；黃留珠：《秦文化的南播》，《秦文化論叢》第2輯，西北大學出版社1993年版。
〔註39〕　《文選》卷三二《九歌四首》
〔註40〕　參見《天水放馬灘秦簡甲種〈日書〉釋文》、《天水放馬灘秦簡甲種〈日書〉考述》，《秦漢簡牘論文集》，甘肅人民出版社1989年版。

兩相對照，可以確定其為秦文化的內容。另外，從「秦人愛小兒」〔註41〕的習俗，亦可旁證重視生育是秦的社會傳統。因此，《睡》簡《日書》的《生子》與《生》兩章，當屬秦文化無疑。

目前學術界對秦文化的認識，或認為是「耕戰」（「農戰」）文化，或認為是功利主義文化，或認為應作「公利」文化等等。毫無疑問，這些看法都有其合理性的方面。但也不能不看到，不論「耕戰」也罷，「功利」或「公利」也罷，均只適用於商鞅變法後的秦文化。從時間上來看，商鞅變法至秦統一，不過 130 多年，僅占秦國歷史的 1/4 左右。當放眼整個秦文化長河時，便很難只用其中的一部分去概括整體。所以有必要重新尋找貫穿秦文化（至少是秦國和秦朝兩時期）的主線，如是才有助於更準確地認識秦文化。通過以上對商鞅變法前後秦國文化與秦朝文化的具體剖解，以及從不同角度對秦文化的探討，可以清楚地看到，如果把軍事性作為貫穿秦國與秦朝文化的一條主線，顯然是較為合適的。循此就會使我們順利地解開秦文化本身存在的一些難解之謎，會使我們對秦文化的發展和秦歷史的發展有一個全新的認識，會大大有助於更好地從總體上把握秦文化，或曰從宏觀上認識秦文化，同時也會幫助我們更深刻地理解秦文化對中國社會的巨大影響。

原載《西北大學學報》哲社版 1996 年第 2 期

---

〔註41〕《史記·扁鵲倉公列傳》。

# 試論秦始皇對祭祀制度的統一

　　目前各類大、中學校通行的中國古代史教材，以及常見的各種中國古代史論著，凡言及秦鞏固統一的措施時，幾乎無一例外地都把秦始皇對祭祀制度的統一遺忘了，這不能不說是一個缺憾！歷史上任何王朝的統治，可以說都包括「實」與「虛」兩個方面。所謂「實」，即設置官吏、軍隊、監獄等一系列國家機器實體和制定種種法律條文，對人民進行壓迫剝削；所謂「虛」，即實施精神統治——在封建社會這一方面極重要的一項內容便是利用鬼神迷信與宗教力量來束縛人們的思想，使之俯首甘居被統治的地位。我國古代的祭祀，乃古人精神生活中的頭等大事。一系列繁縟而神秘的祭禮，把鬼神迷信具體化，使它披上一層更為直觀的外衣。因此，實現了統一的秦王朝，為鞏固勝利成果，不僅採取令黔首自實田、遷徙豪富、銷毀兵器、書同文、車同軌一類措施，而且在統一祭祀禮典方面做了大量的工作。

## 封禪大典的實現

　　古代的祀典，最大者莫過於對天地的祠祀。祭天稱為「郊」祭地稱為「社」。秦統一後，在原有的郊社之禮的基礎上，又舉行了封禪大典，使天地祭祀有了新的統一標準。

　　所謂「封禪」，是「封」和「禪」兩種祭禮的合稱。據《史記·封禪書·正義》的解釋，「封」即「泰山上築土為壇以祭天，報天之功」，「禪」即「泰山下小山上除地，報地之功」。可見，「封禪」實際是祭天地的一種特殊形式。

　　最早記載封禪說的典籍，一般認為係《管子·封禪篇》。不過這篇文字早已亡佚，幸虧《史記·封禪書》記有一段管仲論封禪的話，據學者研究，認為

很可能抄自《管子·封禪篇》〔註1〕，這樣就使我們對最早的封禪理論有一個
大概的瞭解。從這段文字可知，管仲所記古代舉行封禪之君共十二人，其中多
數都在夏禹之前，而居禹後的僅有商湯和周成王。眾所周知，夏禹之前本繫傳
說時代，有關那時到泰山封禪的說法根本不足為信。另外，在這段文字裏，秦
漢時期盛行的受命符瑞觀念十分突出，因此不難推見，封禪之制的產生絕不可
能去秦漢太遠。關於商湯、周成王封禪之說，亦當為子虛烏有一類。總之，《封
禪書》所記管仲論封禪的話，是難以視為信史的。

　　據現有史料來看，我國歷史上真正把封禪說付諸實施的第一人，顯然是秦
始皇。公元前 219 年，始皇東巡郡縣，專程來到泰山。他「自泰山陽至巔」，
先舉行了封禮，並立石頌功德，石上的刻辭寫道：

> 　　皇帝臨位，作制明德，臣下修飭。二十有六年，初併天下，罔
> 不賓服。親巡遠方黎民，登茲泰山，周覽東極。從臣思跡，本原事
> 業，祗頌功德。治道遠行，諸產得宜，皆有法式。大義休明，垂於
> 後世，順承勿革。皇帝躬聖，既平天下，不懈於治。夙興夜寐，建
> 設長利，專隆教誨。訓經宣達，遠近畢理，咸承聖志。貴賤分明，
> 男女禮順，慎遵職事。昭隔內外，靡不清淨，施於後嗣。化及無窮，
> 遵奉遺詔，永承重戒。〔註2〕

　　其後便「從陰道下」，在一座名叫梁父的小山上舉行了禪禮。據《史記·
封禪書》記載，始皇封禪的禮儀，「頗采太祝之祀雍上帝所用」，並且「封藏皆
秘之，世不得而記也」。

　　秦始皇為什麼不辭辛苦，親自跑到泰山舉行封禪大典呢？原來，古人認為
凡受命的天子，如果僅僅搞一般的郊社之禮，而不到泰山去祭天祀地，那便不
能算完成就位天子的禮制。所以《史記·封禪書》一開頭就講：「自古受命帝
王，曷嘗不封禪？蓋有無其應而用事者矣，未有睹符瑞見而臻乎泰山者也。」
《白虎通·封禪篇》也說：「王者易姓而起，必封升泰山何？報告之義。始受
命之日，改制應天，天下太平，功成封禪，以告太平也。」秦實現統一後，秦
王嬴政認為自己功蓋三皇五帝，遂定尊號為「皇帝」，並自稱「始皇帝」。他「推

---

〔註1〕顧頡剛：《秦漢的方士與儒生》，上海古籍出版社 1978 年版第 7 頁。
〔註2〕《史記·秦始皇本紀》。刻石銘文又作：「事天以禮，立身以義；事父以孝，成
　　　人以仁。四守之內，莫不郡縣；四夷八蠻，咸來貢職。人庶蕃息，天祿永得。」
　　　（見《秦會要》卷 │ ）

五德終始之傳」，從「秦文公獲黑龍」上雖已證明自己的受命於天，以水德而有天下，但顯然還需要實行自古相傳的封禪大典，向天地報告成功。只有這樣，才能真正名副其實，進而使臣民們明白，必須服服帖帖接受真命天子的統治，否則將會受到天地的嚴懲。顯而易見，始皇封禪的目的，正是借用天地的神力，來為鞏固統一的勝利成果服務。其實，關於這層意思，在前引的泰山刻石銘文中，就已經流露得十分明顯了。

## 園寢制度的創設

　　古時重要的祭祀，除天地祀典外，就要數祖宗祭祀了。關於古人的祭祖活動，在特定的祭祖處所宗廟裏舉行盛大的祭祀禮典誠然是極為重要的，但同時也不可忽視另一方面，即經營墓地及在墓地進行祭祀。

　　自漢代開始，漢儒有所謂「古不墓祭」的說法。這裡的「古」，一般認為是秦朝以前。後人對於此說，然否不一。從現代考古學的一系列發現來看，漢儒的說法顯然難以成立。例如安陽殷王墓區發掘出大量的埋葬人牲遺骸的祭祀坑，就很能說明問題。假若確實古不墓祭的話，那麼在墓地搞這麼多祭祀坑做什麼？再者，先秦墓上建築遺跡發現，特別是中山王嚳陵墓《兆域圖》的出土，進一步將墓祭的場所具體展示出來。就秦的情況而論，其宗廟制度基本上繼承周制，似無更多新的發展，而其墓地經營及祭祀卻有不少獨特之處，這當中最突出者，無疑屬園寢之設置了。

　　所謂「園寢」，又稱陵寢，即帝王陵墓之寢殿。據《漢書・韋玄成傳》可知，其建築布局主要由「寢」和「便殿」組成。《漢書・武帝紀》顏注云：「園者，於陵上作之，既有正寢以象平生正殿，又立便殿為休息閒宴之處耳。」關於園寢之制，《續漢書・祭祀志》記云：

> 漢諸陵皆有園寢，承秦所為也。說者以為古宗廟前制廟，後制寢，以象人之居前有朝，後有寢也。《月令》有「先薦寢廟」，《詩》稱「寢廟弈弈」，言相通也。廟以藏主，以四時祭。寢有衣冠几杖象生之具，以薦新物。秦始出寢，起於墓側，漢因而弗改，故陵上稱寢殿，起居衣服象生人之具，古寢之意也。

　　由此可見，園寢制度係秦人新創。這裡值得注意的是，蔡邕《獨斷》云：「至秦始皇出寢起之於墓側。」《後漢書・明帝紀》注引《漢官儀》亦有此說。可見園寢制度的創立，實乃秦始皇所為，這就不能不使它具有更加特殊的意義。

大家知道，上古之際，並無繁雜的墓葬墓祭。所謂「其親死則舉而委之於壑」，「狐狸食之，蠅蚋姑嘬之」〔註3〕，是其寫照。隨著人類文明的發展，逐漸才有墓葬並形成一套祭祀制度。不過在秦統一之前，墓葬墓祭的情況是十分複雜的。以墓葬為例來看，考古發掘證明，殷商實行享堂墓，大約到春秋戰國時期又普遍興起了冢墓；不過享堂墓也未完全絕跡，像河南輝縣的魏王墓便仍然沿用享堂墓的舊制〔註4〕；再者，還有一種既具享堂墓風格、又具冢墓特點的墓葬形制，如河北平山縣中山王響墓，即在高 15 米的封土上再築享堂〔註5〕；另外，即令是冢墓本身，其形制也很不一致〔註6〕。所以，對實現了統一大業的秦王朝而言，勢必存在著如何統一墓葬墓祭制度的問題。

秦對於墓葬制度的統一，集中反映在統一帝王陵墓制度方面。始皇為自己建築陵墓，儘管動工於統一前，但工程主要還在統一之後進行，因此它實際上便不能不起這樣的客觀作用。秦時墓祭制度的統一，則具體反映在園寢的設置上。據《漢書·韋玄成傳》記載，漢代園寢祭禮，主要是日、時之祭，即「日祭於寢」，「時祭於便殿」；「寢，日四上食」，「便殿，歲四祠」。此外，還有「月一遊衣冠」及丞相四時行園等禮制規定。由於漢承秦制，故推想秦時情況，當大率如此。顯然，秦王朝通過在墓側置寢，使往昔的墓祭活動更臻完善化。另據孫楷《秦會要》卷四引《困學紀聞》及徐復《秦會要訂補》援引《通典·禮八》的資料，可知統一後的秦還廢除了落後的尸祭，一改過去「凡祭墓為尸」〔註7〕的舊禮俗。凡此種種，自然又與始皇陵的營建緊密相連。所以，建帝陵——置園寢——廢尸祭，這樣一系列的活動，正是秦始皇為統一墓葬墓祭所作的努力。由於墓地經營和墓地祭祀本係祖宗祭禮的重要組成部分，故而秦始皇的這一番苦心經營，實際也是用新的標準來統一祭祖制度。前文所指出的秦始皇設置園寢的特殊意義，蓋在於此。

這裡，還需要對有關的幾個問題再略作說明：

〔註3〕《孟子·滕文公上》。

〔註4〕中國科學院考古研究所：《輝縣發掘報告》，科學出版社 1956 年版。

〔註5〕河北省文物管理處：《河北省平山縣戰國時期中山國墓葬發掘簡報》，載《文物》1979 年第 1 期。

〔註6〕例如《禮記》卷六記孔子所見冢墓形制即有「見封之若堂者矣，見若坊者矣，見若覆夏屋者也，見若斧者矣，從若斧者焉，馬鬣封之謂也」。鄭玄解釋這幾種封土的形狀是：「四方而高」，「旁殺平上而長」，「旁廣而卑」，「旁殺刃上而長」。

〔註7〕對「祭墓為尸」的理解，歷來分歧甚大。本文視之為廣義墓祭，說詳下。

　　（一）關於墓地寢殿的日常供奉究竟能否算作墓祭？其實，墓祭這一概念應有廣義與狹義的區分。廣義的墓祭，當指在墓地進行的一切祭祀性紀念活動，甚至包括拜掃之類的「展墓之禮」在內；而狹義的墓祭，正如清人徐乾學所說，乃天子「率百官而特祭於陵」〔註8〕。長期以來，學者之所以在墓祭問題上爭論不休，恐怕是爭論雙方對墓祭概念理解不一所致。就寢殿日常供奉而論，儘管異於狹義墓祭，但確屬廣義墓祭，則毋庸置疑。

　　（二）秦為什麼在墓祭方面有較突出的興革？我以為這與秦人經營墓地善於創新的傳統有關。董說《七國考》引《博物志》云：「秦穆公時，有人掘地得物若羊，將獻之。道逢二童子，謂曰：『此名為媼，常在地中食死人腦。若欲殺之，以柏東南枝插其首。』由是墓皆植柏。墓植柏，自秦始也。」《七國考》又云：「秦惠文始以墓稱陵，而民不得稱。」顧炎武《日知錄·陵》亦云：「古王者之葬，稱墓而已，……趙肅侯，秦惠文、悼武、孝文三王始稱陵。」可見把墓稱陵，秦為創始者之一。秦並六國以後，在這一傳統的基礎上創設園寢之制，無疑是合乎邏輯的發展。這樣做的目的，顯然是要在傳統的宗廟制度之外，再加進自己的習慣，從而使祖宗祭祀顯出某種秦的色彩。

　　（三）先秦時是否已設置園寢？《穀梁傳》僖公十年有關於晉獻公令世子申生在夫人冢上築宮祠祀的記載，呂思勉先生曾認為：「所築之宮，蓋即漢世之園寢。」〔註9〕近年來，在關於先秦墓上建築名稱及用途問題的討論中，也有學者提出，先秦墓上的建築「當即『陵寢』的『寢』」〔註10〕。不過細繹這些論斷，似乎均無足以令人完全信服的證據，而僅係推測之辭。我以為當尚未發現更新的資料之前，與其以推測去作結論，莫如用現有材料分析問題比較穩妥。今可考見的最早記載陵墓設寢的文獻為東漢蔡邕的《獨斷》，而蔡氏又是大家公認的比較求實的學者，因此出自他筆下的「至秦始皇出寢起之於墓側」的記載，應是可信的。實際上，迄今為止並沒有見到任何人對這一記載的可靠性提出懷疑。惟其如此，所以在蔡氏之說未被否定之前，斷言先秦墓上已經設寢，不免有自相矛盾之嫌。

## 山川祭祀的劃一

　　古祀典當中，「旅」和「望」也是比較重要的。「旅」、「望」皆祭祀之名，

---

〔註8〕《讀禮通考》卷九十四《葬者十二·上陵》案語。
〔註9〕《呂思勉讀史箚記》，上海古籍由版社1982年版，平裝本上冊第276頁。
〔註10〕楊寬：《先秦墓上建築和陵寢制度》，載《文物》1982年第1期。

所祭祀的對象為名山大川。清人畢沅《山海經新校正序》說：「禹與伯益主名山川，定其秩祀。」似乎山川之祭，始於夏代。其實，從世界各民族原始宗教中普遍都存在崇拜山川的現象來看，我國祭祀山川開始的時間，肯定要更早一些。人類之所以會崇拜山川，據《禮記·祭法》的解釋，認為「山林川谷丘陵，能出雲，為風雨，見怪物，皆曰神」。既然是「神」，那麼也就必須祭祀，求其福祐了。

春秋戰國時期，列國並立，諸侯各祭自己境內的山川，凡「不在其境者，則不祭也」。這固然由於受「非其所祭而祭之，謂之淫祀，淫祀無福」〔註11〕思想的束縛；另一方面，也與山川祭祀具有的地區性特點分不開──因為人類最初祭祀山川，總是從對自己居住區的山神河神的崇拜開始的。

秦並六國以後，情況發生了根本性的變化，所謂「一家天下，兵不復起」，「六合之內，皇帝之土」，「四守之內，莫不郡縣」，「人跡所至，無不臣者」〔註12〕，均為其寫照。在這種情況下，如果仍然按照過去的老辦法祭祀山川，不僅和新的形勢不協調，而且地區性的山川祭祀，往往還會勾起人們懷念舊國之情，這對於鞏固統一，顯然是很不利的。因此，秦始皇在山川祭祀方面進行了一系列整齊劃一的工作，使之與大一統的局面相適應。據《史記·封禪書》記載，當時規定的秦王朝官方所祭祀的名山大川情況如下：

> 自殽以東，名山五，大川祠二。曰太室。太室，嵩高也。恒山，泰山，會稽，湘山。水曰濟，曰淮。春以脯酒為歲祠，因泮凍，秋涸凍，冬塞禱祠。其牲用牛犢各一，牢具珪幣各異。

> 自華以西，名山七，名川四。曰華山，薄山。薄山者，衰山也。岳山，岐山，吳岳，鴻冢，瀆山。瀆山，蜀之汶山。水曰河，祠臨晉；沔，祠漢中；湫淵，祠朝那；江水，祠蜀。亦春秋泮涸禱塞，如東方名山川；而牲牛犢牢具珪幣各異。而四大冢鴻、岐、吳、岳，皆有嘗禾。

另外，還有一些特例祭祀：

> 灞、滻、長水、灃、澇、涇、渭皆非大川，以近咸陽，盡得比山川祠，而無諸加。

> 汧、洛二淵，鳴澤、蒲山、岳壻山之屬；為小山川，亦皆歲禱

---

〔註11〕《禮記·曲禮》。
〔註12〕分見秦嶧山刻石、泰山刻石、琅邪刻石銘文。

塞洋涸祠，禮不必同。

經過這樣一番整齊劃一之後，秦王朝的山川祭祀便有了一個官定的統一標準，這對於統一信仰自然有重要意義。從上引的材料還可以看出，殺山、華山以東的關東（亦稱山東）地區，儘管幅員遼闊，名山大川極多，但被列入官方祭祀的對象僅有山五川二；殺華以西的關西（亦稱山西或關中）地區，雖然地域較小，但列為官方祭祀對象的卻山七川四，明顯比關東多；尤其秦都咸陽附近，甚至小山川亦入祭祀之列。這一現象表明，秦始皇劃一山川祭祀具有輕關東、重關西，尤其重國都附近的顯著特點。為什麼會出現這一特點？大家知道，關西地區原係秦國本土，這裡的山川更多地被列入王朝官方祭祀對象，無疑是要增強秦本土山川之神的權威性；而神的權威性，實際即人的權威性。在這兒，始皇加強秦人統治地位的意圖是非常清楚的。由此不難窺見，秦始皇為鞏固統一的勝利成果，用心何其良苦也！

綜上所述，可知秦始皇在天地、祖宗、山川三項最主要的祭祀禮典上，確實做了大量的旨在加強精神統治的工作。這些，顯然是秦為鞏固統一成果而採取的重要措施的一個不容忽視的重要方面。當然，秦始皇對於祭祀制度的統一，並不僅僅限於上述三項祀典，例如公元前 219 年他封禪後東遊海上所祠之「八神」〔註13〕，公元前216年更名「臘」曰「嘉平」〔註14〕等等，無不屬於這類性質的工作。秦始皇的這些做法，不僅在當時對於從精神方面鞏固統一成果具有重要意義，而且對於以後歷代封建統治者實施精神統治也產生了重大影響。譬如封禪，後世不少帝王都迭相仿傚秦始皇，親登泰山舉行大典〔註15〕。再如園寢，自秦始皇創設之後，歷代相沿，其間雖然也有較大的改革發展，但基本形制並無根本性變化，直到明太祖營建孝陵，才廢除寢宮獨設享殿。總之，過去我們講秦鞏固統一的措施，當涉及思想信仰時，充其量不過聯繫到「焚書

〔註13〕見《史記・封禪書》。所謂八神：「一曰天主，祠天齊。天齊淵水，居臨菑南郊山下者。二曰地主，祠泰山梁父。蓋天好陰，祠之必於高山之下，小山之上，命曰『畤』；地貴陽，祭之必於澤中圜丘云。三曰兵主，祠蚩尤。蚩尤在東平陸監鄉，齊之西境也。四曰陰主，桐三山。五曰陽主，祠之罘。六曰月主，祠之萊山。皆在齊北，並勃海。七曰日主，祠成山，成山斗入海，最居齊東北隅，以迎日出云。八曰四時主，祠琅邪。琅邪在齊東方，蓋歲之所始。」

〔註14〕《史記・秦始皇本紀》。

〔註15〕自秦始皇之後，舉行封禪大典的皇帝有西漢武帝、東漢光武帝、唐高宗、唐玄宗、宋真宗等；想封禪而未果者有魏明帝、（劉）宋文帝、梁武帝、隋文帝、唐太宗、宋太宗等；南宋以後，皇帝到泰山封禪，形式上雖被廢止，但實質上仍然保留，即將封禪與郊祀合二為一。

坑儒」，顯然，這遠遠沒有反映當時歷史的全貌。希望本文對於深入開展這方面的研究，能起一點拋磚引玉的作用。

原載《人文雜誌》1985 年第 2 期

# 秦禮制文化述論

　　關於秦的禮制，歷來研究者不多。因為一提到秦，人們通常想到的總是其軍事的強大，所謂「齊之技擊不可遇魏氏之武卒，魏氏之武卒不可遇秦之銳士」是也〔註1〕。我自己亦每每著文，宣傳秦文化即軍事文化的觀點〔註2〕。按一般的理解，軍事以「暴力」、「強制」為其特點，而與「禮」格格不入。這樣，論者不重視秦禮制的研究，也就在情理之中了。但事實上，秦不僅極重「軍事」，而且也十分注重「禮制」──當然這是一種符合秦的實際、具有秦的特色的禮制。特別是秦禮制文化對整個封建時代禮制建設的巨大影響，更不容忽視。因此，如今開展關於秦禮制的研討，十分必要。筆者不揣淺陋，試就秦禮制文化的若干問題，述論如次，以為推進秦禮制文化研究做一點拋磚引玉的工作。不妥乃至錯誤之處；歡迎批評指正。

一

　　古人把禮看成是限制人民逾越的堤防，要之，也就是維護君主利益的堤防。《禮記‧禮運篇》記孔子論禮云：「夫禮，先王以承天之道，以治人之情，故失之者死，行之者生。詩曰：『相鼠有體，人而無禮；人而無禮，胡不遄死？』是故夫禮必本於天，殽於地，列於鬼神，達於喪、祭、射、御、冠、昏（婚）、朝、聘，故聖人以禮示之，故天下國家可得而正也。」正因為禮有如此巨大的

---

〔註1〕《荀子‧議兵》
〔註2〕參見拙文：《從秦俑看秦文化──兼評秦文化研究中的若干問題》（《秦文化論叢》第三輯，西北大學出版社，1994），《重新認識秦文化》（《西北大學學報》哲、社版、1996年第2期），《試論春秋戰國秦文化的走向》（《陝西歷史博物館館刊》第五輯，西北大學出版社，1998）。

作用，所以古代統治者對它極為重視，給予了特別的關注。這之中，西周是我國古代禮制建設的一個關鍵時期。西周初年，周公制禮作樂，創立以嫡長子繼承法為核心的宗法制和冊封、巡狩、朝覲、納貢等一系列維護周天子對地方統治的制度，確立維護父子、兄弟、天子與諸侯、諸侯與大夫之間尊卑等級的禮法，是我們今天所能系統瞭解到的最早的古代禮制——周禮。

秦人源於東而興於西〔註3〕。根據考古發現的毛家坪秦文化遺址可知，至少在西周早期，秦人已過著相對定居的生活，並已吸收周文化〔註4〕。大家知道，西周時期，秦周關係比較密切。史載：「孟增幸於周成王，是為宅皋狼」；「造父為繆王御」；孝王封非子為「附庸」，「邑之秦」；周宣王封秦仲為「大夫」，及秦仲死，又封其子莊公「大駱地犬丘並有之，為西垂大夫」等等〔註5〕。在雙方頻繁的交往中，秦人吸收高水平的周文化，是理所當然的。這當中，自然包括吸收周的禮制文化。由此可見，秦禮制文化的淵源，周禮應是最主要的方面。

春秋伊始，秦人因護送周平王東遷有功，被升格為「諸侯」。作為受封的周王室的諸侯國，其尊依周禮，當為分內之事。特別是自秦文公十六年（前750）「收周餘民有之，地至岐」〔註6〕以後，秦人更是全面吸收周文化；其對周禮制文化的接納，自當進入一個新階段。據文獻記載，秦穆公曾在西戎使者由余面前炫耀其「以詩書禮樂法度為政」〔註7〕，頗有自得之意。當時秦國的貴族，大都精通「詩書禮樂」，在宴饗時，每每通過賦詩來表達自己的意見，以示高雅〔註8〕。這些充分說明，周禮至遲在穆公時期的秦社會生活中，已經深深扎根。另，考古發掘的春秋至戰國早期關中秦墓葬材料清楚表明，當時秦的葬制，在相當大的程度上「沿襲傳統的周禮」〔註9〕。

當我們把上述的文獻資料與考古資料相互參驗之後，似可得出這樣的結論：商鞅變法前的秦國禮制文化建設，基本上是以周禮為楷模的；而秦人對周

---

〔註3〕說詳拙文：《秦文化二源說》；《西北大學學報》哲、社版，1995年第3期。

〔註4〕參見趙化成：《尋找秦文化淵源的新線索》（《文博》1987年第1期），袁仲一：《從考古資料看秦文化的發展和主要成就》（《文博》1990年第5期）。

〔註5〕《史記·秦本紀》

〔註6〕《史記·秦本紀》

〔註7〕《史記·秦本紀》

〔註8〕參見《國語·晉語四》、《左傳》僖公二十三年。據研究者考證，大約春秋末，這種賦詩之風漸衰，後竟成絕響。

〔註9〕《新中國的考古發現和研究》，文物出版社1984年版，第313頁。

禮的實際運用，業已達到十分嫻熟的程度。

## 二

　　商鞅變法是秦史上一次最重大的變革運動。它對秦社會的方方面面，其中自然也包括著禮制文化建設，均產生了革命性的影響。

　　眾所周知，商鞅一派法家是反對「詩書禮樂」的，認為「拘禮之人不足與言事」，將「禮」看作「六虱」之一，斥之為邪說浮學，是「淫佚之徵也」〔註10〕。由此很容易使人感到，商鞅變法過程中，對秦原有的以周禮為主的禮制當有根本性的破壞。漢初著名政論家賈誼所言「商君遺禮義棄仁恩」，特別是70年代出土的《雲夢秦簡》中，竟找不到一個「禮」字的事實，似乎都為上述按形式邏輯推理的直感，提供了某種強有力的註腳〔註11〕。那麼，歷史的真相究竟如何呢？

　　孫楷所撰《秦會要》設有「禮」部凡五卷，對見諸文獻記載的秦禮制，按照吉、嘉、賓、軍、凶五禮的分類，予以彙編。後經徐復《訂補》，使之更臻完備。儘管孫、徐所記的秦禮，時間跨度很長，但其主體明顯還是商鞅變法後的秦國及實現統一後的秦王朝的禮制。如此，就給我們提供了一個觀察瞭解商鞅變法後秦禮制文化的既集中又便捷的窗口。為了便於分析問題，這裡不妨將《秦會要》禮部所列內容（含《訂補》），與《周禮·大宗伯》所列五禮的內容，對照排比如次：

| 禮　別 | 《秦會要》（含《訂補》） | 《周禮·大宗伯》 |
|---|---|---|
| 吉禮 | 禮，封禪，親郊，祠后土，祠天神，山川（妻河附），社稷，明堂，宗廟，廟議，廟祭（廢尸祭附），祠先代帝主，伏祠，臘蠟，雜祭祀，郡縣各祠，幣玉，牲牢，車輅，祭服，巫祝，九鼎，尊浮屠，求仙樂 | 禋祀，實柴，槱燎，血祭，埋沈，疈辜，肆獻，饋，祠，禴，嘗，烝 |
| 嘉禮 | 朝賀，稱伯，稱王，上尊號，議禪繼，追尊，匡嫡，尚主，稱朕，制詔，書奏，冠禮，置酒，上壽，巡幸，賜脯，禁逾侈 | 飲食，婚冠，賓射，饗燕，脤膰，慶賀 |

〔註10〕參見《商君書》「更法」、「靳令」、「農戰」、「去強」諸篇。
〔註11〕賈生之言見《漢書》本傳。雲夢秦簡《日書》乙種《生》篇有「利酉醴」的記載。「酉」，秦簡整理小組隸定為「酒」，甚是。「醴」為甜酒。《詩·小雅·吉日》：「以御賓客，且以酌醴」；《周頌·豐年》：「以酒為醴，烝畀祖妣」。「酒醴」又作「醴酒」，與「禮」無直接關係。

| 賓禮 | 入王，入鄰君，來聘，來朝，列國赴告，來賀，致胙，獻饋，盟會，受質，出質，饋遣，來媵，來迎女，來弔，〔補〕弔喪，致賻，來送葬，恤鄰，存亡國祀，九賓禮，享質 | 朝，宗，覲，遇，會，同，問（時聘），視（殷覜） |
|---|---|---|
| 軍禮 | 講武，校獵，〔補〕出征，誓師，〔補〕致師，勞軍；兵祭 | 大師之禮，用眾也；大均之禮，恤眾也；大田之禮，簡眾也；大役之禮，任眾也；大封之禮，合眾也 |
| 凶禮 | 山陵，園寢，厚葬，從死，大喪，避諱，除諡法 | 喪禮，哀死亡；荒禮，哀凶札；弔禮，哀禍災；禬禮，哀圍敗 |

從以上的對照排比不難看出，商鞅變法後的秦禮制文化，基本上仍不離周禮的窠白。這與前述的「直感」顯然大不相同。在此，人們不免要問：為什麼會有這種不合邏輯推理的矛盾現象？這裡，至少以下的幾種原因是值得重視的：

其一，商鞅一派法家儘管猛烈抨擊禮，但並不主張完全廢禮。他們對禮有自己獨特的見解。如商鞅講：「禮者，所以便事也。」〔註12〕意謂規定禮制，是為了便於行事。反之，那種不便於行事的禮制，則是他所反對的。再如他又說：「因事而制禮。」〔註13〕意謂必須依據社會的具體情況來制定禮制。特別是他關於「更禮」、「易禮」的思想，集中表達了其禮制觀——即認為禮制應隨著時代的發展變化而有所更易。他所謂的「三代不同禮而亡」，「賢者更禮，而不肖者拘焉」，「不易禮而亡」等等〔註14〕，都表達了這層意思。

其二，從周禮本身來看，它是維護等級社會的工具。「禮，經國家，定社稷，序民人，利後嗣者也」〔註15〕；「禮者，所以定親疏，決嫌疑，別同異，明是非也」〔註16〕；「制禮義以分之，使有貧富貴賤之等」〔註17〕。禮的這種本質，決定了任何法治主義者也不會全然廢除禮制的必然性。實際上，禮與法不僅不相矛盾，而且具有很強的互補作用。如果不是從表面而是從實質來看，我國古代講法必講禮，講禮也必講法，二者好像一對孿生兄弟，不可分離。法與禮共同作用為行為規範，既有分司分治的一面，又有互為表裏、彼此補充的另一面。凡禮所不容的，必為法所禁止；凡禮所不禁的，法亦不禁。違禮即違

〔註12〕 《商君書‧更法》。
〔註13〕 《商君書‧更法》。
〔註14〕 《商君書‧更法》。
〔註15〕 《左傳》隱公十一年。
〔註16〕 《禮記‧曲禮》。
〔註17〕 《荀子‧王制》。

法，違法亦違禮。

其三，先秦諸子雖多相互攻訐，有時甚至十分激烈，但彼此滲透、吸收、融合卻是總趨勢。他們中不論何派上臺秉政，在治國實踐中都是採用實用主義的做法，對於其他諸家學說中有利於治國安邦的內容，儘量予以吸納，為我所用。商鞅曾以「帝道」、「王道」、「霸道」說秦孝公〔註18〕，說明他對道、儒、法三家之說皆有所研習。這樣，他以法家學說治秦的同時，亦博採眾家之長，便是很容易理解的事了。《雲夢秦簡‧為吏之道》中反映出的儒、道思想〔註19〕，進而證實了這一點。因此，商鞅變法以後秦禮制基本維持周禮，也就不足為怪了。

當然，從以上的對照排比還很容易發現，商鞅變法以後的秦國以及秦王朝的禮制，較之周禮也增加了不少新內容，這些應屬於商鞅等所謂的「更禮」、「易禮」的範圍。如吉禮中的封禪，即不見於《周禮》，為秦始皇首次付諸實踐的禮典〔註20〕。吉禮中的妻河，同樣不載於《周禮》，當為特殊的禮俗。再如嘉禮中的朝賀，《藝文類聚》卷五引晉張亮議：「臘之明日為初歲，秦漢以來有賀。」可見此禮開始於秦。至於如凶禮的園寢，為秦新創，蔡邕《獨斷》及《續漢書‧祭祀志》等皆有明文記載，就用不著再囉嗦了〔註21〕。另如因文獻失載不為世人所知，幸賴考古發現才得以昭明天下的以兵馬俑等從葬的禮制，則更不見於《周禮》，而是秦的發明創造。這些表明，商鞅變法後的秦禮制文化——甚至也可以說整個的秦禮制文化，在繼承周禮的基礎上，又明顯展現出鮮明的個性，或曰具有自己的特色。

《史記‧禮書》載：「至秦有天下，悉內（納）六國禮儀，採擇其善，雖

---

〔註18〕見《史記‧商君列傳》。

〔註19〕反映儒家思想言論如：「為人君則鬼，為人臣則忠；為人父則茲（慈），為人子則孝；能審此行，無官不治，無志不徹，為人上則明，為人下則聖。君鬼臣忠，父茲（慈）子孝，政之本毆（也）；志徹官治，上明下聖，治之紀毆（也）。」（秦簡整理小組注：「鬼，讀為懷，和柔。」）反映道家思想的言論如：「怒能喜，樂則哀，智能愚，壯能衰，愿（勇）能屈，剛能柔，仁能忍，強良不得。」其用語甚至都與《老子》相近。

〔註20〕最早記載封禪的古籍是《管子‧封禪篇》，可惜早以亡佚。《史記‧封禪書》中有一段管仲論封禪的話，很可能抄自《管子‧封禪篇》。經研究者考證，認為這段話難以視作信史。當前史學界一般認為，將封禪古禮付諸實踐的第一人是秦始皇。

〔註21〕參見黃留珠主編：《中國地域文化‧秦文化卷》，山東美術出版社1997年版，第1103～1104頁。

不合聖意，其尊君抑臣，朝廷濟濟，依古以來。」《正義》云：「秦採擇六國禮儀，尊君抑臣，朝廷濟濟，依古來典法行之。」《通典》卷四十一《禮一》進而將上述史實概括為「秦平天下，收其（指山東各國）禮儀，歸之咸陽；但採其尊君抑臣，以為時用。」可見秦王朝建立後曾經進行過整齊統一禮制的工作，其具體做法是在秦原有的禮儀基礎上，充分吸收山東六國禮制文化中有關尊君抑臣的內容，從而建立起與秦帝國中央集權政治制度相適應的新禮制。對此，史學界以往似乎很少有人給予應有的重視。研究者論及秦帝國的統一措施，一般只提統一文字、統一貨幣、統一度量衡這三大統一。陳直先生將其擴大為「六大統一政策」，即除上述三項統一外，另加「郡縣」、「律令」及「官制」的統一〔註22〕。十多年前，我曾撰文，認為還應該補上對祭祀制度的統一〔註23〕。現在看來，似乎有必要進一步擴大為對禮制的統一——這之中應包含祭祀制度，屬五禮中的吉禮與凶禮。

值得注意的是，前引《禮書》中所謂的「古」和《正義》所解釋的「古來典法」，究竟何指？大家知道，早在春秋末期，孔夫子已經歎息夏、商兩代的禮文獻不足，難以研究了。因此，西漢的司馬遷和唐代的張守節所能瞭解的古禮，無論如何也不可能比孔子所瞭解的更古；他們所說的「古」和「古來典法」，顯然只能指周禮。這說明，秦帝國的新禮制是遵依周禮的典法而建立的（此點其實也正是秦禮的傳統），只不過特別突出了尊君抑臣的內容罷了。而這一點，恰好正是秦帝國禮制文化個性或曰特色之所在。當然，如果放開眼去看，這種個性或曰特色的確立，應始自商鞅變法。秦帝國建立後對禮制的統一，則將尊君抑臣的個性或曰特色，進一步強化並推到了極致。

## 三

秦王朝只存在了10餘年，便迅速滅亡了。不過，秦的禮制文化並未隨秦亡而亡；相反，這種以尊君抑臣為特色的禮制文化，在新的歷史條件下又進一步得到發展與完善。

「漢興，天下草創，未遑立制」〔註24〕。「群臣飲酒爭功，醉或妄呼，拔

〔註22〕說詳《秦始皇六大統一政策的考古資料》，《歷史教學》1963年第期。另曾收入《文史考古論叢》（天津古籍出版社，1988）、《秦文論叢》第一集（西北大學出版社，1993）。

〔註23〕說詳《試論秦始皇對祭祀制度的統一》，《人文雜誌》1985年第2期。

〔註24〕《通典‧禮一》。

劍擊柱」〔註25〕。如此混亂狀況，與專制皇權自然不能相容。於是提倡禮樂的
儒生開始受到皇帝的重視。博士叔孫通受命擬定朝儀，是為漢王朝的首次制禮
活動。公元前 200 年，漢廷啟用新朝儀，在新建成的長樂宮舉行群臣朝賀皇帝
的大典。整個典禮隆重而秩序井然，「自諸侯王以下莫不震恐肅敬」〔註26〕，
「竟朝置酒，無敢歡嘩失禮者」〔註27〕。事後，漢高帝劉邦感慨萬分地說：「吾
乃今日知為皇帝之貴也！」〔註28〕充分反映了禮制所具有的獨特功能。這裡必
須特別指出的是，此次叔孫通制禮儀，史稱「大抵皆襲秦故」〔註29〕，叔孫本
人也講是「頗採古禮與秦儀雜就之」〔註30〕。可見漢禮基本上沿襲秦禮而來。
再從長樂宮初試朝儀的實際效果來看，其禁斷了臣下無禮的狀態，維護了皇帝
至高無上的權威，與秦禮「尊君抑臣」的主旨完全相符。可見就漢禮的特色而
言，與秦禮顯然也是一脈相承的。

　　誠然；朝儀只是禮制的一小部分，但由「一斑」，也可窺知「全豹」。歷史
上有「漢承秦制」的說法，這當中自然應包括禮制在內。對此，過去僅憑文獻
徵信，理解似乎並不怎麼深刻；70 年代考古發現的秦兵馬俑和漢兵馬俑，向
世人展示了漢承繼發展秦以兵馬俑從葬禮制的一個典型範例，從而大大深化
了人們對這一問題的認識。總之，今天我們已經不僅僅只是從文獻資料方面，
而且更可以從考古資料方面，證實這樣一個不易的事實：漢禮制多方面承繼了
秦禮制，並有所發展。

　　眾所周知，漢禮在整個中國封建時代的禮制發展史上佔有重要的一席，被
視為「歷代不刊之典」〔註31〕。然而令人十分遺憾的是，歷來的著述對於漢禮
所賴以產生的母體──秦禮，卻未能作出公允的評價和給以應有的地位。這不
能不說是一個很大的缺陷。造成這種現象的原因，恐怕與本文開頭所講的那種
認為秦只有軍事而無禮制的偏見有關。其實，歷代封建王朝的禮制建設，不管
如何花樣翻新，始終無法離開的一個永恆主題，皆是秦禮制「尊君抑臣」這個
核心。從這種意義上講，秦禮無疑是歷代封建王朝禮制的基礎。關於這一點，

〔註25〕《漢書·叔孫通傳》。
〔註26〕《漢書·叔孫通傳》。
〔註27〕《漢書·叔孫通傳》。
〔註28〕《漢書·叔孫通傳》。
〔註29〕《史記·禮書》。
〔註30〕《漢書·叔孫通傳》。
〔註31〕《通典》引唐集賢院學士張說奏言。

顯然應該是今後禮制文化研究中需要格外突出的一項內容。

　　　　　　　1999 年 7 月 22 日草訖於西北大學周秦漢唐研究中

　　　　　　　原載《秦俑秦文化研究》，陝西人民出版社，2000 年

# 秦刑法思想初探
## ——秦漢刑法思想研究

## 引言

　　自云夢秦簡面世後，有關秦法律制度的研究，出現了空前的熱潮，著述如
雨後春筍，不勝枚舉。相比之下，關於秦法律思想的研究，卻寂寞得多，二者
形成明顯的反差。實際上，不僅秦法律思想研究相對薄弱，即或是其他斷代的
法律思想研究也非常不夠，大概除了若干部通史性的中國法律思想史以及有
限的先秦與近代法律思想史外〔註1〕，還不甚見這方面有影響的斷代性著作。
有鑑於此，我們擬就秦漢法律思想做些較為系統的研究，試圖彌補學術的某種
失衡，而其中的第一步，即本文對秦刑法思想的初步探討。

　　我們之所以首先就秦的法律思想進行研究，其意義是不言自明的。眾所周
知，秦雖短祚，但它在中國歷史上的地位非常重要也非常特殊。尤其在制度方
面，影響極為深遠。當年蕭何制定漢律，便是「操擁秦法」，「作律九章」〔註
2〕的。所以關於秦法律思想的探討，無疑將會對整個中國古代法律思想的研
究，具有某種奠基性的作用。不過需要說明的是，本文探討的範圍，貫通秦國

---

〔註 1〕目前常見的中國法律思想方面的著作，如楊鴻烈《中國法律思想》（商務印書
　　　　館，大陸、臺灣均重印），粟勁、孔慶明主編《中國法律思想史》（黑龍江人民
　　　　出版社），張國華、饒鑫賢主編《中國法律思想史綱》上、下冊（甘肅人民出
　　　　版社），張國華編著《中國法律思想史新編》（北京大學出版社），華友根、倪
　　　　正茂《中國近代法律思想史》上冊（上海社會科學院出版社），華友根《中國
　　　　近代法律思想史》下冊（同上）等。邱漢平《先秦法律思想》，因成書較早，
　　　　現已很難見到。
〔註 2〕《漢書》卷 23《刑法志》。

和秦朝兩個時期。

這裡，讀者自然會問：刑法思想與法律思想有何不同？其實，這二者應該說是一回事。之所以使用「刑法思想」，是沿襲了班固《漢書·刑法志》的說法。大家知道，「法律」、「法制」這類詞語，在先秦文獻如《商君書》中就已經出現，《雲夢秦簡·語書》中亦有「法律」這個詞。班固當年撰寫中國第一部法律制度的專史，不用「法律志」或「法制志」，而用「刑法志」，顯然有其特殊的考慮。依照我們膚淺的理解，很可能「刑法」二字更能凸現中國古代法律制度的特點。今天我們沿用班氏之說，就是希望把他的這番良苦用心保持下來，以表示中國古代法律概念與近現代西方法律概念的某種差異。這就猶如中國古代法家倡導的「法治」，同西方所謂的「法治」有所區別一樣〔註3〕。我們以為，這樣庶幾更能接近於歷史的原貌。這一做法，也並不是我們的發明創造。實際上，不少有關法制史的著作早已經這麼做了〔註4〕。由於刑法思想與法律思想本義相同，所以在後面的行文中，我們並不特別著意對二者加以嚴格區分，只是在文章題目中標出，以示有所區別而已。

## 上篇　以商鞅及《商君書》為代表的秦刑法思起

一般說來，秦的文明進程較之山東各國要晚一些。《史記·秦本紀》載：「文公十二年（前754），初有史以紀事，民多化者。」在法律制度方面，直到文公二十年（前746），才「法初有三族之罪」。從原則上講，秦的刑法思想，應該追溯到這時。遺憾的是，限於資料，目前還無法做到這一點。

秦穆公時代（前659～前621），秦國出現了空前的繁榮，穆公本人也自我標榜「以禮樂法度為政」〔註5〕，說明當時秦的法制建設已進人一個新階段。但可惜的是，同樣出於資料的限制，對這一時期秦的刑法思想，仍然難以說出具體內容。

迄今真正能較為系統描述的秦刑法思想，則是商鞅變法以後的秦刑法思想——易言之，就是商鞅及《商君書》為代表的刑法思想。總其大要，約有以

〔註3〕參見胡旭晟：《「法家」辯證》。《光明日報》1988年7月12日，第三版。
〔註4〕例如西田太一郎：《中國刑法史研究》（岩波書社，昭和四十九年）；中村茂夫：《清代刑法研究》（東京大學出版會；1973年）；周密：《中國刑法史》（群眾出版社，1985年）。以上僅舉三例，略作證明。不過，把「刑法」同「思想」連稱者，似不多見，本文或可算作首例。上舉西田氏著作中曾用「刑罰思想」，但其與「刑法思想」顯然不同。
〔註5〕《史記》卷5《秦本紀》。

下幾點：

### （一）刑法為治國之本

把刑法視為治國之本，是秦刑法思想的一個基本觀點。「法令者民之命也，為治之本也，所以備民也。為治而去法令，猶無饑而去食也，欲無寒而去衣也，其不幾亦明矣。」〔註6〕這種刑法為民命治本的思想，有不同的表述形式，如「民本，法也」，「所謂刑者，義之本也」等等〔註7〕。由此出發，則有「貴法」的主張：「聖人有必信之性，又有使天下不得不信之法」，「聖王者不貴義而貴法，法必明，令必行，則已矣」。〔註8〕商鞅一派法治主義者認為，明主忠臣「不可須臾忘於法」，「法任而國治」〔註9〕；「明主之治天下也，緣法而治」〔註10〕；「以刑治，民則樂用」〔註11〕。在此基礎上，他們進而提出「刑生力」之說，即：「刑生力，力生強，強生威，威生惠，惠生於力」〔註12〕；「刑生力，力生強，強生威，威生德，德生於刑」〔註13〕。論者一般認為「力」指「實力」，「惠」、「德」即「恩惠」、「恩德」〔註14〕。不過若引申來看，似乎應該是說，以法治國將會建立起全新的恩惠體系、道德規範和社會秩序。

### （二）以刑去刑

「以刑去刑」或作「藉（借）刑去刑」，是秦刑法思想的又一基本觀點。《商君書》的《去強》、《畫策》、《開塞》等篇，都強調了這個問題的重要性。「以刑去刑」，就是通過刑罰的手段達到免除、消滅刑罰的目的。為此，商鞅一派法家主張以「重刑」治國。「重刑，連其罪，則民不敢試，民不敢試，故無刑也」〔註15〕；「禁奸止過，莫若重刑」〔註16〕。李斯曾言：「商君之法，刑

---

〔註6〕《商君書‧定分》。
〔註7〕分見《商君書》之《畫策》、《開塞》，「所謂刑者」原作「所謂利者」，據陶鴻慶說改。
〔註8〕《商君書‧畫策》。
〔註9〕《商君書‧慎法》。
〔註10〕《商君書‧君臣》。
〔註11〕《商君書‧弱民》。
〔註12〕《商君書‧去強》。
〔註13〕《商君書‧說民》。
〔註14〕參見高亨《商君書注譯》，頁49、58。中華書局，1974年。
〔註15〕《商君書‧賞刑》。
〔註16〕《商君書‧賞刑》。

棄灰於道者。夫棄灰薄罪也，而被刑重罰也。」〔註17〕其所反映的，正是商鞅推行重刑主義的情形。「重刑」亦作「刑重」。「不刑而民善，刑重也；刑重者，民不敢犯，故無刑也；而民莫敢為非，是一國皆善也」〔註18〕。「重刑」又作「重輕」；即加重刑於輕罪的意思。「行刑重其輕者，輕者不生，則重者無從至矣」〔註19〕；「行刑重其重者，輕其輕者，輕者不止，則重者無從止矣」〔註20〕；「重輕，刑去」〔註21〕。與「重刑」相對應的是「少賞」。按商鞅等的觀點，治國必須「刑多而賞少」〔註22〕；「重刑少賞，上愛民，民死賞」〔註23〕。他們甚至還列出了具體的「刑」、「賞」比例關係：「王者刑九賞一。強國刑七賞三；削國刑五賞五」〔註24〕。

## （三）刑無等級

商鞅一派法家提出的「刑無等級」主張，是秦刑法思想的重要內容之一。「刑無等級」，又被概括為「壹刑」。「所謂壹刑者，刑無等級，自卿相將軍以至大夫庶士，有不從王令、犯國禁、亂上制者，罪死不赦」〔註25〕。具體來看，大致可分為這樣幾種情況：「有功於前，有敗於後，不為損刑；有善於前，有過於後，不為虧法；忠臣孝子有過，必以其數斷；守法守職之吏有不行王法者，罪死不赦，刑及三族；周官之人，知而訐之上者，自免於罪，無貴賤，尸襲其官長之官爵田祿。」〔註26〕這些，同現代所講的司法平等顯然還是有差別的。值得注意的是，這種「壹刑」，與所謂的「壹賞」、「壹教」是相聯繫的。「聖人之為國也，壹賞，壹刑，壹教。壹賞則兵無敵，壹刑則令行，壹教則下聽上。夫明賞不費，明刑不戮，明教不變，而民知於民務，國無異俗。明賞之猶至於無賞也，明刑之猶至於無刑也，明教之猶至於無教也。」〔註27〕同時，「壹刑」

---

〔註17〕 《史記》卷87《李斯專列傳》。
〔註18〕 《商君書·畫策》。
〔註19〕 《商君書·說民》。
〔註20〕 《商君書·說民》。
〔註21〕 《商君書·說民》。
〔註22〕 《商君書·開塞》。
〔註23〕 《商君書·靳令》。
〔註24〕 《商君書·去強》。《開塞》有「削國賞九而刑一」之說；與此「削國刑五賞五」不同。蓋所言當為泛指，並非特別精確的計算。
〔註25〕 《商君書·賞刑》。
〔註26〕 《商君書·賞刑》。
〔註27〕 《商君書·賞刑》。

又與「重刑」直接相關。有關「重刑」，前文已述，茲不贅。應該看到，在秦史上「刑無等級」的法律思想確實得到了貫徹執行。史載：商鞅變法後「期年，秦民之國都言初令不便者以千數，於是太子犯法。衛鞅曰：『法者不行，自上犯之。』將法太子。太子君嗣也，不可施刑；刑其傅公子虔，黥其師公孫賈。明日，秦人皆趨令。」〔註28〕這一實例告訴我們，秦貫徹實行「刑無等級」，雖然並不徹底，但在當時的歷史條件下，已屬難能可貴。

### （四）慎法制

「慎法制」即嚴格遵守法制的意思。這是秦刑法思想的又一重要內容。「明主慎法制，言不中法者，不聽也；行不中法者，不高也；事不中法者，不為也。言中法，則辯之；行中法，則高之；事中法，則為之。故國治而地廣，兵強而主尊，此治之至也，人君不可不察也。」〔註29〕商鞅一派法家認為：「法者，國之權衡也。」〔註30〕如果「釋法而任私議」，就好像「釋權衡而斷輕重，廢尺寸而意長短」一樣，必然產生混亂。所以「法枉治亂」，「法明治省」〔註31〕。這就要求「刑必斷於有罪」〔註32〕，其最理想的境地則是「刑用於將過」，這樣才能「大邪不生」〔註33〕。為此就需要使法令「明白易知」，「愚知（智）遍能知之」〔註34〕；「為置法官，置主法之吏，以為天下師，令萬民無陷於險危」〔註35〕。在這種思想支配下，秦推行了法官法吏制〔註36〕。其餘緒所及，直到後世似乎還可看到某些影子。今日本早稻田大學圖書館收藏有兩幀表格形式的律文要點輯錄。其一上書「大綱隱握節目可推」八字，下列「犯奸」、「戶婚」、「錢債」、「雜犯」、「訴訟斷獄」、「雜錄」等細目；另一則書「明刑弼教刑期無刑」八字，下列「鬥毆」、「保辜」、「人命」、「強盜」、「竊盜」、「搶奪略占」、「田宅」等細目〔註37〕。此物或可視為法官法吏制孑遺的某種流變形態。

---

〔註28〕《史記》卷68《商君列傳》。
〔註29〕《商君書·君臣》。
〔註30〕《商君書·修權》。或無此句，朱師轍據《群書治要》補，今從之。
〔註31〕《商君書·弱民》。
〔註32〕《史記》卷79《范雎列傳》。
〔註33〕《商君書·開塞》。
〔註34〕《商君書·定分》。
〔註35〕《商君書·定分》。
〔註36〕說詳黃留珠：《略談秦的法官法吏制》。西北大學學報（哲社版）1981年第1期。
〔註37〕2001年4月23日，黃留珠參觀早稻田大學圖書館時，承館方以所藏原件見示。當時匆忙筆記，個別文字或有錯亂，但大體還是不差的。

## （五）觀俗立法

商鞅本人曾明確宣布「法」是「智者」所作。「智者做法，愚者制焉」〔註38〕。《雲夢秦簡·語書》也有「聖王作為法度，以矯端民心，去其邪避（僻），除其惡俗」的說法。但與此同時，商鞅一派法治主義者卻又強調「觀俗立法」，即考察研究具體的國情風俗來建立法制。這則構成秦刑法思想的另一項重要內容。「聖人之為國也，觀俗立法則治，察國事本則宜；不觀時俗，不察國本，則其法立而民亂，事劇而功寡」〔註39〕。「觀俗立法」或「度俗而為法」。「聖人之為國也，不法古，不修今，因世而為之治，度俗而為之法；故法不察民之情而立之，則不成」〔註40〕。有時他們還把「法」與「禮」相提並論，謂曰：「當時而立法，因事而制禮，禮法以時而定，制令各順其宜」〔註41〕。這些都反映了商鞅等法家因俗因時以建立法令的發展變化觀念。

## （六）不以私害法

商鞅一派法家所謂的「不以私害法」〔註42〕，即不以私意（或可理解為個人意志）損害法制。這也是秦刑法思想的重要內容之一。其與「刑無等級」思想一樣，大體都含有某種司法公正的意味。與「不以私害法」相近似的，還有「不以善言害法」〔註43〕。這裡的「善言」有人譯作「人們的高妙言論」〔註44〕，或近是。如果將此二者結合起來，也就是既不可因個人的意志而「害法」，亦不可因他人的說三道四而「害法」，這樣才能把國家治理好。由此出發，商鞅等法治主者又引申出「不可以評刑」〔註45〕、「不赦刑」〔註46〕等一些帶有絕對色彩的主張。史載，商鞅變法「行之十年，秦民大說（悅）」，「秦民初言令不便者有來言令便者；衛鞅曰：『此皆亂化之民也。』盡遷之於邊城；其後民莫敢議令」〔註47〕。這是一則最能體現上述絕對主義理論的實例。秦昭王時，范睢因所薦舉的鄭安平降敵、王稽通敵而觸犯法網，儘管昭王對范予以庇

---

〔註38〕　《史記》卷68《商君列傳》。
〔註39〕　《商君書·算地》。
〔註40〕　《商君書·壹言》。
〔註41〕　《商君書·更法》。
〔註42〕　《商君書·修權》。
〔註43〕　《商君書·靳令》。
〔註44〕　高亨：《商君書注譯》，頁104。中華書局，1974年。
〔註45〕　《商君書·賞刑》。
〔註46〕　《商君書·賞刑》。
〔註47〕　《史記》卷68《商君列傳》。

護，但據《雲夢秦簡・編年記》可知，范睢與王稽構在昭王五十二年伏誅。這顯然是秦史上「法勝民」的一則典型實例了。

　　如上所述的秦刑法思想，從出土的《雲夢秦簡》中，似乎多少都可找到一些印跡。對此，臺灣學界已經做了不少有價值的研究工作。例如《〈雲夢秦簡〉中思想與制度鉤摭》一書的結論認為，《雲夢秦簡》「充分地反映出商鞅派法家思想層面」〔註48〕。其說信然！讀者自可參閱。

## 下篇　秦王朝刑法思想的演變

　　秦實現統一後，嬴政不僅確立皇帝名號以「稱成功」〔註49〕，而且「推終始五德之傳」〔註50〕，制定一整套所謂的水德制度，以表明新王朝受命於天。其中關於司法有這樣的內容：

> 以為水德之始，剛毅戾深，事皆決於法，刻削毋仁恩和義，然後合五德之數，於是急法，久者不赦。〔註51〕

　　由此可見，自商鞅變法以來秦國所形成的以重刑急法為特點的法治傳統，在秦王朝建立後被全盤承繼下來。就思想而言，前述之以商鞅及《商君書》為代表的刑法思想，無疑也成為新王朝刑法思想的主幹。這些，從《雲夢秦簡》所反映的時代貫通秦國晚期以及秦始皇統一之後，則可得到進一步的印證。

　　不過應該看到，秦王朝的刑法思想在短短的十多年間，卻發生了非常顯著的變化；其總的趨勢，是向極端化、絕對化方面演變。此過程中，最引人注目的轉變是：

　　一、秦始皇在位後期，以焚書坑儒為標誌，向思想文化專制主義的轉變。

　　二、秦二世時，以實施督責之術為標誌，向極端主義、絕對主義的轉變。

　　關於第一次轉變，人所共知，已經無需再費筆墨。在此應該指出的是，把原本禁奸止邪的刑法擴展到文化領域，實行文化專制的思想和做法，在中國歷史上開了一個極惡劣的先例，它嚴重影響了中國學術文化的發展與繁榮，進而直接影響中國社會的進步。試想，如果戰國時代百家爭鳴的局面一直持續下去，那麼，中國的前景將會是一個什麼樣子？

　　對於第二次轉變，倒是需要多說幾句。秦二世胡亥繼承帝位後，「遵用趙

---

〔註48〕余宗發：《〈雲夢秦簡〉中思想與制度鉤摭》，頁58。文津出版社，1992年。
〔註49〕《史記》卷6《秦始皇本紀》。
〔註50〕《史記》卷6《秦始皇本紀》。
〔註51〕《史記》卷6《秦始皇本紀》。

高申法令」〔註52〕。趙主張「嚴法而刻刑，令有罪者相坐，誅至收族」〔註53〕。由於趙的「更為法律」〔註54〕，秦刑罰刻嚴的程度較之始皇時代大大加深。應該說，從此秦的刑法思想已開始向極端化、絕對化急劇轉變。在此過程中，李斯建議秦二世實施督責之術，猶如火上加油，更把這一轉變推向了巔峰。李的這篇建議書全文，保存於《史記·李斯列傳》之中。由於文字過長，茲不具引。從中可知，李所謂的「督責之術」的具體內容，一是不以己身勞於天下之民，亦即「以人徇己」、「畜天下」〔註55〕；二是推行刑罰至上，大搞「深責輕罪」〔註56〕；三是主張「明君獨斷」，「權不在臣」〔註57〕。這裡，李斯是借申韓法家有關「督責之術」的名義，兜售一整套君主專制獨裁的歪理邪說，並把它發揮到極致。從某種意義上講，李斯是在教唆秦二世，使之成為武斷專橫的獨夫民賊。再就李斯建議書本身來看其通篇充滿了阿諛奉承之詞，正如司馬遷所指出的那樣，此舉是李「阿二世意，欲求容」〔註58〕。當然，這後面有李斯、趙高、秦二世之相互勾結、相互矛盾的特殊背景。由於這與本文主旨無關，在此僅點到為止。

史載：「書奏，二世悅。於是行督責益嚴，稅民深者為明吏。二世曰：『若此則可謂能督責矣。』刑者相半於道；而死人日成積手市，殺人眾者為忠臣。二世曰：『若此則可謂能督責矣。』」〔註59〕可見李斯督責之術的建議，確實被付諸實行。這意味著本來就具有絕對主義色彩的秦刑法思想，其絕對化、極端化的程度，經過焚書坑儒一次升級之後的再次升級。而這也正是秦二世而亡的一個致命原因。

秦王朝的刑法思想除了上述兩次較明顯的演變外，還有一次不大為人注意的轉變。據《史記，李斯列傳》記載，秦二世二年（前208），李斯曾從獄中上書，陳其所謂的七條「罪狀」（實是表其七項功勞）。除第一條說的是秦統一過程中之事外，餘六條均講統一後之事。其第七條云：

緩刑罰，薄賦斂，以遂主得眾之心，萬民戴王，死而不忘，罪

〔註52〕 《史記》卷6《秦始皇本紀》。
〔註53〕 《史記》卷87《李斯列傳》。
〔註54〕 《史記》卷87《李斯列傳》。
〔註55〕 《史記》卷87《李斯列傳》。
〔註56〕 《史記》卷87《李斯列傳》。
〔註57〕 《史記》卷87《李斯列傳》。
〔註58〕 《史記》卷87《李斯列傳》。
〔註59〕 《史記》卷87《李斯列傳》。

七矣。

應該說，這是一條非常重要的材料，值得重視。它表明，統一後秦曾實行「緩刑罰薄賦斂」的政策。這與人們所謂的秦「收泰半之賦」、「衣牛馬之衣而食犬彘之食」「赭衣半道斷獄歲以千萬數」〔註60〕的傳統看法，全然不同。易言之，這就是說秦統一後存在一個從嚴刑峻法轉向「緩刑罰」的時期——自然，這也體現了一種刑法思想的轉變。因為任何政策的轉變都必然由思想轉變作其先導。我們初步推測，這個緩刑罰時期似應在焚書前若干年。

也許有人會對李斯所言的可信性提出懷疑。但若分析一下李獄中上書的具體背景，或許這種懷疑便會冰釋。李上書之時，不僅身陷囹圄，而且在趙高的重刑逼迫下「誣服」〔註61〕。他「所以不死者，自負其辯，有功，實無反心」〔註62〕，故而「上書自陳，幸二世之寤而赦之」〔註63〕。實際上，在他內心深處，恐怕還抱著再圓一次當年諫止逐客夢的幻想，希望奇蹟出現。在這種情況下，他所書之事，自然不會子虛烏有，也不可能過分誇大其詞。否則，那就不是求生而是求死了。

總之，秦王朝短暫的十多年中，在繼承商鞅變法以來秦刑法思想的基礎上，曾一度出現過「緩刑罰」的變化，但很快卻向極端主義、絕對主義方面轉變，並最終釀成秦速亡的歷史悲劇。

原載《西北大學學報》哲社版 2001 年第 4 期，
與日本京都大學教授富谷至聯名

〔註60〕　《漢書》卷 24《食貨志》。
〔註61〕　《史記》卷 87《李斯列傳》。
〔註62〕　《史記》卷 87《李斯列傳》。
〔註63〕　《史記》卷 87《李斯列傳》。

# 秦簡「敖童」解

一

雲夢秦簡裏先後兩次出現「敖童」一詞。一見《秦律雜抄》：

> 匿敖童，及占瘁（癃）不審，典、老贖耐。……傅律。

另見《法律答問》：

> 可（何）謂「匿戶」及「敖童弗傅」？匿戶弗繇（徭）、使，弗
> 令出戶賦之謂殹（也）。

對於「敖童」的解釋，1977 年文物出版社出版的《睡虎地秦墓竹簡》線裝本注云：

> 敖即驁，健壯。敖童疑是傅籍前之子，即唐戶令之中男，無丁
> 則選以充軍者。一說敖義為敖遊，敖童是漢武帝常徵發從軍之「惡
> 少年」。（第五冊，第 94 頁）

次年，出版的同書平裝本注文有所變化：

> 敖童，見《新書・春秋》：「敖童不謳歌。」古時男子十五歲以
> 上未冠者，稱為成童。據《編年記》，秦當時十七歲傅籍，年齡還屬
> 於成童的範圍，參見《法律答問》「何謂匿戶」條。（第 143 頁）

1990 年出版的同書精裝本注文與平裝本相同。這表明，此注是秦簡整理小組關於「敖童」釋義的定稿。

毋庸諱言，若僅就平裝本注文本身而言，尚難看清關於「敖童」的最終解釋，這一點反而遠不如線裝本注那樣明晰。但從整理小組把「匿敖童」今譯作「隱匿成童」來看［註1］，「敖童」即「成童」，還是非常清楚的。應該承認，

---

〔註 1〕《睡虎地秦墓竹簡》，文物出版社 1978 年版平裝本第 144 頁；1990 年版精裝本「釋文注釋」部分第 87 頁。

這一解釋於文意完全可通。不過倘再作推敲，則不難發現：

1. 這一解釋實際上只是重複了「童」字的含義。《釋名·釋長幼》：「十五曰童」。可見「童」本身即已表示「成童」。

2.「敖」字何解？注文實未涉及。退一步來看，若訓「敖」為「成」，顯然更加不妥，因「敖」字絕無此義項。

所以「敖童」即「成童」之說，雖貌似作出了解釋，而實際上卻等於沒有解釋。

爾後，陸續又出現了幾種關於「敖童」的新解。如釋「敖」為「傲」的「傲童」說〔註2〕；「敖」為「遊」的「遊童」說〔註3〕；釋「敖」為「長大」的「長大」年齡說〔註4〕；釋「敖」為「逸遊」的「逸遊成童」說〔註5〕等等。這些解釋，大率在「成童」說的基礎上著重對「敖」字的含義作了說明，較之秦簡整理小組注文完全忽視「敖」字的狀況有所改進。然而這些解釋卻也存在一個共性的問題，即把它們放入秦簡原文中之後，或於文意有所滯礙，或於事理有所不通，就此而論，反不如秦簡整理小組釋為「成童」流暢。為了具體說明這一點，不妨以表述較完整的「遊童」說為例作些分析——

該說的表述是這樣的：

> 匿敖童：童當即「五尺以下」的「小」；敖者，遊也。遊童，也就是指未成年者。匿敖童就是隱匿真實的年齡，假稱為「童」或「小」。〔註6〕

大家知道，古時通常以身高「六尺」表示「成童」始年 15 歲〔註7〕。以上的表述認為，「遊童」之「童」為「五尺以下」的「小」，據此則「遊童」不僅未成年，而且也未成童，應是 15 歲以下的小孩子。按規定，此類小孩子是不服役不出算賦的。這樣就產生了一種難以解釋的現象：秦的那些里典、伍老等何以甘冒犯法受刑的風險去隱匿不需要服役出賦的「遊童」？！顯然。這在情理上很難說通。對此疏漏，「遊童」說的提出者似乎也已有所察覺，於是補充解釋說：「匿敖童就是隱匿真實的年齡，假稱為『童』或『小』。」如此一來，

〔註2〕黃今言：《秦漢賦役制度研究》，江西教育出版社 1988 年版，第 260 頁。
〔註3〕熊鐵基：《秦漢軍事制度》，廣西人民出版社 1990 年版，第 11 頁注。
〔註4〕孔慶明：《秦漢法制史》，陝西人民出版社 1992 年版，第 54 頁。
〔註5〕馬怡：《秦人傅籍標準試探》，《中國史研究》1995 年第 4 期。
〔註6〕熊鐵基：《秦漢軍事制度》，廣西人民出版社 1990 年版，第 11 頁注。
〔註7〕參見孫詒讓·《周禮正義》卷 21。

就把「匿敖童」變成了「匿作敖童」或「匿為敖童」。很明顯，這樣兩句話各自所表達的內容，還是不相同的。

　　總之，「遊童」說未能解開秦簡「敖童」之謎。其他幾種說法，與此大體類似，亦皆未能切中題旨。尤其需要指出的是，以上諸家解釋，包括秦簡整理小組的解釋在內，都只是就秦簡而論秦簡，他們普遍忽視了一個非常重要的事實：即「敖童」一詞，不僅見於秦簡，而且還見於其他出土的秦器物銘文。所以關於「敖童」的解釋，必須貫通這兩個方面，才算得確解。對此，可惜上舉各家解釋中竟無一家有所論及。這不能不說是秦簡「敖童」研究中的一大疏漏與失誤！

二

　　1948 年陝西戶縣出土的原由西安段紹嘉珍藏，後歸陝西師範大學圖書館收藏的秦封宗邑瓦書，是反映戰國後期秦政治生活的重要文物。1957 年，陳直先生對其作出釋文並予初步考證〔註 8〕，後又在所著《漢書新證》、《史記新證》中多次徵引。80 年代中期，郭子直教授精拓全銘，附以摹本及照片，公之於世，同時對陳釋略加考辨，撰成《戰國秦封宗邑瓦書銘文新釋》一文〔註 9〕。就在此瓦書中，即出現有「敖童」一詞。為了便於讀者瞭解情況和分析問題，茲按瓦書原格式抄錄銘文如下：

　　　四年，周天子使卿夫＝（大夫）辰來致文武之

　　　酢（胙），冬十壹月辛酉，大良造庶長遊出命曰：「取杜才（在）酆

　　　邱到灂水，以為右庶長歜宗

　　　邑。」乃為瓦書，卑（俾）司御不更顝封之，曰：

　　　「子＝孫＝，以為宗邑。」顝以四年冬十壹月癸

　　　西封之，自桑障之封以東，北到於桑匽之

　　　　〔正面〕

　　　封，一里廿輯。

　　　　〔中空三行〕

　　　大田佐敖童曰未，史曰初，

〔註 8〕見氏著《考古論叢》，刊《西北大學學報》1957 年第 1 期，文中把瓦書稱作「秦陶券」。

〔註 9〕郭文及瓦書銘文拓本、摹本、照片均刊《古文字研究》第 14 輯，中華書局 1986年版。

卜蟄，史羈失（秩），司御心，志是霆（埋）封。

〔背面〕〔註10〕

瓦書所記是秦國一次封邑的經過，其中的「四年」，陳、郭兩家均考訂為秦惠文王四年，即公元前334年，甚是。這表明瓦書的時代約早於雲夢秦簡百年左右，由此可知，「敖童」存在於秦，為時已經很久，只是未見文獻記載而已，今賴出土文物，方得昭顯於世。

瓦書銘中的「敖童」，前連「大田佐」，後連「曰未」。「大田」，官名，主掌農事，見於秦簡《田律》、《呂氏春秋·勿躬》、《晏子·內篇·問下第四》等。于豪亮考證：「秦國主管農業的官員最初稱為大田，後來改稱治粟內史」〔註11〕。「佐」為農官大田的「少吏」。全句意謂大田佐敖童名字叫未。此人係參加惠文王四年冬十一月癸酉日封界的官吏之一。從「大田佐敖童曰未」的句式來看，其與瓦書的「大良造庶長遊」、「司御不更頡」近似，「敖童」所處位置與「庶長」、「不更」相當。後二者皆爵名，以此類推，「敖童」應是同爵名類似的用以說明「未」這個人身份的一種定語。秦簡《內史雜》載，秦時「除佐必當壯以上，毋除士伍新傅」。整理小組注：「壯、壯年，古時一般指三十歲」；「士伍，《漢舊儀》『無爵為士伍。』即沒有爵位的成年男子」〔註12〕。據此，大田佐這個敖童，至少應該是30歲以上的男性。〔註13〕

把以上瓦書中的敖童與秦簡中的敖童結合起來考察，可以清楚地看到如下的基本事實：

1. 敖童必須載入名籍，為國家出賦役。這意味著在當時實行的授田制下，敖童享有國家的授田。

2. 秦社會中存在著隱匿敖童現象，時稱「匿敖童」，亦作「敖童弗傅」〔註14〕，其等於「匿戶」，即隱匿人戶，不徵發徭役，也不命交納戶賦。對這種犯

〔註10〕瓦書釋文基本採用郭氏新釋；個別地方有變動。

〔註11〕《雲夢秦簡所見職官述略》。《于豪亮學術文存》，中華書局1985年版，第91頁。

〔註12〕《睡虎地秦墓竹簡》，文物出版社1978年版平裝本第106頁；1990年版精裝本「釋文注釋」部分第62頁。

〔註13〕這一點，前揭郭文已經指出。不過郭文對「敖童」卻未作出解釋，認為「需要再加研究」。筆者撰寫本文過程中，曾專門拜訪郭教授，承見告，說至今對「敖童」問題仍懸而未決。

〔註14〕此處的「傅」，意為著錄登記，與秦簡《倉律》「小隸臣妾以八月傅為大隸臣妾」的用法相同，而與「始傅」（即男子達到服役年齡時需要辦理的登記手續）有區別。

法行為，國家制定有具體的治罪標準。

3. 敖童可以充當「佐」一類的官府「少吏」，但需要標明其「敖童」的特殊身份。

上述事實表明，「敖童」絕不可能是「成童」，而令人頗疑其「童」字應解如《說文》所云：「男有罪曰奴，奴曰童。」要之，即「敖童」是當時一種具有「奴」的身份的特殊人口，他們雖不同一般農戶，但在享有授田及承擔賦役方面卻又同於一般農戶。因此國家十分重視對這部分人口的控制，以防止賦役流失。此其一。其二，「童」字前加「敖」，表示「敖童」是「童」中更加特殊的一部分。秦簡中出現有「衙敖」。「可（何）謂『衙（率）敖』？『衙（率）敖』當里典謂殹（也）」。〔註15〕「秦簡整理小組注「敖」讀為「豪」〔註16〕，極是。故「敖童」實為「豪童」，即指「童」中豪強有力者。

如果以上的兩點推測尚不致大謬，那麼，「敖童」之謎的謎底基本上已經能夠看清楚了。這裡，關鍵之處在於對「童」字的理解。以往論者總是擺脫不了釋「童」為「成童」的基調，結果猶如走進一個大迷宮，轉來轉去始終找不到出口。揆其緣由，恐怕同人們習慣於把「童」當作幼、小，而把「僮」才看成奴有關。其實，古之通義正好與此相反：「奴曰童」；「僮，未冠也。」

## 三

戰國時期各國普遍推行的授田制，目的在於實現勞動力與土地的有效結合，把農夫固著於土地之上。僅此而論，它與後世的均田制頗有類似之處。眾所周知，首啟均田的北魏，其對奴婢是授田的，而且授田標準與良人相同；其後北齊及隋，同樣如此。由此上溯秦國授田制下，具有「奴」身份的「敖童」享有國家授田，當在情理之中。這一點，人們似乎是容易接受的。比較來看，具有「奴」身份的「敖童」出任「佐」一類官府「少吏」，倒是比較費解的問題。

按一般的認識，奴隸是奴隸主的會說話的工具，根本沒有人身自由，只能受壓迫受剝削，怎麼能擔任官府的「少吏」之類公職呢？其實，這是對古代社會的很大的誤解。事實上，古代使用奴隸或具有「奴」一類身份的人，從事某些公務活動，擔任某些公職人員，是相當普遍的現象。這在秦簡中便有不少具

〔註15〕《睡虎地秦墓竹簡》平裝本第237頁；精裝本「釋文注釋」部分第141頁。
〔註16〕《睡虎地秦墓竹簡》平裝本第237頁；精裝本「釋文注釋」部分第141頁。

體的反映。例如：

> 毋令居貲贖責（債）將城旦舂。城旦司寇不足以將，令隸臣妾
> 將。（《秦律十八種·司空》）

> 可（何）謂「耐卜隸」、「耐史隸」？卜、史當耐者皆耐以為卜、
> 史隸。（《法律問答》注：「耐卜隸、耐史隸，受耐刑而仍做卜、史事
> 務的奴隸。」）

> 令史己爰書：與牢隸臣某執丙，得某室。（《封診式》注：「牢隸
> 臣，據簡文係在牢獄服役的隸臣。」按：秦簡中反映牢隸臣從事公
> 務的實例除本條簡文外，還有許多，如其與令史共同驗屍，勘查作
> 案現場等等，茲不一一列舉。）

> 出子　爰書：……有（又）令隸妾數字者，診甲前血出及癃
> 狀。……丞乙爰書：令令史某、隸臣某診甲所詣子。……其一式曰：
> 令隸妾數字者某某診甲……（《封診式》）

上舉各例中，有隸臣妾監率犯人者，有受耐刑而仍擔任卜、史職務的奴隸，有在牢獄中服役從事多種公務的奴隸，還有從事婦科、兒科特殊檢查的女奴與男奴。儘管這些實例所反映的只是司法領域的情況（此係多數秦簡性質決定的），但由此也足以看出當時秦國社會使用奴隸從事公務及擔任公職的廣泛性。

事實上，這類情況並非中國獨有，在古代西方世界也同樣存在。例如古雅典，警察即由奴隸組成。恩格斯曾描述其狀云：

> 雅典人在創立他們國家的同時，也創立了警察，即由步行的和
> 騎馬的弓箭手組成的真正的憲兵隊……不過，這種憲兵隊卻是由奴
> 隸組成的。這種警察職務，在自由的雅典人看來是非常卑賤的，以
> 致他們寧願叫武裝的奴隸逮捕自己，而自己卻不肯去幹這種丟臉的
> 事。〔註17〕

民族史的材料還告訴我們，奴隸是有層次之分的，奴隸的地位也絕非一成不變，奴隸主每每對某些奴隸委以重任使之成為奴隸中的特殊成員。例如在處於奴隸社會初期階段的肖特蘭島上的美拉尼亞人那裏，「奴隸通過婚姻與首領結成親戚以後，在社會上甚至還獲得了具有影響的地位。」〔註18〕再如涼山彝

---

〔註17〕《馬克思恩格斯選集》第 4 卷，人民出版社 1972 年版，第 114～115 頁。
〔註18〕 C.A 托卡列夫等主編：《澳大利亞和大洋洲各族人民》，李毅夫等譯本，第 579
　　　　頁。

族奴隸社會中，政權首腦「土司」常常從貼身奴隸中選拔「看房」或「頭人」。這些「看房」、「頭人」負責管理土司對內對外事務，掌握實權，實際等於半邊官，儼然是奴隸主的派頭，而且職位世代相襲。涼山黑彝奴隸主也經常從對主子忠誠、聽話、聰明、能幹的「鍋莊娃子」中選拔「當家娃子」，或負責田間勞動，或管理內部事務。他們替主人應付一切，雖無人身自由，但卻也抵得上半個主子。由此推測古代社會，當亦有類似的情形。應該指出的是，這類由奴隸提升起來的頭目，其行徑往往比主子更凶更壞。這裡不妨舉西漢的一則實例為證。大家知道，輔佐昭、宣二帝的大將軍霍光，「愛幸監奴馮子都，常與計事」〔註19〕。「監奴」，顏注：「謂奴之監知家務者也」〔註20〕。看來，其大體相當於上述之「看房」、「頭人」或「當家娃子」一類人物。漢樂府詩《羽林郎》描述馮之行狀去：「昔有霍家奴，姓馮名子都。依倚將軍勢，調笑酒家胡。」〔註21〕僅此四句，已經使一個橫行霸道、無惡不作的惡奴形象躍然紙上。

　　從以上所舉的各種材料來看，具有「奴」身份的「敖童」擔任官府「佐」一類的「少吏」，應該說不僅是可能的，而且也是現實的。《漢書‧百官公卿表》顏注引《漢官名秩簿》稱：「佐史月奉八斛也。」此數僅是秦時為官府服役之隸臣月口糧標準的 4 倍，其俸祿實在極其微薄。這樣低下的職位，由一種「豪奴」去擔任，實在也是不足為奇的。

　　至此，秦簡「敖童」之謎，可以說得到了比較符合實際的解釋。其一，這一解釋是從有關「敖童」的基本事實出發而得出的；其二，此解釋對於秦簡與瓦書皆可貫通；其三，此解釋有訓詁方面強有力的證據。當然，因為資料有限，在許多方面尚難以更具體地展開論證。特別是「敖」與「童」皆多義字，不同時代其構成相同的詞語，所表達的內容，不一定就完全相同。賈誼《新書‧春秋》裏的「敖童」，以「遊童」解之，可能是合適的，但對秦簡「敖童」來講，顯然就風馬牛不相及了。

原載《歷史研究》1997 年第 5 期

---

〔註19〕 《漢書‧霍光傳》。
〔註20〕 《漢書‧霍光傳》顏注。
〔註21〕 此詩始見《玉臺新詠》，《樂府詩集》載入《雜曲歌辭》，作者東漢人辛延年。學人對這首詩歷來有不同解釋，但前四句所述馮子都事，確為信史，似無疑義。

# 中編　秦漢仕進──退免制度研究

# 秦仕進制度考述

　　關於秦之仕進制度，由於資料的奇缺，故各種論著每每「語焉不詳」。唐杜佑《通典》雖然曾以「唯闢田與勝敵而已」加以概括，但對制度的具體內容，卻未有隻字記載。北宋王欽若等編撰《冊府元龜》，則索性斷言：「秦之制無聞焉。」近年來，隨著雲夢秦簡的出土，秦史研究面目為之一新。國外已有學者，利用秦簡探索秦的仕進制度。不過所涉獵範圍，僅為秦仕進的某一方面。實際上，迄今人們對秦仕進制度的全貌，仍不甚了了。

　　秦是我國歷史上第一個統一的中央集權制的封建王朝，它的各項制度，均對後世影響至深。惲敬《三代因革論》云：「自秦以後，朝野上下，所行者皆秦之制也。」譚嗣同《仁學》亦云：「二千年之政，秦政也。」因此，進一步搞清秦仕進制度，對於整個中國古代仕進史的研究，無疑十分重要。再者，秦作為戰國七雄之一，最終得以翦滅六國，統一天下，原因固然很多，但與其仕進得人顯然也不無關係。荀況於秦昭王時曾入秦遊，親睹了秦官吏的情況，稱讚他們「恭儉敦敬而不楛」、「明通而公」〔註1〕。由此足見秦之選拔官吏是相當成功的。所以，研究秦的仕進制度，正確總結這份歷史遺產，亦具有一定的現實意義。

　　本文擬對秦的仕進制度，從秦人建國開始，迄秦王朝覆滅為止，作一考述，旨在揭示秦仕進制度的全貌，而其著重點，則是商鞅變法後有制度規定的或已形成制度的各種仕進途徑。

---

〔註1〕《荀子·強國》。

# 一、世官

古時官位世襲，公門有公，卿門有卿，賤有常辱，貴有常榮，賞不能勸其努力，罰亦不能戒其怠惰。這種世官制度，商之前雖不可詳考，但西周至春秋奉行此制，則確屬無疑。試看兩周的王室大臣，春秋列國的卿大夫，全是同姓或異姓的世襲貴族，即彰灼可知。在兩周金文裏，亦經常可以看到王命令大臣繼任父祖舊職的記載，同樣反映了當時世官制的情形。如果再證之以《詩經・文王》所記「文王孫子，本支百世，凡周之士，丕顯亦世」，及《尚書・盤庚》（實為周時宋人作品）之「圖任舊人共政」、「世選爾勞」等，可知戰國以前行世官制，是千真萬確的事實。所以俞正燮云：「太古至春秋，君所任者，與共開國之人及其子孫也……大夫以上皆世族，不在選舉也。」〔註2〕趙翼亦云：「自古皆封建，諸侯各君其國，卿大夫亦世其官，成例相沿，視為固然。」〔註3〕

秦之先世是居住在西戎之間的嬴姓部族。據《史記・秦本紀》載，當西周覆亡時，秦襄公救周有功，被封為諸侯，「於是始國，與諸侯通聘享之禮」。顯然，就時間而論，秦比周落後了一整個時代，因此，中原各國總是以「夷狄遇之」。不過，從實際情況來看；它的發展速度卻很快。秦人建國後經過一個世紀多一點，至穆公時，便「東平晉亂，西霸戎翟」，「天子致伯，諸侯畢賀」，甚至輕易不肯許人的孔子都稱讚該時的秦「雖王可也，其霸小矣」〔註4〕。秦之所以發展得如此迅速，顯然與它建國於西周王畿故地，接受了先進的西周文化有極大關係。秦接受周文化，在已出土的春秋前期秦青銅器上反映得非常明顯。例如春秋秦銅器中最早的寶雞西高泉村一號墓青銅器，其中三角鋒的戈、甬鍾等均是西周風格，另有壺、豆兩器，直接即西周遺物，這說明秦建國之初，便接受了當地周遺民所具有的較高的文化和先進的生產技術。比西高泉村秦器稍晚的戶縣宋村青銅器，寶雞太公廟發現的秦公鎛鍾，以及更晚一些的陽平秦家溝、鳳翔八旗屯一期墓青銅器等，儘管在形制、銘文字體、紋飾諸方面都已體現出了某些特色，但正如李學勤先生所指出的：它們都是「從西周的傳統中發展出來的」〔註5〕。秦人接受周文化，還從文字上突出地反映出來。王國

---

〔註2〕《癸巳類稿》卷三《鄉興賢能論》。
〔註3〕《廿二史箚記》卷二《漢初布衣將相之局》。
〔註4〕《史記・孔子世家》。
〔註5〕《秦國文物的新認識》。載《文物》1980年第九期。

維曾指出：「秦居宗周之地，其文字尚有豐鎬之遺。」〔註6〕事實上，秦文字乃承繼西周而來，同屬籀文系統，因此，古文字學家習慣稱西方（秦）文字為「籀文」，東方（其他六國）文字為「古文」或「六國文」。從上述可見，秦之接受周文化，是多方面的。若僅就仕進制度而言，秦在商鞅變法前，同周人一樣實行世官制，則是合乎邏輯的必然。證之以史實，如百里奚子孟明視，蹇叔子西乞術、白乙丙皆相繼為卿士，後子鍼、小子憖等皆為世官。再證之以文獻，如《韓非子・姦劫弒臣》所記商鞅變法前的秦故俗：「有罪可以得免，無功可以得尊顯也」，都能證明這一問題。不過，值得注意的是，秦行世官制在秦器銘中亦有明確的反映。

眾所周知，傳世的春秋秦器秦公簋銘文中有「咸畜胤士」四字，學者作解，頗多歧異。陳直先生據《說文》為之考釋指出：

> 胤士為父子承襲之世官，《說文》：胤，子孫相承續也，從肉，從八，象其長也，從幺，象重累也。又《說文》訓咸皆也，悉也；訓畜，積也。本銘謂：「悉積官職子孫相繼承。」〔註7〕

《說文》雖為東漢許慎撰，但所收小篆，本係秦文字，且許氏撰作此書，乃博綜篆籀古文之本，發明六書之指，因形見義，分別部居，使讀者既可上溯造字之原，又能下辨篆、隸、行、草遞變之跡。故陳先生據《說文》作出的解釋，比孫詒讓以「胤士」為「尹士」之說，較郭沫若釋「胤士」為「俊士」之論，更為接近器銘本旨。實際上，銘文中關鍵性的「胤」字作承續之義，先秦典籍中並不乏其例，如《尚書・高宗肜曰》「王司敬民，罔非天胤」，《左傳》隱公十一年「夫許大嶽之胤也」，僖公二十四年「凡蔣、邢、茅、胙、祭，周公之胤也」，均是。準此，《考古圖》著錄之秦公鍾（實為鎛）銘「咸畜百辟胤士」，新近寶雞楊家溝太公廟出土的秦公鍾、鎛銘「胤士咸畜」等，也都迎刃而解。如果把這些再與晉幫盨銘「咸綏胤士」聯繫起來進行考察，問題便看得更為清楚。顯然，秦自春秋建國以後，同其他諸侯國一樣，所行乃世官制度。

商鞅變法在秦國發展史上是一場從奴隸制轉變為封建制的社會變革運動。它雖然打破了秦的世官制，但以後世官現象並沒有完全消除，其遺存仍以一種補充形式繼續存在著。

---

〔註6〕《觀堂集林》卷七《秦用籀文六國用古文說》。
〔註7〕《讀金日札》（上冊）。見陝西省圖書館藏著者手寫本《摹盧叢書》。

世官制的遺存，首先反映在「葆子」上。「葆子」是雲夢秦簡裏出現的一個名詞，凡四見於《法律答問》，一見於《秦律十八種》。秦簡整理小組考證，「葆子」亦即「任子」。《漢書・哀帝紀》注，有應劭引《漢儀注》關於任子的規定：「吏二千石以上，視事滿三年，得任同產若子一人為郎。」估計秦之「葆子」，當與此規定略同。秦簡裏有關「葆子」的五條材料，內容均為優待「葆子」者，可見，「葆子」這種世官制的遺存是受到當時法律的保護的。

第二，某些特殊官職，如史官、太卜官等，始終「父子疇官，世世相傳」。這在雲夢秦簡裏反映得極其明確。《秦律十八種・內史雜》記云：「非史子殹（也），毋敢學學室，犯令者有罪。」說明只有「史子」才能在「學室」學習，以承襲「史」的職務，其他人則被拒之門外。

第三，因家世而得官。《史記・蒙恬列傳》「蒙恬因家世而得為秦將」（按：恬祖驁、父武及恬，三世事秦），即其例。再如王翦之子賁、孫離，亦「因家世」而世代為官者。

第四，爵位世襲。據秦簡《法律答問》、《秦律十八種・軍爵律》、《秦律雜抄》以及《商君書・境內》可知，秦有爵位繼承制度，大率爵位父子相承，且爵位的繼承人（爵後）需經官府認可。

當然，商鞅變法後的秦畢竟是經歷過一場較為成功的社會變革的國家，與山東六國相比，其世官制遺存，要少得多。即令是保留下來的世官，也須以立有功勞為前提，而且司馬遷評論秦昭王舅父穰侯時所指出的那種「一夫開說，身折勢奪」的現象，亦屢見不鮮。故當代人就已得出結論說，在秦「為將三世必敗」〔註8〕。趙高也曾講過：「未嘗見秦免罷丞相功臣有封及二世者也」〔註9〕。

## 二、薦舉

兩周行世官制，前已敘及。不過，當時世官者，僅限於大夫以上，而大夫以下的士、府、吏、胥、徒等，卻取諸「鄉興賢能」，這便是《周官》所記載的鄉舉里選之制。此制一般則稱為「選舉」，但其含意並非今天我們所理解的「選舉」，而只是「薦舉」的意思。這種薦舉之法，古籍中每每簡稱作「舉」。《史記五帝本紀》：「黃帝舉風后、力牧、大鴻以治民。」《尸子・仁意》「堯舉

〔註8〕見《史記・王翦列傳》。
〔註9〕《史記・李斯列傳》。

舜於犬畝。」《左傳》文公十八年記舜舉八愷、八元。足見此法之起源，可追溯到遠古的傳說時代。

　　春秋時期，明賢思想顯著發展，在大夫以上的世官中，也要舉賢了，此即所謂的「以世舉賢」。春秋末，世官制進一步衰落，連政治思想偏於保守的孔子也疾呼「舉賢才」〔註10〕。至戰國，由於世襲貴族驕淫矜誇，根本不足任國事，故任賢觀念大盛，一些國君終於衝破貴庶界限，從庶民中舉用人才。這樣，隨著社會生產方式的變更，世官制遂告崩潰。當時各國激烈競爭，都企圖「闢土地莅中國而撫四夷」，因之對於舉賢非常重視。《呂氏春秋·懷寵》云：「舉其秀士而封侯之，選其賢良而尊顯之」，前不久出土的戰國中山王墓葬銅器銘亦云「務在得賢」〔註11〕，都反映了這一情形。為了真正做到舉秀選賢，大家還倡導「內舉不避親，外舉不避仇」的薦舉原則。總之，無論是春秋抑或戰國，大凡薦舉得人，國將大治，如《韓非子·喻老》記楚莊王「舉處士六，而邦大治」，《戰國策·齊策》記齊宣王「舉士五人，齊國大治」，均其例證。

　　秦行世官制時，是否也有鄉舉里選？《史記·淮陰侯列傳·集解》引李奇說，秦之取吏有經「推舉選擇」者。這種「推舉為吏」的辦法，很可能即鄉舉里選制的變態或子遺。關於秦之以「舉」選官，據《左傳》文公三年記載，可知至遲在穆公時，已普遍使用。該時秦的仕進制度，顯然是世官與薦舉並行。《呂氏春秋·孟夏紀》云：「孟夏之月……天子居明堂左個……命太尉，贊傑俊，遂賢良，舉長大」（畢沅注：有賢良長大之人，皆當白達舉用之）。可見秦之薦舉人才，一般由太尉主其事，而且遵循固定的制度進行。

　　考察春秋時期秦以「舉」選官的史實，有一個顯著的特點：即其在一定程度上突破了宗法制的藩籬，大膽舉用本宗族及本國以外的人。眾所周知，春秋時秦宗族同姓見於經傳者，僅有公子摯、公子憖、公子鍼等寥寥數人，而為秦所用，並發揮了顯著作用的外人如百里奚、蹇叔、由余、丕豹、公孫枝、內史廖、隨會、白乙丙、西乞術、孟明視等，卻濟濟滿堂。該時期的秦國君中，穆公之重用外人尤為突出。不僅上敘事秦之外人的絕大多數係他所舉用，而且他甚至敢從卑賤的社會下層人物中舉用人才，如其屬事五羖大夫百里奚即典型一例。據《呂氏春秋·慎人》記載，穆公舉用百里奚之前曾經歷了一番思想鬥爭，後在公孫枝的勸說下，才毅然作出決定。顯然，在那樣的年代，舉用一個

---

〔註10〕　《論語·子路》。
〔註11〕　《文物》1979年第一期，第7頁。

賣身奴隸（奚），是需要有巨大的勇氣和非凡的魄力的。因此，穆公之大膽用賢，在當時不能不說是一個極大的進步。為了更好地說明這一問題，不妨將當時各國舉用人才的情況，與秦作個比較。

先說齊。齊桓公是春秋最早的霸主，他即位雖比秦穆公早一些，但基本上仍算同時代。齊桓之強，蓋因重用管仲。管原事公子糾，與桓公有一箭之仇。桓公舉用不避仇敵，誠謂難能可貴。然而，只要看一下《史記·管晏列傳·正義》所引韋昭注，就會明白，原來管仲是「姬姓之後」。由於齊世與周婚，二者為甥舅關係，而諸姬即周宗，故桓公之用管仲，並未超出「親戚」的範圍。

再說晉。晉稱霸的是文公，他與秦穆公正好同時。《國語·晉語》載晉文公復國後的施政措施：「昭舊族，愛親戚，明賢良，尊貴寵，賞功勞，事耉老，禮賓旅，友故舊。胥、籍、狐、箕、欒、郤、柏、先、羊、舌、董、韓寔掌近官（韋注：十一族，晉之舊姓）；諸姬之良掌其中官；異姓之能掌其遠官。」可見，晉文公在用人上明顯是「親親」、「貴貴」，「明賢良」僅僅被放在第三位，而且所明的賢良，只不過限於舊族、親戚、貴寵的賢良罷了。

最後說楚。《左傳》宣公十二年記晉隨武子批評當時的楚國政治說：「其君之舉也，內姓選於親，外姓選於舊，舉不失德，賞不失勞，……君子小人物有服章，貴有常尊，賤有等威，禮不逆矣。」魯宣公十二年去秦穆公逝世已二十四年，顯而易見，此時楚之舉用官吏，仍嚴格遵循「昭舊族，愛親戚」的宗法制常規。如果一旦違背了「貴有常尊賤有等威」的原則，便被視為逆禮。

從齊、晉、楚三國以舉選官的情況可以清楚地看出，它們在突破宗法制方面，都沒有秦所邁出的那種巨大步伐。當然，秦之所以具有這樣的特點，是與它本身歷史發展的特殊性密切相關的。如前所述，秦人建國較晚，當時宗法制開始逐步動搖，並日漸醞成禮壞樂崩的局面。在這種形勢下新發展起來的秦，就不可能像其他諸侯國那樣，嚴格地實行宗法制。再者，秦人長期處於戎夷之間，難免要受他們習俗的影響。據《史記·秦本紀》記載的由余向秦穆公所介紹的戎夷之狀，可知當時他們還沒有「禮樂法度」，另從《商君列傳》可知，直到商鞅變法前夕，他們仍然還「父子無別，同室而居」。為什麼中原各國總視秦為「夷狄」？想來就是因為秦與夷狄有不少共同之處的緣故。而像夷狄那樣，缺乏嚴格的宗法制，當為非常重要的原因之一。

秦缺乏嚴格的宗法制，從它的君位繼承長期不分嫡庶上突出地反映出來。《春秋》昭公五年「秦伯卒」，《公羊傳》云：「何以不名？秦者，夷也，匿嫡

之名也（何休解詁：嫡子生，不以名，令於四境，擇勇猛者立之）。其名何？嫡得之也。」這表明，秦國君之位不一定傳給嫡長子，而是「擇勇猛者立之」。據統計，自襄公建國至穆公的九代國君之中，兄終弟繼者三（德、成、穆），次子立者一（襄），以孫立者二（憲、出），不明嫡庶者一（文），以長子繼立者僅二（武公係憲公長子，其間隔一出公，宣公係德公長子）。即令是穆公以後的相當一段時期內，仍無嫡長子繼立的定制，如躁公卒，立其弟，是為懷公，靈公卒經簡公、惠公、出子，最後才是其子獻公即位。正因為秦缺乏嚴格的宗法制，所以在薦舉人才方面顯示出宗法觀念淡薄、能重用外人的特點，也就理所當然了。

商鞅變法後，秦以舉選官，除繼續保持原有的特點之外，又有了新的發展：即明顯地採用保舉制。所謂「保舉」，孫承澤《春明夢餘錄》釋云：「保舉者，舉其顯，復保其微；舉其始，復保其終。」由薦舉而為保舉，完全是與商鞅變法後秦實行法制的形勢相適應的。

秦之保舉，又稱作「任」。秦簡《秦律雜抄・除吏律》「任法（廢）官者為吏」、「嗇夫任之」，《法律答問》「任人為丞」，《史記・李斯列傳》「不韋任李斯為郎」等，均其用例。《漢書・汲黯傳》注引蘇林說：「任，保舉。」《史記・范雎列傳》載：「秦之法，任人而所任不善者，各以其罪罪之。」由此可知，秦之保舉制是以法的形式付諸實施的，任人者要對被任者的行為負法律責任。這正是保舉與法制相適應的反映，說明保舉制乃實行法制的必然結果。《史記》中往往還將「任」與「舉」連用，如《穰侯列傳》：「白起者，穰侯之所任舉也」。《通鑒》錄用此段文字，胡三省作注，徑直釋「任」為「保也」，這樣，含意更一目了然了。

保舉制之盛行，在秦昭王時期（前306 —前251）。秦史上因保舉不當而獲罪的典型事件——鄭安平降趙，就發生在昭王五十年（前257）。《通鑒》胡注云：「鄭安平匿范雎以見王稽，因此，入秦為相，故雎保任安平而用之。今安平降趙，故雎由此得罪。秦法：保任其人不稱者與同罪。」

眾所周知，范雎後受秦昭王的庇護，並未立即伏法，不過據秦簡《編年紀》可知，兩年後，范雎終因保舉王稽不當而與王同時被誅。《通鑒・秦紀三》云：「趙高……乃說二世曰：『今坐朝廷，譴舉有不當者，則見短於大臣，非所以示神明天下也。』」由此可知，保舉制在秦實行統一後仍然繼續實行。

秦還有徵士制度，實際是薦舉的派生物，故每每將二者合稱為「徵舉」。

酈道元《水經注·灤水注》有關於秦始皇三徵王次仲而不至的記載。此事又見《述異記》、《真仙通鑒》、《序仙記》、《仙傳拾遺》等，文字與《水經注》大同小異。其所記固然極富神話色彩，但仍不失為反映秦徵士制度的可貴記錄。就現有材料而論，秦之征士大致分為三種情況：一、徵為博士（見《史記·叔孫通列傳》）；二、徵吏之「最」者（見《漢書·蕭何傳》）；三、徵為丞相（見《秦會要訂補》卷十五引《宋書·自序》）。

《古今圖書集成·選舉典·徵聘部》記云：「秦以季春聘士。」實際上聘士即徵士。《古今圖書集成》之說，顯然本自《呂氏春秋·季春紀》。自秦以後，徵士之制歷代相沿，成為我國封建時代仕進制度的一個重要組成部分。

## 三、顯耕戰

戰國以降，隨著封建制的確立，世族政治為官僚政治所代替，而官僚政治的基本原則之一，即以功授官。秦自商鞅變法之後，即實行「效功而取官爵」的仕進新制。其中，顯耕戰是極重要的一項內容。

所謂耕戰，又稱農戰，亦即杜佑所說的「勝敵」「闢田」。法治主義者歷來視農戰為關係國家存亡的頭等大事，他們主張以官爵來鼓勵人民從事農戰。《韓非子·和氏》載：「商君教孝公，顯耕戰之士。」所以，耕戰成為商鞅變法後秦入仕的重要途徑之一。不過，耕與戰比較，以軍功入仕則更為突出。商鞅曾強調說：「利祿官爵摶（專）出於兵，無有異施也。」〔註12〕他把這種做法稱為「壹賞」，並認為「武爵武任，必強」〔註13〕。《史記·商君列傳》記述商鞅變法令：「宗室非有軍功，論不得為屬籍。」可見秦是嚴格執行「壹賞」的，因此齊人魯仲連稱它為「上首功之國」〔註14〕。胡三省注「上首功」云：「秦以戰而能斬首有功者為上，故曰上首功。」〔註15〕

關於秦以軍功授官爵制度的具體內容，《商君書·境內》記載最為詳細。然而其文字舛駁，十分難讀，某些地方迄今還未能完全搞明白。此外《韓非子·定法》、《荀子·議兵》、《史記》及雲夢秦簡中，亦有記載。由於記錄者著眼的角度不同，因此各自的側重點有所差別。不過綜括看來，其總的精神，誠如《史記·商君列傳》所云：「有軍功者，各以率受上爵。」這裡之所以單

〔註12〕《商君書·賞刑》。
〔註13〕《商君書·去強》。
〔註14〕《史記·魯仲連列傳》。
〔註15〕見《資治通鑒·周紀五》胡注。

言受爵而未言受官者，蓋因秦爵重於官，往往官爵合一的緣故。例如《史記》所記商鞅起家為左庶長，晉升為大良造，再升為商君，始終稱爵名而不稱官名；著名的商鞅三器，方升、戟銘稱鞅為「大良造鞅」、鐏銘稱「大良造庶長鞅」，亦稱爵而不稱官，即其證。再如樗里子起家右更，晉級嚴君，白起起家左庶長，晉級大良造；1948 年戶縣出土的秦封宗邑瓦書之「大良造庶長遊」、「左庶長歜」、「不更顝」三人題名，亦均為爵名而無官名，同樣可證。事實上，秦時受爵與佔有田宅、奴僕，享有種種特權等實際利益緊密相連，從一定意義上來看，受爵即受官，且受爵的好處還更多些（如爵可世襲等）。總之，爵是當時衡量人們社會地位的標誌，故《漢舊儀》云：「秦制爵等生以為祿位，死以為號諡。」

國外有些漢學家，根據《韓非子‧定法》所記「商君之法」關於斬一首爵一級可為五十石之官，斬二首爵二級可為百石之官的比例原則，力圖進一步確定斬首與官爵之遷的更具體的數量關係〔註16〕，這種過細的精神，無疑非常寶貴。不過，更值得注意的問題還在於：秦以軍功授官爵的制度付諸實行的真實情況，究竟是怎樣的？如眾所知，商鞅變法後秦對外戰爭規模不斷擴大，像著

〔註16〕茲以日本學者古賀登的研究成果為例，略窺一斑：

| 軍　　功 | 爵 | 相當官 |
|---|---|---|
| 斬首 1 級 | 1. 公士 | 50 石 |
| 斬首 2 級 | 2. 上造 | 100 石 |
| 斬首 3 級 | 3. 簪裊 | 150 石 |
| 斬首 4 級 | 4. 不更 | 200 石 |
| 斬首 5 級 | 5. 大夫 | 300 石 |
| 率 50 人得 16 首以上 | 6. 官大夫 | 400 石 |
| 率 100 人得 33 首以上 | 7. 公大夫 | 500 石 |
| 率 500 人得 166 首以上 | 8. 公乘 | 600 石 |
| 率 1000 人得 333 首以上 | 9. 五大夫 | 700 石～1000 石 |
|  | 10. 客卿 |  |
|  | 11. 左庶長 |  |
|  | 12. 右庶長 |  |
|  | 13. 左更 |  |
|  | 14. 中更 | 2000 石 |
|  | 15. 右更 |  |
|  | 16. 少良造 |  |
|  | 17. 大良造 |  |
|  | 18. 大庶長 |  |

上表摘譯自古賀登著《漢長安城和阡陌、縣鄉亭里制度》，雄山閣昭和 55 年版，第 378 頁。

名的長平之役即坑殺趙卒四十餘萬，倘以「商君之法」斷之，僅當封侯者何止千人！但秦侯爵今可考者卻甚微。《史記‧王翦列傳》記翦征楚臨行前對始皇言：「為大王將，有功終不得封侯。」足見秦封賞之難。再者，自秦惠王至昭襄王統治的 86 年之中，僅依《史記》各篇明文記載的斬首數字，即超過 150萬，若按「商君之法」授官爵；試想：哪裏有那麼多的官職讓立功的兵士去充當呢？此外，像召平之封東陵侯，是否因為軍功，迄今亦未能詳。以前述三端觀之，可知秦以軍功授官爵的制度，其實行情況必然相當複雜，所規定的斬首與授官爵的比例關係執行時當有一定的靈活性。

據漢高帝五年（前 202）詔令，可知秦漢時爵分高爵、低爵。就秦而言，「七大夫、公乘以上皆高爵也」，「秦民爵公大夫以上，令丞與亢禮」〔註17〕。爵分高低，體現了封建制度森嚴的等級界線，同時也是階級分野的反映。低爵之稱為民爵，高爵之稱為官爵，就正好說明了這一點。《後漢書‧百官志》注引劉劭《爵制》云：「吏民爵不得過公乘者，得貰與子若同產。然則公乘者，軍吏之爵最高者也。」可見因軍功受官爵是有條件限制的：即所獲爵位不能超過高爵，凡超過的級數，必須轉讓給兒子和兄弟。這樣，就使一般吏民不能輕易進入統治階級的行列，正如荀悅所說：爵位「各有差品，小不得潛大，賤不得逾尊」〔註18〕。從秦封侯難的史實，即可窺見，秦之高爵輕易不肯授人，一般所能得到的僅僅是低爵而已。當然，對獲得低爵者來說，也並非毫無意義。起碼它表示了政治上的榮譽和地位，而且可充當小吏，獲得減刑、「復其身及戶」、「乞庶子」等待遇。因此，軍功授官爵之制實行後，對驅民重戰，提高軍隊戰鬥力起了很大的作用。通過這種制度，培植起來的一批軍功地主和自耕農，遂成為支持秦進行統一戰爭的階級基礎。

正像世上一切事物總是一分為二的一樣，秦之軍功授官爵制度除了對當時歷史發展有它積極意義的一面之外，也不免還具有某些局限性。韓非就曾對它提出批評說：「商君之法……官爵之遷與斬首之功相稱也。今有法曰：斬首者令為醫匠，則屋不成而病不已。夫匠者，手巧也；而醫者，齊藥也；而以斬首之功為之，則不當其能。今治官者，智慧也；今斬首者，勇力之所加也。以勇力之所加，而治智慧之官，是以斬首之功為醫匠也。」〔註19〕儘管有些學者

〔註17〕《漢書‧高帝紀》。
〔註18〕《前漢紀‧文帝紀》荀悅曰。
〔註19〕《韓非子‧定法》。

認為韓非的批評不當，但是他指出的一個最基本的事實卻不容忽視：即以「勝敵」作為仕進之途是不可以長期實行的，更不會像杜佑所講的，是什麼「唯……而已」。這裡，明顯地存在著勇力與智力的矛盾。因為治政畢竟需要一定的知識水平和管理才幹，這自然遠非一介勇夫所能勝任。戰國號稱「大爭之世」，各國於政莫不奮勵求精，以秦之圖強，斷不會長行此製取仕而無所變更。事實上，自惠文王十年（前328）張儀相秦之後，秦入仕的主要途徑即發生了明顯的變化（說詳後）。

從上述不難看出，如果僅僅拘泥於軍功大小與授官爵高低之間的純數量關係研究，是遠不能揭示秦實行軍功授官爵制度的歷史真面目的。

秦時因闢田而入仕，主要體現在使民以糧穀捐官爵方面。《商君書·去強》云：「粟爵粟任，則強富。」《靳令》云：「民有餘糧，使民以粟出官爵，官爵必以其力，則民不怠。」可見商鞅等法治主義者是主張納粟拜爵的。不過，若就《史記·商君列傳》所記的「僇力本業，耕織致粟帛多者復其身；事末利及怠而貧者，舉以為收孥」的變法令來看，商鞅的著眼點，主要還在於以解放奴隸為賞，以貶為奴隸為罰，來推行重農主義的政策，並未涉及「以粟出官爵」之事。

有關秦真正實行納粟拜爵的記錄，現僅見於《史記·秦始皇本紀》。原來，始皇四年（前243）十月遇到蝗災，故行納粟拜爵，其明顯帶有臨時解救危機的性質，似與《商君書》所說「使民以粟出官爵」的本義，以及漢初經晁錯建議而實行的入粟受爵之法，均不盡同。值得注意的是，當時以糧穀捐官爵的比例為粟千石爵一級，若按李悝所述戰國初期五口之家耕耘百畝年收入150石來計算，則千石之粟近似於七個五口之家一年的總收入。可見這種辦法，僅僅是為新興地主階級進入官宦行列開放綠燈，而一般農民，當然可望而不可及。

自從杜佑把商鞅變法後的秦仕進之途，總括為「唯闢田與勝敵而已」後，世人幾乎咸口贊成，並無異議者。今細審秦以耕戰入仕的史實，可知杜氏之論，並不完全正確。首先，「唯……而已」的提法就欠妥當。事實上，勝敵與闢田僅僅是當時仕進途徑之一，而非惟一。其次，就闢田而論，由於全部秦的歷史上納粟拜爵之舉，僅一見，故其作為仕進之途，與勝敵相較，就顯得缺乏普遍意義。復次，即令是軍功人仕的本身，也在不斷變化之中。在商鞅變法後的一段時間裏，它曾成為秦仕進的主要途徑，但終因其固有的局限性，所以隨著時

間的推移，其在仕進上原有的重要地位，也就不能不被其他仕途所取代。

## 四、「出於客」

蘇軾總結宋以前歷代出仕之不同指出：

> 三代以上出於學，戰國至秦出於客，漢以後出於郡縣吏，魏晉
> 以來出於九品中正，隋唐至今出於科舉。〔註20〕

所謂「客」即「賓客」。戰國時，出於鬥爭的需要，養客竟相成風。齊之孟嘗君，魏之信陵君，趙之平原君，楚之春申君，皆以擁有大量賓客著稱於世。這些賓客，又被稱作「食客」，其特點是：「君有勢，我則從君，君無勢則去」〔註21〕。據《戰國策·楚策四》記載可知，凡客均著於「客籍」。

秦之有客，始於何時，現不可考。但穆公時，賓客活動的記錄，已屢見於史冊。《商君書·境內》記云：「有稅邑六百家者，受客。」意即有了六百戶的地戶和封邑，就可以養客。換言之，凡爵左庶長及其以上者，均有養客的資格。雲夢秦簡裏關於客的記載也很多。據《秦律十八種·倉律》可知，秦設有專門糧倉，以供客用，足見客在秦社會生活中佔有相當的位置。

客有等級之分，其尊者，稱「上客」。不過，「上客」還不是官。在秦由客而拜官，謂之「客卿」。《通鑒》胡注云：「秦有客卿之官，以待自諸侯來者，其位為卿，而以客禮待之也。」這是對於「客卿」較完整的解釋。然而，客卿之設，並不僅限於秦，此為胡注所遺漏者。由客而為客卿，則地位大變。客卿居卿之位可直接參與軍國大政，如《史記·張儀列傳》記儀拜客卿後「與謀伐諸侯」，《范睢列傳》記睢拜客卿後即「謀兵事」，等等。

秦之客卿，今有名姓可考者，據徐復《秦會要訂補》的統計，共九人：張儀、通、錯、胡陽、竈、壽燭、范睢、蔡澤、李斯。他們之中，除詳況不可考者外，大都經歷了從客（或上客），封為客卿，再封為相（即當國之正卿）這樣的升遷過程。像蔡澤的入仕，尤為典型。據《史記》本傳記載，蔡的升遷，完全遵循著「客（上客）──客卿──相（正卿）」這樣的公式而進行。

秦自惠文王十年（前328）由魏人張儀當國為相之後，形成了以客出仕的高潮。且看從這時起，直到始皇時的秦相，今可考者除樗里疾是宗族貴族，魏冉、芈戎、向壽是貴戚之外，其餘的張儀、公孫衍、樂池、甘茂、田文、樓

〔註20〕《論養士》。見《蘇文忠公全集》卷五。
〔註21〕《史記·廉頗藺相如列傳》。

緩、金受、杜倉、壽燭、范睢、蔡澤、呂不韋、徐詵、昌平君、隗狀、王綰、馮去疾、李斯等，基本上都具有客的身份，便足以證明這一點。再看此時期秦的主要封君，據楊寬教授的統計，七分之四「都是外來的有功的客卿」〔註22〕，亦可佐證。洪邁《容齋隨筆》，曾以「秦用他國人」為題，專論這一現象，認為秦「卒之所以兼天下者，諸人之力也」。洪亮吉《更生齋文甲二》，對秦仕進的這一特點，也曾作過歷史的、全面的考察，得出了「六國唯秦不用同姓」的結論。

一般地說，由客卿升遷為相（正卿），是需要以軍功為前提的。從張儀、范睢等拜客卿後，均歷時數載，立下以軍功為主的功勞之後，才得以拜相的史實來看，似與《商君書‧境內》關於客卿拜正卿的規定，基本吻合。另，今可考之秦客卿的史蹟，亦多為率兵征戰之事，足證他們尚須經戰爭的考驗。然而，當從客拜為客卿時，情況則完全不同。客每每與君主一席話談得投機，即可獲得客卿之位。在這兒，以客入仕與軍功授官爵制度明顯相抵悟。所以，惠文王十年張儀相秦便成為一個標誌，此後，儘管商鞅制定的軍功授官爵制度依舊實行，但其作為仕進主要途徑的地位卻明顯下降。在取仕方面，特別是高級官吏的任用，更多地則「出於客」。惠文王十年以後之所以出現以客入仕的高潮，主要原因當然出自秦與其他各國政治軍事鬥爭的需要；然而也不能不看到，它既是秦較早突破宗法制的繭縛，舉用外人的傳統特點的繼續和發展，同時也是秦統治者不斷總結仕進的經驗教訓，糾正軍功取仕弊端的必然結果。

由於客大量湧入秦的統治階層，就使得其內部原有的勢力平衡受到破壞，從而導致了統治集團內部權力鬥爭的必不可免。始皇十年（前 237），這一鬥爭因「鄭國渠」事件作導火線而總爆發。秦始皇起初聽信了「宗室大臣」的話，下令「大索逐客」，後又接受了被逐之客李斯的建議，「乃止逐客令」。顯然，鬥爭以客的勝利而告終。這對於秦廣納賢才、勝利實現統一，具有重要的意義。對此，只要看一看始皇時，為統一事業做出貢獻的文臣武將，除前舉之昌平君、隗狀、王綰、馮去疾、李斯等人外，另如王齮、茅焦、尉繚、桓齮、王翦、昌文君、王賁、李信、馮劫、王離、趙亥、馮毋擇、王戊、趙嬰、楊樛，蒙恬、宗勝等，亦出於客，也就不難理解了。所以人稱「秦固以客興」〔註23〕，是很

〔註22〕《論秦漢的分封制》。載《中華文史論叢》1980 年第一輯。
〔註23〕見羅大經《鶴林玉露》卷十三。

有道理的。

　　無疑，在客當中，遊士占極大的比例；從某種意義上講，客主要由這些人組成。所謂遊士，指專門從事游說的人。他們各引一端之術，馳說諸侯，一旦見用，便飛黃騰達。其入仕的特點，誠如趙翼所指出的：「或一言契合，立擢卿相」〔註24〕。秦自商鞅變法後，國力日強，統治者素懷問鼎之野心，久蓄兼併之雄志，因此被遊士視為用武的樂土。李斯之言：「秦王欲吞天下，稱帝而治，此布衣馳騖之時而游說者之秋也」〔註25〕，頗反映了當時遊士的一般看法。事實上，遊士在秦的活動，相當活躍，前舉的二十二位秦相之中，多為遊士一類人物，像張儀、范睢、蔡澤等，更堪稱遊士之典型。此外，如惠王時之夏人陳軫，始皇時之大梁人尉繚等，也都是因游說而受到重用的。

　　不過，應當看到，秦對遊士還有嚴格限制的一面。秦簡《秦律雜抄·遊士律》所規定的對遊士的嚴厲限制，即其證。再如《史記·范睢列傳》記范睢隨王稽入秦，途中被穰侯盤查一事，更能說明這方面的情況。秦之所以這樣做，目的在於防範遊士的間諜活動。穰侯盤查王稽一事，當還與秦宗室貴族和客的權力鬥爭有關。俞正燮云：「夫古人身經百戰而得世官，而以遊談之士加之，不服也。」〔註26〕可謂一語破的，指明了癥結。

　　「出於客」還有一種特殊類型，即由客先求為舍人，然後從舍人入仕。

　　「舍人」始見於春秋末。《史記·秦始皇本紀·集解》引文穎曰：「主廄內小吏官名。或曰侍從賓客謂之舍人也。」《漢書·高帝紀》顏注：「親近左右之通稱也，後遂以為私屬官號。」據《戰國策》、《韓非子》、《史記》、《說苑》等書的記載，可知戰國時魏、趙、楚、齊、秦等國均有舍人。從秦有關舍人的材料可知：

　　一、舍人與主人的關係遠遠超出一般關係的範圍：主人假公而亡，舍人接任其假；當主人獲罪，舍人亦連坐。〔註27〕

　　二、由於舍人與主人的特殊關係，故客欲附託於主人，多先求為舍人。〔註28〕

　　三、李斯發跡的歷史，是舍人入仕的典型。他所經歷的「客—舍人—郎

〔註24〕《陔餘叢考》卷十八《明初用人不拘資格》。

〔註25〕《史記·李斯列傳》。

〔註26〕《癸巳類稿》卷三《鄉興賢能論》。

〔註27〕見秦簡《秦律十八種·工律》、《史記·呂不韋列傳》。

〔註28〕見《史記·呂不韋列傳·李斯列傳》。

—長史—客卿—廷尉—丞相」這樣的遷升過程，即舍人入仕的正例。而像嫪毒那樣，由舍人封侯者，實乃特例。另外也有國君直接任命大臣的舍人為官者。〔註29〕

我國古代「宮官」、「府官」不分。秦並六國後，雖然建立了統一的國家，但直到三國時，政制仍是「宮中府中俱為一體」（諸葛亮語）。試看秦漢時期管理國家的最高官員——三公九卿，若就其起源而論，最初都是為國君個人服務的家臣或奴僕。這些人最接近國君，所以到後來權力就最大。正因為政制具有這一特點，所以作為主人「親近左右」的舍人，其容易入仕，自屬當然。

戰國時，還有主人直接任命舍人為封地佐吏者，與漢代公卿守令自辟掾屬頗相類似，如《戰國策・趙策一》所記「孟嘗君擇舍人以為武城吏」即其例。在秦的史料中，未見到此類記載。過去有人曾依據呂不韋任舍人李斯為郎一事，判定秦之公卿守令亦自辟除其掾屬〔註30〕，現從雲夢秦簡《秦律十八種・置吏律》有關規定來看，秦官員調任，原佐、吏一律不許帶至新任官府，因之，其自辟掾屬，更是不可能的事。實際上，呂不韋任李斯為郎，乃呂保舉李當秦王的郎官。

## 五、吏道

王充《論衡・程材》引張釋之言：「秦任刀筆小吏，陵遲至於二世，天下土崩。」王世貞《正士風議》云：秦「尊吏道，使仕道降」。《古今圖書集成・選舉典》引永嘉徐氏之論曰：「至秦任文法而責吏，始有為小吏而入仕，計功次而進官者矣。」秦這種從吏選官的做法，與《韓非子・顯學》所提出的「明主之吏，宰相必起於州部，猛將必發於卒伍」，正同出一轍。顯而易見，吏道取仕是商鞅變法後實行法制的產物。

《史記・淮陰侯列傳》記云：「（韓信）始為布衣時，貧無行，不得推擇為吏。」《集解》：「李奇曰：『無善行可推舉選擇。』」可見秦之取吏，需經「推舉選擇」。前文指出，此法極可能即鄉舉里選的變態或孑遺。其具體規定，今可考者有以下幾項：

一、被推擇者需有「善行」。

二、有一定年齡限制。據《史記・高祖本紀》及秦簡《秦律十八種・內史

〔註29〕見《史記・李斯列傳・秦始皇本紀・蒙恬列傳》。
〔註30〕見薩孟武：《秦的官僚政治及其文官制度》。載《新政治》七卷一期（1943年10月）。

雜》的記載，秦時為吏必當壯（30歲）以上。

三、家貧者不得被推擇，如韓信即其列。據秦簡《法律答問》可知，秦基層官吏係由「衛（率）敖」（即豪帥）擔任，一般貧民並無進身之望。

四、實行保舉制，即「推舉選擇」者要對被「推舉選擇」者承擔法律責任。

秦之取吏，除「推擇」一途外，還通過考試的辦法，從17歲以上的學僮裏選拔從事文書職務的員吏。《說文・敘》及《漢書・藝文志》節錄漢《尉律》文，記載了漢初以試取吏的制度。大家知道，當年蕭何草律，乃「捃摭秦法」，故《尉律》所記，必然也反映了秦的情況。現以秦簡證之，《編年紀》載：「今（指秦始皇）……三年……八月，喜揄史。」該年喜19歲，被進用為史，與《尉律》「學僮十七已上始試」的規定，完全相合。可見漢初以試取吏之法，正是沿襲秦制。對於「學僮」，歷來尚無人詳作解釋。據秦簡記載，秦有「學室」之設置。秦律規定：「非史子殹（也），毋敢學學室，犯令者有罪。」可見「學室」是一種培養從事文書人員的專門學校；而所謂的「學僮」，即在「學室」中學習的「史子」。秦簡《編年紀》中的喜，顯然出身「史子」，是由「學僮」經過考試被擢用為史者。

試學僮的具體做法，一是「諷」。「諷」亦即「誦」。據《戰國策・秦策五》所記異人見秦王後「王使子誦」的史實可知，此為秦時進行人事考察的常法。漢初規定「諷書九千字以上」才能為吏，想來秦的規定，當與此相去不遠。試學僮的具體做法，二是試寫各式字體。賈誼《新書》云：「胡以孝悌循順為，善書而為吏耳。」足見古時之文史，除了掌握一定數量的字之外，還得會寫各種字體。許慎所記漢試學僮用八體（即秦書八體：大篆、小篆、刻符、蟲書、摹印、署書、殳書、隸書），而《漢書・藝文志》所記則為六體（即新莽改定之六體：古文、奇字、篆書、隸書、繆篆、蟲書）。對此，王鳴盛曾作考證，認為「許說是漢志非也」〔註31〕。若僅就秦而論，所試為八體，自屬無疑。經過以上兩方面的「試」之後，以其優異者，則委以「尚書御史史書令史」一類較重要的職務。

然而，不論是推擇之吏，抑或經考試所取之吏，都要經過「試用」。這種做法，大概源自遠古的制度。《史記・五帝本紀》載，堯時已行此制。秦時任用官吏，規定試守一年，稱職者，方得為「真」，食全俸。《史記・高祖本紀》記劉邦「試為吏，為泗水亭長」，《夏侯嬰列傳》亦載「嬰已而試補縣吏」。關

〔註31〕《十七史商榷》卷二十二《試學僮六體首古文誤》。

於「試」，據《漢書・高帝紀》注引應劭說，即「試用」之意。秦簡《編年紀》載，始皇三年八月喜進用為史，於次年十一月，被除安陸御史，可見他也是經試署一年之後，才得以為「真」的。

這裡還有一個「文無害」的問題，亦須順便說明。《史記・蕭相國世家》記云：「蕭相國何者，沛豐人也，以文無害為沛主吏掾。」「文無害」《漢書》作「文毋害」，歷代注家，如東漢之服虔、應劭，曹魏之蘇林，孫吳之韋昭，晉之晉灼，劉宋之裴駰，蕭梁之劉昭，唐之司馬貞、顏師古，趙宋之劉奉世，清之王先謙，以及近現代學者楊樹達、陳直等，對其均有詮釋。各家之說，乍看起來歧異甚大，但若細加尋繹，則不難發現，其主旨卻基本相同——無非講蕭何是一位出色的人物，因此被擢用為「主吏掾」，只不過一些人的注釋著眼於品德出眾，另一些人的注釋著眼其才幹出眾，還有一些人的注釋是諸說並舉或熔諸說於一爐罷了。關於「主吏」，舊說謂為功曹，陳直先生曾訂正指出：「主吏當作郡縣屬吏中之主要職位而言，不專指一吏之名。」〔註32〕由此可知，「文無害」係秦時選取「主吏」的標準。日人中井積德認為其有如「後世科目」〔註33〕，還是有些道理的。又，據秦簡《秦律十八種・置吏律》可知，吏之「無害者」還能代理「官嗇夫」的職務，而一般的佐、史是絕對不能這樣做的。

由吏入仕，主要通過考課制度實現。考課之制，起始甚早《尚書・堯典》即記有「三載考績三考黜陟」的規定。古時考核優劣，稱為「殿」「最」。《漢書・宣帝紀》顏注：「殿，後也，課居後也；最，凡要之首也，課居先也。」《文選・答賓戲》注引《漢書音義》：「上功曰最，下功曰殿。」過去，有關秦課殿最的制度，所知極少。孫楷《秦會要》也才收了一條材料。即《史記・蕭相國世家》「蕭何給泗水卒史事第一。」自云夢秦簡問世後，方使人們的視野為之擴展。例如秦簡《秦律十八種・廄苑律》詳細記載了對負責耕牛的田嗇夫、牛長的考課時間、辦法，以及給予「最者」、「殿者」的賞罰規定，這就使我們對於秦考課制度的認識比較具體了。再如《語書》所記關於「良吏」與「惡吏」的劃分等，亦為極重要的資料。

有關考課的實施，大致可分以下幾種情況：

〔註32〕《漢�ּ他君石祠堂題字通考》。載《西北大學學報》(哲學社會科學版) 1979 年
　　　　第四期。
〔註33〕轉引自《史記會注考證》卷五十三。

　　一、正常的考課，郡縣結合上計制度而行。上計之制始於春秋。《史記‧范睢列傳》記王稽拜河東守「三歲不上計」，說明秦行此制。據《周禮‧天官‧小宰》鄭注、賈疏，《後漢書‧百官志》司馬彪本注及劉昭引胡廣曰（實為胡《漢宮解詁》注文），可知郡縣官吏政績的考課，本係上計內容之一。另從《史記‧蕭相國世家》所記「秦御史欲入言徵何」的史實知道，秦時郡守考課其掾屬，還要受監郡御史的監督。關於中央各部門的考課，如眾所知，漢代中央各部門長官對其僚屬負有考課之權，如《漢書‧敘傳》記班況為上河農都尉時，「大司農奏課連最，入為左曹越騎校尉」，即其證，以此推斷，秦制當亦如之。

　　二、非常之考課，由上級部門隨時直接派員案行。秦簡《語書》所記：「今且令人案行之，舉劾不從令者，致以律，論及令、丞。有（又）且課縣官，獨多犯令而令、丞弗得者，以令、丞聞。」即屬這類情況。

　　三、軍隊之考課，一般多隨戰鬥進行。《商君書‧境內》記云：「其攻城圍邑也……將軍為木壹（臺），與正監，與正御史參望之。其先入者，舉為最啟；其後入者，舉為最殿。」即其例證。這裡的「啟」即「最」。《論語‧雍也‧集解》引馬注：「殿在軍後，前曰啟，後曰殿。」可見「啟」與「最」正是同義。

　　通過考課，對於「最」者，給予獎勵、擢升，對於「殿」者，做出應有的懲處。關於「最」者的擢升，或直接被徵召，但更多的則是經積勞而予升遷。所謂「勞」，即「勞績」。《左傳》僖公九年、昭公五年有「加勞」、「不賞私勞」的記載，足見春秋時「勞」已成為人事考察的重要標準之一。勞績通常總用時間單位如日、月、歲等來計算，有功即「賜勞」若干，有過則罰奪若干。秦漢時普遍採用這種做法。如秦簡《秦律十八種‧廄苑律》：「卒歲，以正月大課之，最，……賜牛長日三旬；殿者，……罰冗皂者二月。」《居延漢簡甲編》1542：「功令第卅五：士吏、候長、烽燧長常以令秋試射，以六為程，過六，賜勞矢十五日。」《史記‧馮唐列傳‧集解》如淳引《漢軍法》：「不行奪勞二歲。」等等，均其證。《史記‧酷吏列傳》云：「（趙）禹以刀筆吏積勞，稍遷為御史。」漢代像趙禹這樣積勞升遷的實例，不勝枚舉。實際上，漢制正是因襲秦制而來。

　　秦簡《秦律雜抄》記有一條《中勞律》，文云：「敢深益其勞歲數者貲一甲，棄勞。」「中勞」一詞，亦常見於漢簡，如《居延漢簡甲編》114：「中勞二歲」；

2359：「中勞三歲六月五日」等等。秦簡整理小組考證，《中勞律》即「關於從軍勞績的法律」。可見，秦時不僅一般官吏行「積勞」之制，而且軍隊中亦實行之。

由吏而入仕，另條路為「吏誰從軍」，因軍功受官爵。據秦簡《編年紀》載，此令始於秦昭王五十三年（前 254）。「誰」字，陳直先生考證：「應為推字之誤釋」〔註34〕。《釋名・釋言語》亦云：「誰，推也。有推擇，言不能一也。」關於此令之實施，一見於《史記・秦始皇本紀》，再見於秦簡《編年紀》。另從《商君書・境內》可知，自商鞅變法以來，秦就有行政官吏參戰的制度，「吏誰從軍」，當是它的進一步發展。

此外，某些秦器題銘，還反映了秦工官系統由吏人仕的升遷情況。

《三代吉金文存》卷二十及《小校經閣金石文字》卷十，載有秦始皇五年呂不韋戈，其銘云：「五年，相邦呂不韋造，詔事圖，丞戠，工寅，詔事，屬邦。」此戈為秦中央政府督造之兵器，「相邦」即最高督造者，「詔事圖丞戠」相當於漢代冶鑄銅器的省者，即司造者，「工寅」為造器者。1962 年廣州東郊羅岡 4 號秦墓出土一銅戈，其銘文中又出現了「戠」這個人，但職稱已不是「丞」，而是「工師」。

工師之稱，屢見於秦器題銘，其中又以戈銘為最，如十四年相邦戈、二十一年相邦冉戈、丞相觸戈、上郡守趞戈、上郡守廟戈、上郡守趞戈等等。雲夢秦簡裏，也有關於工師的記載。在其他六國出土器物題名上（如齊器、楚器、三晉器等），在古文獻裏（如《左傳》、《戰國策》、《呂氏春秋》、《荀子》、《禮記》、《史記》、《說苑》等），工師亦常見。秦器銘中，工師又作「工宰」，見 1978 年寶雞建河出土秦戈題銘。據《左傳》定公十年杜預《集解》可知，工師為「掌工匠之官」。《禮記・月令》鄭注則曰：「工官之長。」又《史記・五帝本紀・正義》：「工師，若今大匠卿。」《荀子・王制》記工師職掌云：「論百工，審時事，辨功苦，尚完利，便備用，使雕琢文采不敢專造於家，工師之事也。」戰國時，大約每一設有冶鑄業的城市都設立工師一人，其為官員，當屬無疑。關於「丞」，據李學勤先生的考證，認為與漢代管理冶鐵和鑄幣的員吏「丞」相當〔註35〕。所以，「戠」由丞而為工師，是秦器銘反映的秦工官系統由吏入仕的一個典型實例。

〔註34〕　《略論雲夢秦簡》。載《西北大學學報》（哲學社會科學版）1977 年第一期。
〔註35〕　《戰國時代秦銅器》。載《文物參考資料》1957 年第八期。

以上僅就秦吏道入仕諸問題，略作爬疏。吏，號稱「親民之官」，直接與廣大民眾相接觸，故其設置當否關係甚大。秦簡中有所謂《置吏律》、《除吏律》，足見秦統治者對置吏之重視。《置吏律》秦簡裏凡三見，《除吏律》僅一見。儘管這些遠非律文全貌，但秦吏道之嚴密，可窺大概。另，秦簡其他部分亦有涉及吏道者。如《秦律十八種・內史雜》所記關於「下吏能書者毋敢從史之事」等等。特別是《為吏之道》，實際上即如何做吏的教科書。凡此種種，無不證明前人關於秦尊吏道之論，是符合歷史實際的。至於秦統一後，實行「以吏為師」的問題，詳見下節，這裡則不贅述。

## 六、通法入仕

《商君書・定分》記有法官法吏制。這實際是為了「明法」倣仿以師傳授先聖之書的做法，而設置的一種特殊官吏制度。按此制所設置的法官、法吏，負有解答吏民關於法令的問題、核對及頒布法令的職責。對於此制是否付諸實行，過去一直不大清楚；自云夢秦簡出土後，才把謎底揭開。秦簡《法律答問》《秦律十八種・尉雜》、《語書》、《秦律雜抄・除弟子律》等，都直接反映了法官法吏有關職責行使的情況，因此可以肯定，這一制度在秦確實曾付諸實行〔註36〕。

根據法官法吏制的規定，凡通曉法令者，即有可能入仕。具體來講：

一、通曉法令者，直接被任命為法官法吏。這就是《商君書・定分》所說的：「為法令置官吏，樸足以知法令之謂者，以為天下正，則奏天子。天子則各主法令之，皆降受命，發官。」

二、經過限期學習，而明曉法令者，可遞補法官法吏。此即《定分》所說的：「主法令之吏有遷徙物故，輒使學讀法令所謂，為之程式，使日數而知法令之所謂，不中程，為法令以罪之。」

《韓非子・有度》云：「明主使法擇人，不自舉也；使法量功，不自度也。」秦自商鞅變法以來，即實行嚴格的法治，凡事皆斷於法，選拔人才方面，亦必然貫徹「使法擇人」的精神，因之，王應麟講：「秦貴法吏。」〔註37〕所以，通法入仕，誠為商鞅變法後秦仕進的又一途徑。湖北雲夢睡虎地十一號秦墓之所以埋葬了那麼多有關法律的竹簡，而且絕大多數又是供學習法令使用的，繹

---

〔註36〕說詳拙稿《略談秦的法官法吏制》。載《西北大學學報》（哲學社會科學版）
1981 年第一期。
〔註37〕《玉海》卷一百一十七。

其原因，蓋與此有直接關係。

另，應劭《漢官儀》所記漢之四科取仕，其中有「明達法令」一科。章俊卿《山堂考索續集‧流品》曾以張湯為例，論述漢代以法律進身之情狀，再看看《漢書‧鄭崇傳》所記崇父賓「明法律為御史」，以及《薛宣傳》所記宣「以明習文法詔補御史中丞」的史實，足證漢代通法確能入仕。由於漢承秦制，故此亦為秦通法入仕的一個旁證。

秦時，通曉法令除可做法官法吏外，還存在被國君舉以為官的可能。《史記‧蒙恬傳》記云：

趙高者，諸趙疏遠屬也……秦王聞高彊力，通於獄法，舉以為中車府令

這自然是非常典型的一個例子。

以上即秦通法入仕之大貌。由於資料有限，其更詳細的情況，已不可考。需要指出的是，秦之通法入仕，自公元前213年後，發生了重大的變化。為了說明這一問題，還得先從韓非談起。

大家知道，韓非是戰國時代法家思想的集大成者。他承繼並發展了《商君書‧定分》關於設置法官法吏的思想，提出了「法為官師」、「燔詩書而明法令」及「聽吏從教」等一系列極端化主張〔註38〕。《韓非子‧五蠹》所謂的「明主之國，無書簡之文，以法為教，無先王之語，以吏為師」，即這種主張的典型說教。秦並六國後，由於實現統一的巨大勝利，使得秦的統治者把法制絕對化。這樣，韓非那種極端主義的理論，也就具備了蕃衍的社會土壤。始皇三十四年（前213），韓非的同學，當時身居秦朝丞相要職的李斯，借議博士淳于越關於師古實行分封制的建議之機，極力向秦始皇推售韓氏的極端主義學說。他提議：「史官非秦記皆燒之。非博士官所職，天下敢有藏《詩》、《書》、百家語者，悉詣守、尉雜燒之。有敢偶語《詩》、《書》者棄市。以古非今者族。吏見知不舉者同罪。令下三十日不燒，黥為城旦。……若欲有學法令，以吏為師。」〔註39〕結果，秦始皇採納了這個意見。於是乎，韓非的主張，在秦終於變成現實。這樣一來，法（「以法為教」）與吏（「以吏為師」），便幾乎壟斷了秦仕進之途。

北宋著名的文學家蘇軾，在其《論養士》一文中曾尖銳地指出：

〔註38〕見《韓非子‧說疑‧和氏‧詭使》。
〔註39〕《史記‧秦始皇本紀》。

> 始皇……既併天下……於是任法而不任人，謂民可以恃法而治，
> 謂吏不必才取，能守吾法而已，故墮名城、殺豪傑，民之秀異者，
> 散而歸田畝……

顯然，東坡之論，是有見地的。不過，古往今來，凡搞極端化、絕對化，總是沒有出路的。秦自實行李斯的建議之後，僅過了暫短的六年時間，偌大的王朝，便在農民戰爭的烈火中覆滅了！

## 七、幾種特例

### 1. 告姦

《史記‧商君列傳》記商鞅變法令云：「令民為什伍，而相牧司連坐。不告姦者腰斬，告姦者與斬敵首同賞，匿奸者與降敵同罰。」《索隱》：「謂告姦一人則得爵一級，故云『與斬敵首同賞』也。」據《韓非子‧定法》：「爵一級，欲為官者為五十石之官。」可見，自商鞅變法後，告姦亦為入仕途徑之一。故賈誼講：秦「所上者告訐也。」〔註40〕

秦告姦之法，除上述一般性的規定外，還有關於官吏告姦的特殊規定。《商君書‧賞刑》記云：

> 守法守職之吏有不行王法者，罪死不赦，刑及三族。周官之人，
> 知而訐之上者，自免於罪，無貴賤，尸襲其官長之官爵田祿。

這就是說，官吏告姦者，即可襲代被告官長的官爵。此實為出仕一捷徑。

### 2. 童子仕

古今中外，都曾出現過一些年幼才俊的神童。我國歷代在入仕方面，每每給這些智力早熟的少年以破格的待遇，如漢之「童子郎」，唐、宋之「童子科」等等。《宋史‧晏殊傳》記載：「殊以神童薦，帝召殊與進士千餘人並試其中，殊神氣不攝，援筆立成。」神童之才華橫溢、智慧超群，由此可見一斑。

劉向《新序》記云：

> 齊有閭丘邛，年十八，道遮宣王曰：「家貧親老，願得小任。」
> 宣王曰：「子年尚稚，未可也。」閭丘邛對曰：「不然，昔有顓項行
> 年十二，而治天下，秦項橐七歲為聖人師……」

毫無疑問，秦之項橐是位神童。關於他，《史記》卷七十一記云：「大項橐生七歲為孔子師」，但更多的細節，並未敘述。估計這位項橐，極可能是位傳

---

〔註40〕《新書‧保傳》。

說中的人物。因此，尚不可完全據以為信史。

有關秦以童子入仕的可靠記錄，當屬甘羅。據《史記・甘茂列傳》記載，羅為甘茂之孫，原事秦相呂不韋，因說張唐相燕，及出使趙國，為秦立功，年十二被拜為上卿。司馬遷稱讚他說：「甘羅年少，然出一奇計，聲稱後世。」〔註41〕

唐人李端曾有《贈趙神童》詩一首曰：「聖朝殊漢令，才子少登科。每見先鳴早，常驚後進多。獨居方寂寞，相對覺蹉跎。不是通家舊，煩勞文舉過。」〔註42〕若以秦甘羅之事蹟觀之，李端所詠誦，並非過譽。

### 3. 因君所好

《尸子・處道》云：「孔子曰：君者盂也，民者水也；盂方則水方，盂圓則水圓。上何好而民不從？昔者句踐好勇，而民輕死；靈王好細腰，而民多饑。夫死與饑，民之所惡也，君誠好之，百姓自然。」在仕進方面，也同樣如此。歷代因國君所好，而破例授官者，史不絕書。秦當然也不例外。

《史記・秦本紀》記載：

> 武王有力好戲，力士任鄙、烏獲、孟說皆至大官。王與孟說舉鼎，絕臏。

這位秦武王可堪稱秦時因君所好而授官的典型。事實上，君王出於一時的高興，或其他什麼偶然性的原因，濫用權力，封爵拜官，亦為常事。例如公元前119年，秦始皇登祭泰山，當下山時，「風雨暴至，休於樹下，因封其樹為五大夫。」〔註43〕另如《戰國策・秦策五》所記楚人獻則關於因秦太后不善而不能在秦為相，及取悅太后則必相的一席談話，同樣反映了秦時因人君所好而授官爵的問題。

《左傳》襄公二十一年，記州綽言云：「君以為雄，誰敢不雄？」把這句話移用於仕進，豈不正是「君以為官，誰敢不官」麼！

### 4. 收降

《古今圖書集成・選舉典》於選舉分類，有歸誠部，專記歷代收降拜官之事。清代統治者之所以這麼做，顯然旨在勸誘那些具有民族氣節的人投降。不過，就事實而論，歸降為官，亦可算作仕進一途。

秦之收降拜官，約可分為三種類型：

---

〔註41〕《史記・甘茂列傳》太史公曰。
〔註42〕引自《全唐詩》。
〔註43〕《史記・秦始皇本紀》。

一、賢者降秦，受到重用。如《史記‧秦本紀》所記穆公時西戎賢者由余降秦被重用，使秦「益國十二，開地千里，遂霸西戎」。

二、他國卿大夫在本國遭誅，其後代奔降秦者。如《史記‧秦本紀》所記晉丕鄭之子丕豹，當其父遇難後，奔秦被穆公重用為將，即其例。

三、別國官吏降秦被任用者。這種類型例子較多。特別是隨著秦統一戰爭的勝利進行，接受六國的降官、降將，自屬當然之事。不過，這方面的典型，還應數秦簡《語書》的頒發者——南郡守騰。據陳直先生考證，南郡守騰與《史記‧秦始皇本紀》中出現的韓南陽郡假守騰及秦內史騰實為一人〔註44〕。原來，韓南陽假守騰於始皇十六年（前231）降秦，並獻韓南陽郡，於是被秦拜為內史，後遷南郡守。

## 結語

通過以上的考述，對於秦之仕進制度可以概括出如下幾點認識：

一、秦仕進制度隨著秦歷史的發展而不斷有所演變，其過程大致分作三個時期：

商鞅變法之前是第一期。此期又可劃分為兩個發展階段：

1. 穆公以前，為世官制度；

2. 從穆公開始，是世官與薦舉並行。

商鞅變法至統一六國是第二期。此期的主要仕進途徑是：

1. 保舉；2. 軍功；3. 客；4. 吏道；5. 通法。

在主要仕途之外，還有世官的遺存，及四種出仕特例（某些特例的時限還可上溯下延）。

統一後是第三期。在這一時期，商鞅變法以來所形成的仕進途徑，基本上被保留下來，但也有變化。如以客入仕，由於實現了統一，統治者「以客為無用」（蘇軾語），故此途實際便告泯滅。再如徵士，今可考的史實，全是統一後的，可見此途在這時有明顯發展。從始皇三十四年（前213）開始，由於實行李斯建議，於是此後仕進，大多出自「法」、「吏」二途。

二、商鞅變法後入仕的五種主要途徑，構成了秦仕進制度的主體。這五者既有各自的興衰變化，又有相互的雜錯交融。保舉極盛的秦昭王時期（前306～前251），往往出現當國之相保舉自己親近之人為將，而將、相又幾乎同進

〔註44〕《略論雲夢秦簡》。載《西北大學學報》（哲學社會科學版）1977年第一期，

退的有趣現象。如魏冉為相，保舉白起為將，范睢為相，任鄭安平為將；當魏罷相，則白見殺，鄭降趙，則范去位。軍功授官爵是推行「農戰」的重要措施，其作為仕進途徑，盛行於孝公初期至惠文王初期（約前 359～前 328）。從惠文王十年起至秦統一（前 328～前 221），則是以客入仕的高潮期。由客拜為客卿，完全不同於軍功授官爵的原則；但由客卿拜相，卻必須以立有軍功為前提，反映了軍功與客這兩種仕途的融匯交著。吏道和通法都是秦實行法治的產物。這兩種仕途的極盛，顯然在秦王朝最後六年時間。

三、由於秦歷史發展的特殊性，造成了其仕進方面的一個顯著特點，即能重用外人。這使得人才大量薈萃於秦，對秦的統一事業起了重大作用。

四、杜佑對於商鞅變法後秦仕進途徑的概括，僅僅反映了變法後一個時期的情況，因此，有較大的片面性，應予以修正。

1981 年 4 月四稿

原載《中國史研究》1982 年第 1 期

# 漢代選官制度的層次分析

　　「層次」是現代科學研究中普通應用的一個概念，它主要指事物有序地分層。一般認為，世界上的萬事萬物，都具有層次結構。以物質為例來看，其層次結構可分為兩類：一類是水平層次，另一類是圈層。不同層次的物質具有个同的物質形態，性質也各不相同，而且服從不同的規律。不同層次的物質具有相對的獨立性，但各層次之間又都處在普遍的相互作用和相互聯繫之中。物質結構的層次是無限的，普遍的。各層次之間既有質的差別，又有內在的聯繫。使用這種觀點來考察漢代的選官制度，似可按仕途的區別將其層次結構剖解如次：

## 一、察舉

　　所謂「察舉」，通俗地講，就是考察後予以薦舉的意思。它的萌芽，一般都追溯到漢高帝晚年的求賢詔；而正式產生，則在漢文帝時期。察舉選官，大體要經過這樣幾個步驟：

　　　1. 皇帝下詔，指定舉薦科目；

　　　2. 丞相、列侯、公卿及地方郡國按科目要求薦舉人才；

　　　3. 皇帝親自對被舉者進行策問；

　　　4. 據對策的高第下第不同，區別授官。

　　漢武帝時期，察舉進一步完善，並真正確立了它在兩漢選官制度中的主導地位。首先這時察舉的標準有了明確的規定。公元前 140 年，武帝下令「罷黜百家，獨尊儒術」，從此開創了以儒學察舉取士的新時代。其次，這時察舉突破了原來僅限於現任官吏的範圍，而擴大至布衣之士。再次，這時察舉的科目

有所增加。最後，也就是特別重要的，這時產生了歲舉性的科目。據《漢書·武帝紀》載，兩漢察舉最重要的歲舉孝廉一科，是從元光元年（前 134）開始實行的。這樣，察舉制以歲舉性科目的產生為標誌，步入其成熟階段。

漢代察舉的科目，由皇帝根據需要而定，因此名目很多。不過歸納起來，可分作常科與特科兩大類。常科即經常性的科目，一般皆指歲舉。特科即特別指定的科目，又可細分為常見特科與一般特科兩種。各科目的具體情況是：

常科

1. 孝廉。一種按孝子、廉吏標準察舉人才的科目。其特點一為歲舉，二是一定要由郡國向朝廷舉薦，三有人數限制。東漢和帝時，改變原來每郡歲舉二人的舊制，實行按口率歲舉之法〔註1〕。每年所舉孝廉人數，大體在 200 人左右〔註2〕。孝廉一般被授予級別不高的郎官，即皇帝侍衛隊的成員。

2. 茂才。此科與孝廉一樣，同為漢武帝所創。原稱秀才，即秀美之才的意思，東漢時因避光武帝劉秀之諱才改稱茂才。這是比孝廉更高一級的察舉。雖然上自中央的三公、將軍，下到地方的州刺史，皆可察舉茂才，但每年所舉僅 20 人左右，約為孝廉人數的 1/10。茂才任用較重，其絕大多數被委以縣令或與之相當的官職。

3. 察廉。又稱廉吏科；是一種長官按年選拔廉潔優秀屬吏予以升遷的科目。所選拔對象大體限於斗食（東漢桓帝後改為秩滿百石）至六百石之吏員，一般均根據本秩直接遷補，而且一次被察舉之後，還可再次被察舉，具有明顯的考課性質。其舉主廣泛，自中央公卿，到地方郡縣，以及率兵將軍，均可察舉。過去論者每每將此科與孝廉混為一談，是不對的〔註3〕。

4. 光祿四行。也是限於從已仕官吏範圍內察舉的科目，或簡稱四行，始於元帝永光元年（前 43）。四行具體指「質樸、敦厚、遜讓、有行者」（或作「敦厚、質樸、遜讓、節儉」）。此科舉主只限於光祿勳，由其每年在三署郎及

〔註1〕按口率歲舉法規定：「郡國率二十萬口歲舉孝廉一人」，「不滿二十萬二歲一人，不滿十萬三歲一人」（《後漢書·丁鴻傳》）。後又對邊郡給以特殊照顧，規定「緣邊郡口十萬以上歲舉孝廉一人，不滿十萬二歲舉一人，五萬以下三歲舉一人」（後漢書·和帝紀》）。

〔註2〕西漢時歲舉孝廉人數約為 206 人，東漢永元按口率歲舉前約為 189 人，按口率歲舉之後約為 228 人。詳拙著《秦漢仕進制度》第九章，西北大學出版社 1985 年版，第 102 頁。

〔註3〕參見拙文《察舉制研究的重大突破》（《北京大學學報》哲社版 1992 年第 5 期）、《漢代的選廉制度》（《唐都學刊》1998 年第 1 期）。

從官中，以四行的標準選拔人才予以擢升。

特科

1. 賢良方正。即德才兼備之意，為常見特科中最主要的科目。此科大多是在遇到日食、地震、奇異星象及各種自然災害之後舉行。當時流行的觀點認為，各種災異是上天對人間帝王的批評、告誡甚至譴責，一旦天降災異，皇帝就得下詔罪己，並招納賢才，廣開直言之路，以改正彌補過失。此科的舉主，基本限於在王、侯以及中央和地方官員中，由皇帝指定。察舉出來的賢良方正，送至京師後還要經皇帝策問。對策的內容，主要是談論治國之道或分析歷代興衰變化的原因。策試無人落選。其高第者大都被授以秩比六百石以上的官職，下第者的任用亦基本與孝廉相同。

2. 賢良文學。亦為常見特科中較重要的科目。漢時文學與儒是同一概念，自武帝獨尊儒術後，此科詔舉出現了空前的熱潮。昭帝時，文學又單獨作為察舉科目出現。舉文學與舉賢良一樣，也多是在遇到災異時，帝王表示罪己才詔舉的。

3. 明經。即由郡國察舉通曉經學的人，屬一般特科。由於所舉明經需按射策加以策試，故有明經射策之科。所謂射策，即一種抽籤考試。東漢時又產生了按郡國口率貢舉明經的新規定〔註4〕。

4. 明法。即察舉通曉律令文法之人，為一般特科。漢代統治者表面上號稱獨尊儒術，實際上並未完全放棄法家之說，其選拔人才除重視儒生外，亦重明法之士。

5. 至孝。兩漢統治者標榜以「孝」治天下，故察舉尤為重「孝」，所以在孝廉之外又設此科，也屬一般特科。

6. 有道。或稱有道術之士、有道之士，為一般特科。漢代所謂道術，或指治道的方法，或指天文（包括占侯、星占）、醫學（包括巫醫）、神仙術、占術、命相、遁甲、堪輿等，或指讖緯之學。在某些地方，道又作道德講，有道之士即有道德之士。

7. 敦厚。即察舉具有敦厚品德的人，屬一般特科。此科之選，大多也是遇到日食、地震之類災異後，帝王為表示罪己的誠意而採取的求賢措施。

8. 尤異。把治績特別好的官吏選拔出來，使之擔任更高一級的職務，稱舉尤異，亦屬一般特科。

〔註4〕漢章帝元和二年（公元85）詔書規定：「令郡國上明經者，口十萬以上五人，不滿十萬三人」（《後漢書‧章帝紀》）。此後郡國舉明經即依此為準。

9. 治劇。一種與尤異十分相似的察舉一般特科。漢時郡縣因治理難易程度有劇、平之分，凡能治理老大難郡縣的官吏稱治劇。其察舉也限於現任官吏範圍之內。

10. 勇猛知兵法。或簡稱舉勇猛士，為一般特科。是因軍事需要而採取的應急措施，多見於「災變不息，盜賊眾多」之時。

11. 明陰陽災異。即察舉明習陰陽災異學說之人，屬一般特科。這是當權者為解決某種危機而乞靈於數術迷信的措施。

## 二、辟除

辟除或稱「辟舉」、「辟署」、「辟召」等，它是高級官吏任用屬員的一種制度。一般說來，此途入仕需分兩步進行：即先辟為掾屬，然後再由掾屬陞轉。如果依據辟主為基準，辟除可分作：

### 1. 中央長官辟除

在這一類型中，最主要的是公府辟除。公府具體指三公府，即丞相（司徒）、太尉（司馬）、御史大夫（司空）府，簡稱作三府。另漢世還有四府（太尉、司徒、司空、大將軍府）、五府（太傅、太尉、司徒、司空、大將軍府）之稱。所以廣義的公府，當指三公以外加太傅、大將軍府的統稱。

公府辟除，一般都是「自辟除」——即由長官自行任用屬員〔註5〕。但也有皇帝敕令公府辟召的特例。被公府辟除者，或為處士，或為州郡吏，或為孝廉，或為郎，或為其他官吏，或為免官閒居者，個人資歷多種多樣。其被辟後出仕大率有兩途：一由辟主私人薦舉，一經多種察舉科目，進而出補中央官或外主州郡。由於公府屬吏地位比較重要，故其出仕升遷一般都十分迅速，誠如崔寔《政論》所云：「三府掾屬，位卑職重，及其取官，又多超卓，或期月而長州郡，或數年而至公卿」。

三公以外的九卿及其他中央長官亦可辟除屬吏。由於時人以公府辟除為上，英才俊士均爭相依秉，故史籍所錄，絕大多數都是公府辟除，而九卿等中央長官辟除的實例卻極為罕見。東漢時還有「特闢」之例，即專門給予那些社會聲望較高者的一種特殊待遇。

---

〔註5〕《續漢書·百官志》「本注」云：「漢初掾史辟，皆上言之，故有秩比命士。其所不言，則為百石屬。其後皆自辟除，故通為百石云。」據此可知兩漢辟舉除「漢初」一段時間外，「皆自辟除」。

### 2. 地方州郡辟除

漢代地方州郡長官亦擁有辟除之權。漢碑裏常常可以看到一句話，叫做「仕郡辟州」，其意是說曾被州郡長官所辟除。不過州的辟除比較晚一些。武帝元封五年（前 106）初置州刺史，僅為秩六百石的監察官，幾乎沒有什麼用人權。據應劭《漢官儀》載，大概元帝以後，州刺史才擁有較大的用人權。東漢靈帝時，為鎮壓農民起義，重設州牧，並提高其地位，居郡守之上，掌握一州的軍政大權，這樣州的辟除之權也就更大了。

州郡辟除後的升遷途徑主要有二：一是察舉，一是再辟公府。漢時縣亦可召署屬吏，然而縣吏入仕，一般仍要經由州郡。應該指出的是，就辟除之制的發展來看，兩漢的情況還不盡相同。西漢時，辟除之權以丞相為最大〔註6〕，且可大開客館以招四方之士〔註7〕。東漢以降，相權大大削弱，「雖置三公，事歸臺閣」，不過此期辟除入仕的風氣卻更加盛行。什麼「九辟公府」、「四府並命」、「五府俱辟」的史實，俯拾皆是。這無疑是東漢以來豪族地主勢力大發展的必然結果之一。

## 三、任子

所謂「任」，注家一般都釋為「保任」。任子即一種依靠前輩的官位（地位）、功勞保任後代為官的制度，是世官制的遺存形態。

據《漢書‧哀帝紀》注應劭引《漢儀注》、《汲黯傳》注引孟康曰、《王吉傳》注引張晏曰，可知漢代任子的基本形式有父任、兄任兩種；官吏任子有一定的限制條件，即必須是「二千石以上」的官吏和「視事滿三年」者；任子的數目則以「一人」為限。估計這應是最常見的規定，而實際執行過程中每每多有例外。首先，就任子的形式而言，除父任、兄任外，還有以宗家（諸侯之外家）任、以族父任、以外戚任、以姊任、以祖父任等多種形式。其次，任子的限制條件並不絕對，不一定非有二千石的官秩不可。復次，從任子的數目來看，任子弟二人以上至多人者極為常見〔註8〕。任子所拜官職，以郎官最為普遍。但也有與郎官地位類似的太子洗馬、太子中庶子、太子舍人等職，甚或最低有

---

〔註6〕　《漢書‧田蚡傳》載，蚡居相位時，「薦人或起家至二千石，權移主上」，以致武帝竟對他說：「君除吏盡未？吾亦欲除吏。」
〔註7〕　如公孫弘拜相後即「開東閣，營客館」，招四方人士（《漢書‧公孫弘傳》）。
〔註8〕　如《漢書‧馮奉世傳》記有任子三人的記載，《史丹傳》有任子九男的記載，《後漢書‧梁統傳》有任子四人的記載等。

以父任為博士弟子者。

任子之制，因「不以德選」，全由父兄蔭庇而得官，故隨著漢代察舉制的發展，越來越受到通過察舉而進入官宦行列的新興的儒學化的官僚地主的反對，如武帝朝的董仲舒、宣帝朝的王吉等，均對其進行了激烈的批評。西漢末，經由輔政大司馬號稱「儒宗」的師丹的建議，還曾「除任子令」——儘管只是一紙空文，並未實行。東漢以後，由於豪強地主勢力的崛起，儒學化官僚地主的豪族化發展，以及二者的逐步相互結合，所以任子制特別盛行起來。當時任子，每每由帝王詔令特除，而且任及家人，並完全打破了「中臣子弟不得居位秉勢」的「舊典」〔註9〕。

## 四、徵召

徵召係皇帝採取特徵與聘召的方式，選拔某些有名望的品學兼優的人士，或備顧問，或委以政事〔註10〕。

漢代受皇帝徵召，為最尊榮的仕途。凡被徵召者有一個專問名稱曰「徵君」。對於德高望重的老年學者，且特予優待，用安車蒲輪迎進朝廷，稱「安車蒲輪徵」；較次一等的，則用公車，稱「公車徵」。一般被徵之士，赴朝廷就職尚需自備車馬。有時徵君前往京師，還特詔令縣次傳舍供給酒食；沿途地方官亦需迎送招待。當征君回歸時，也享有同樣待遇。關於徵君的去留，朝廷雖可督促，但如堅不應命，一般也不硬性強制。東漢時，由於統治者大力倡導崇尚名節，在此風影響下，許多人競相以不應徵召為榮，於是出現了相當一批「上不事天子，下不友諸侯」的所謂「節士」，如《後漢書》所記周燮、黃憲、徐稺、姜肱、申屠蟠等，皆堪稱典型。

一般說來，徵召總是針對個別人而進行，涉及面並不廣泛，不過規模較大的徵召，亦偶而有之，如《漢書·平帝紀》載，王莽秉政的元始五年（公元5）

---

〔註9〕西漢時雖也有宦者親屬被任子的實例，但僅為個別情況。至東漢後期，宦者任子成為普遍現象。「是時宦者方熾，任人及子弟為官，布滿天下」（《後漢書·楊秉傳》）。

〔註10〕秦漢時「徵召」一詞的使用範圍極為廣泛，尤其單言一個「徵」字，更是如此。許多察舉的科目，每每也以「徵」相稱。例如武帝詔舉賢良，公孫弘被貢察，《漢書·公孫弘傳》則云「以賢良徵」。再如昭帝舉賢良文學一事，《漢書·公孫劉田王楊蔡陳鄭傳贊》亦作「徵文學賢良」。另外，皇帝特命某人任某官職，或特賜某人升遷，或特予某人貶斥，甚至特令某人入京等等，均可曰「徵」。因此對文獻中出現的徵召字樣要作具體分析。

曾「徵天下通知逸經、古記、天文、曆算、鍾律、小學、《史篇》、方術、《本草》及以《五經》、《孝經》、《爾雅》教授者，在所為駕一封軺傳，遣詣京師，至者數千人」。這自屬罕見的特例。

## 五、薦舉

　　薦舉指臣屬以個人名義向皇帝推薦人才。與其他各種仕途相比，此途具有更多的靈活性。漢代上至公卿、將軍及其他中央官吏，下到地方州、郡、縣的長官，均能以私人名義向朝廷薦舉人才。另外，一般的宿儒名士亦可私人薦舉。被薦之人，或為在朝官吏，或為免官閒居者，或為未仕者。

　　私人薦舉的形式，一般多為個人上書表薦，但也有數人聯名合薦者。通常情況下，私人薦舉是與徵召相互配合而進行的：即先經私人薦舉，然後由皇帝予以徵召。被薦者徵入京師後，經皇帝宴見，並敕尚書擇拜吏日授官。也有經皇帝親自詢問，或奉詔試文，以觀其能。另還有待詔候補者。

## 六、考試

　　兩漢選官，尚有考試之途。具體是：

### 1. 試學僮

　　許慎《說文・敘》引《尉律》云：「學僮十七以上始試，諷籀書九千字，乃得為吏。又以八體試之郡，移太史並課最者以為尚書史。」關於「始試」，段玉裁注：「謂始應考試也。」此即漢試學僮之制。對此，《漢書・藝文志》亦記載云：「漢興，蕭何草律，亦著其法，曰『太史試學僮，能諷書九千字以上，乃得為吏。又以六體試之，課最者以為尚書御史史書令史。吏民上書，字或不正，輒舉劾。』」從上面兩段材料可知，試學僮的內容，一是「諷」。諷即「誦」。有學者推斷，許慎編撰《說文》收字九千餘，就是為適應試學僮的需要。試學僮的內容，二是試寫各式字體。原來古時文吏必須掌握各種字體。許慎所記乃用八體，即秦書八體（大篆、小篆、刻符、蟲書、摹印、署書、殳書、隸書）；而《藝文志》所記則為六體，即新莽改定之六體（古文、奇字、篆書、隸書、繆篆、蟲書）。清人王鳴盛考證認為：「許說是，漢志非也」〔註11〕。經過以上兩方面的「試」之後，對其優秀者則委以「尚書御史史書令史」一類重要職務。不過試學僮作為一個完整的仕途，至此只走完了第一步，接著第二步還需由文

〔註11〕《十七史商榷》卷二二《試學僮六體首古文誤》。

吏經察舉或察舉以外的途徑再升遷入仕。

## 2. 博士弟子課試

漢武帝元朔五年（前 124），經公孫弘奏議，為博士官置弟子 50 人，復其身，並通過考試，勸以官祿，這樣便產生了博士弟子課試的制度。由於博士弟子學習之處稱為太學，故把博士弟子也叫太學生。

博士弟子的來源主要有二：其一，太常（即奉常，景帝時更名太常）擇民十八以上儀狀端正者，補博士弟子；其二，郡國縣官有好文學，敬長上，肅政教，順鄉里，出入不悖，所聞，令相長丞上屬所二千石，二千石謹察可者，常與計偕，詣太常，得受業如弟子。另外，博士弟子也有以父任者。

博士弟子入仕之考試；稱作射策——前文曾指出，這是一種抽籤式考試。射策的內容，當然是經學。凡在太學受業的博士弟子，「一歲皆輒課」，其優劣評定及任用情況是這樣的：「能通一藝以上，補文學掌故缺；其高第可以為郎中，太常籍奏。即有秀才異等，輒以名聞。其不事學若下材，及不能通一藝，輒罷之，而請諸能稱者。」〔註 12〕

平帝時，王莽秉政，在選取任命方面又略有變動，即「歲課甲科四十人，為郎中；乙科二十人，為太子舍人；丙科四十人，補文學掌故云」〔註 13〕。東漢基本沿用西漢的制度，設甲乙兩科，課試太學生。永元中，因司空徐防建言，太學生甲乙策試，皆從本師家法章句，具體做法是：「開五十難以試之，解釋多者為上第，引文明者為高說；若不依先師，義有相伐，皆正以為非。」〔註 14〕順帝時規定將明經下第者補博士弟子，增甲、乙科員各十人。質帝時又令郡國所舉明經，年 50 以上、70 以下者詣太學受業。靈帝時曾試年 60 以上的太學生百餘人，分別授以郎中、太子舍人以及王家郎、郡國文學吏，對老年太學生施以特恩。

兩漢博士弟子的人數，武帝始置時為 50 人，昭帝時增為 100 人，宣帝末增倍之，元帝更為設員 1000 人，成帝時增至 3000 人，及東漢進一步發展，質帝本初間竟猛增至 30000 餘，創太學生人數的最高記錄。

## 3. 博士三科

博士三科是一種對博士的考試，其性質與察舉尤異、治劇，以及察廉、光

〔註 12〕《漢書・儒林傳序》。
〔註 13〕《漢書・儒林傳序》。
〔註 14〕《後漢書・徐防傳》。

祿四行等相同，都是從已仕官吏中再選取官吏的途徑。據《漢書・孔光傳》記載，當時博士選三科：「高為尚書，次為刺史，其不通政事以久次補諸侯太傅」。東漢時基本沿用西漢的制度。

## 七、功次

功次即以功勞次序而升遷的制度，它面向所有吏員，文獻中或稱作「積功勞」，或單言「積功」、「積勞」。

原來漢代每個官吏一入仕途，就有記錄其功勞、考課等情況的檔案，稱為「伐閱官簿」（略稱「伐閱簿」或「官簿」），保存於相應的官府〔註15〕，作為任用遷免官吏最直接、最基本的依據。功，嚴格講是指戰功。勞，具體指任職的勞績。不過漢代把「持文墨議論」一類官府日常工作也可以稱「功」了。功用一、二、三等數詞表示，勞則以時間單位如日、月、歲等計算。當時考課吏員，對最者每每賜勞若干，對殿者則奪勞若干。這樣，當把功、勞及考課三項指標排比時，官吏之間就產生了功之多寡、勞之長短、考課之殿最的次序，從而為選用遷免官吏提供了尺度，此即「功次」。漢時，官吏一生任職期間，只要不犯贓罪及謀反作亂，即使與察舉等仕途無緣，依然可依功次經過漫長的歲月積累，升遷至二千石郡國長官一級。一般說來，官吏任同一秩等職務滿九年稱「功滿」，「功滿當遷」，即升遷至高一秩等的職務，但也有增秩而仍任原職的規定〔註16〕。

如果細作區分，功次一途似可分為吏員積功與官員積功兩類。前者舊稱吏道，即由吏積功而入仕。後者屬官員的升遷，並不具入仕意義。通常情況下，縣令長在一州範圍內功次排比為第一時則「擢拜」，即超正常地提升；二千石郡國守相考課高第者，或由小郡遷大郡，或由外郡入三輔；治理三輔功績卓著者，又是群卿即中二千石出缺時的首選對象。

功次之途，以往論者多將其歸入考課的範圍，而不算作仕途。自尹灣漢墓簡牘資料面世後，研究者發現屬吏憑考績、以功次升遷為朝廷命官的比例極

---

〔註15〕當時二百石以上的官吏伐閱簿全由丞相府管理，而郡守、縣令以上的地方官和六百石以上的中都官同時還由御史大夫府管理。所以時人有「考績功課，簡在兩府」之說（見《漢書・薛宣傳》），其具體指大夫以上，即六百石以上官吏的伐閱一式兩份分別保存在丞相府和御史大夫府。一般州郡屬吏的伐閱由州郡管理，縣吏由所在縣管理。

〔註16〕這類實例甚多，較典型者如黃香章帝朝拜尚書郎，永元四年拜尚書左丞，「功滿當遷，和帝留，增秩」（《後漢書・黃香傳》）。

大，從而提出了重新認識功次的仕途意義的問題〔註17〕。為此，特將其列為選官制度的一個層次。

## 八、特種仕途

兩漢入仕，還有一些特殊途徑，主要如：

### 1. 自衒鬻

自衒鬻即毛遂自薦的意思。唐顏師古注「衒」曰「自賣也」；注「鬻」曰「亦賣也」。《說文》「衒」字又作「衏」，從言從行，表示以言語馳說自賣之意。也有人把此途直稱作「上書求官」。武帝朝自衒鬻風氣最盛，後人曾將此輩分為四種類型：「攻人主之長短，諫諍之徒也；訐群臣之得失，訟訴之類也；陳國家之利害，對策之伍也；帶私情之與奪，游說之儔也。」〔註18〕武帝對自衒鬻者基本上採取鼓勵政策，史稱「漢家得賢，於此為盛」〔註19〕。東漢時，世風大變，原來極盛一時的自衒鬻，卻變成被世人鄙夷的輕浮行為了〔註20〕。

### 2. 納訾──賣官

納訾與賣官，名目雖異，實質乃一，即用資財和金錢而得官。漢代以訾補官十分普遍，尤以武帝時最為浸濫。不過此途入仕並不為時人所重。漢世公開售爵賣官亦屢見不鮮。比較看來，西漢多售爵而東漢多賣官。東漢桓、靈賣官極其典型，時價為「公千萬，卿五百萬」。

### 3. 計吏拜官

漢代郡國上計吏去中央彙報後，每每被朝廷留任為官，從而形成一種仕途，叫「計吏拜官」。此途始自武帝元朔時，後一度廢止，東漢時重新恢復，桓帝延熹年間，又曾中斷。

### 4. 以材力為官

《漢書·地理志》：「漢興，六郡良家子選給羽林、期門，以材力為官，名將多出焉。」「六郡」指隴西、天水、安定、北地、上郡、西河，此正是秦漢

---

〔註17〕 參見廖伯源：《漢代仕進制度新考（簡編）》（《大陸雜誌》第 96 卷 4～5 期）；蔣非非：《漢代功次制度初探》（《中國史研究》1997 年第 1 期）。

〔註18〕 顏之推：《顏氏家訓·省事篇》。

〔註19〕 《漢書·梅福傳》

〔註20〕 崔駰《達旨》中有一段話頗能反映當時士人的看法：「夫君子非不欲仕也，恥誇毗以求舉；非不欲室也，惡登牆而摟處。叫呼衒鬻，縣（懸）旌自表，非隨和之寶也。暴智耀世，因以干祿，非仲尼之道也。」（《後漢書·崔駰傳》）

時的「山西」地區，「處勢迫近羌胡，民俗修習戰備，高上勇力鞍馬騎射」〔註
21〕，故民人多以武勇顯聞，走從軍以軍功入仕之途。過去史家亦有直稱其為
「從軍」者。

### 5. 以方伎為官

此途指因一技之長而入仕，西漢時較常見。僅《漢書》所記，便有因戲車、
濯船、醫術、善御、善為頌、方術、知音善鼓雅琴等多種情況。武帝及王莽時，
此途入仕都曾出現高潮〔註22〕。

以上漢代選官制度的各個層次，適用範圍各有側重。其有些是面向全體吏
民的，即既適用於未仕者，也適用於已仕者；有些則針對特定對象；有些僅限
於已仕官吏中的某一部分，等等。多層次構成的漢代選官制度，有利於吸納各
類人才，建設一支精明強幹的官吏隊伍，對漢帝國的繁榮強盛，具有重要意義。
同時，多層次選用官吏，也有助於達到人事上的相對平衡，促使社會安定協調。
這種多層次多渠道選用人才的做法，為歷代統治者所傚仿，形成我國制度文化
中最具借鑒價值的優良傳統之一。

1998 年 3 月初稿，7 月改定於西北大學

原載《古典文獻與文化論叢》第二輯，杭州大學出版社，1999 年

---

〔註21〕《漢書‧趙充國辛慶忌傳贊》。
〔註22〕漢武時「博開藝能之路，悉延百端之學，通一伎之士，咸得自效，絕倫超奇者
　　　　為右，亡所阿私」（《史記‧龜策列傳》），遂使以方伎入仕出現高潮。如當時有
　　　　名叫吾丘壽王的少年，因擅長一種名為「格五」的博戲，即被召待詔（見《漢
　　　　書‧吾丘壽王傳》）。王莽之世，進一步博募有奇技術者，從而形成以方伎入仕
　　　　的又一高潮。當時有人聲稱「能度水不用舟楫，連馬接騎，濟百萬師」；有人
　　　　聲稱「不持斗糧，服食藥物，三軍不饑」；還有人聲稱「能飛一日千里」等等。
　　　　王莽經過測試，雖知其不可用，但也都「拜為理軍，賜以車馬」（以上均見《漢
　　　　書‧王莽傳》）。

# 漢代的選廉制度

　　相對而言，漢代的吏治在中國古代是比較好的。國外學者運用現代科學手段對漢代國家管理進行定量分析後，甚至認為其吏治良好的程度，超過了同時代的羅馬帝國。誠然，造成漢代良好吏治的原因是多方面的，但漢王朝在人才任用上實行的廉選制度所起的積極作用，顯然不可忽視。

　　漢世選官，察舉是最重要的一種途徑。〔註1〕在眾多的察舉科目中，明確以「廉」為選用標準者就有兩種：一曰「察廉」，二曰「孝廉」。而且這兩科皆為歲舉，即每年都需要按這樣的科目標準察舉人才。所以其得人多，影響大，意義和作用均遠在其他科目之上。

　　「察廉」科或作「廉吏」科。其實，「察廉」即察舉廉吏之義。「廉吏」一般是相對「贓吏」而言的，吏分「廉」、「贓」，大約是從漢代開始才較為明確起來的觀念。秦時似乎還不多見這種字眼，而是把官吏分作「良吏」和「惡吏」。不過在其各自的標準裏，已經包含有廉潔與否的內容了。例如雲夢秦簡《語書》關於「良吏」的標準即規定有「廉潔敦慤」的條款，而「惡吏」則規定有「不廉潔」的條款。可見秦時對「廉」作為官吏職業道德的重要性，已經有所認識。至漢代，不僅對「廉」的認識進一步深化，如把「廉吏」提高到「民之表」的高度，〔註2〕等等，而且還將「廉」確定為選拔人才的標準付諸實踐，這樣便產生了選廉的系列制度。

　　今可考見的漢代「察廉」的實例，以西漢時期者居多，如：

---

〔註1〕詳拙著《秦漢仕進制度》下編《西漢仕進制度新探》，西北大學出版社 1985 年版。
〔註2〕見《漢書·文帝紀》十二年詔。

趙廣漢為平準令，察廉為陽翟令。

朱博以太常掾察廉，補安陵丞。

蕭望之察廉為大行治禮丞。

薛宣以大司農斗食屬察廉，補不其丞。

光祿勳于永除王嘉為掾，察廉為南陵丞，復察廉為長陵尉。

張敞補太守卒史，察廉為甘泉倉長。

黃霸察廉補河東均輸長，復察廉為河南太守丞。

尹賞以郡吏察廉為樓煩長。

池陽令舉廉吏獄掾王立。

平當察廉為順陽長。〔註3〕

另外，史籍中還保存有不少關於「察廉」的詔令，如：

漢宣帝黃龍元年（前49年）詔：舉廉吏，誠欲得其真也。吏六百石位大夫，有罪先請，秩祿上通，足以傲其賢材，自今以來毋得舉。（韋昭曰：「吏六百石者不得復舉為廉吏也。」）〔註4〕

漢平帝元始元年（公元1年）詔：令宗室，其為吏，舉廉；佐吏，補四百石。（顏師古注：「言宗室為吏者，皆令舉廉，各從本秩而依廉吏遷之；為佐史者，例補四百石。」）〔註5〕

漢光武帝建武十二年（36年）八月乙未詔：三公〔歲〕舉……廉吏各二人；光祿歲……察廉吏三人；中二千石歲察廉吏各一人，廷尉、大司農各二人；將兵將軍歲察廉吏各二人。〔註6〕

漢桓帝即位之初（146年）詔：孝廉、廉吏皆當典城牧民，禁奸舉善，興化之本，恒必由之。……其令秩滿百石，十歲以上，有殊才異行，乃得參選。臧吏子孫，不得察舉。〔註7〕

通過分析以上實例與詔令，可知「察廉」是一種長官按年選拔廉潔優秀屬吏予以升遷的制度；其選拔對象大體限於斗食（東漢桓帝後改為秩滿百石）

---

〔註3〕以上除王立一例見《漢書·薛宣傳》外，餘例皆見《漢書》本傳。

〔註4〕《漢書·宣帝紀》。

〔註5〕《漢書·平帝紀》。中華書局標點本對該詔令斷句作「其為吏舉廉吏佐史，補四百石」，對顏注斷句為「皆令舉廉，各從本秩；而依廉吏遷之為佐史者」。此據閻步克重新所作的斷句。

〔註6〕《續漢書·百官志》注引《漢官目錄》。原文「三公」後脫一「歲」字，據孫星衍校集《漢舊儀》佚文補。

〔註7〕《後漢書·桓帝紀》。

至六百石之吏員，一般均根據本秩直接遷補，而且一次被察舉之後，還可再次被察舉，具有十分明顯的考課性質；其舉主相當廣泛，自中央公卿，到地方郡縣，以至率兵將軍，均可察舉。關於歲舉的名額，西漢的材料中未見明確記載，而東漢的情況，在上引的建武十二年八月乙未詔中已有極具體的反映。不過，此僅為中央官員察廉的人數，這裡仍缺少地方察廉人數的規定。如果暫按每郡歲舉 1 人計，那麼每年察舉廉吏的總數便相當可觀，若再加上縣的察舉，數額無疑就更龐大了。顯而易見，「察廉」科實是漢代選廉制度的主體部分。

　　「孝廉」科始於漢武帝元光元年（前 134 年），據說是因董仲舒的建議而「發之。」〔註8〕「孝廉」的含義，顏師古解釋稱：「孝謂善事父母者，廉謂清潔有廉隅者。」〔註9〕實際上這也就是人們常說的孝子廉吏。可見此科取人的標準，固然有「廉」，但還有「孝」，是雙重的，而不像「察廉」科那樣，單一以「廉」為準。今能考見的漢代舉「孝廉」的實例，屬西漢時者極少，而以東漢時期者為多，〔註10〕其典型者如：

　　　　桓典以《尚書》教授潁川，門徒數百人，舉孝廉為郎。

　　　　周磐少游京師，學《古文尚書》、《洪範五行》、《左氏傳》……，諸儒宗之。居貧養母，儉薄不充。嘗誦《詩》至《汝墳》之卒章，慨然而歎，乃解韋帶，就孝廉之舉。

　　　　龐參初仕郡，未知名，河南尹龐奮見而奇之，舉為孝廉，拜左校令。

　　　　朱雋少孤，母嘗販繒為業。雋以孝養致名，為縣門下書佐，好義輕財，鄉間敬之。……稍歷郡職，……為主簿。……後太守徐珪舉雋為孝廉。

　　　　許荊少為郡吏，……名譽益著，太守黃兢舉孝廉。〔註11〕

　　　　武斑仕濟陰，年二十五，曹府君察舉孝廉，除敦煌長史。〔註12〕

　　　　武榮久遊太學，……學優則仕，為州書佐郡曹史主簿督郵五官

〔註 8〕《漢書·董仲舒傳》。
〔註 9〕《漢書·武帝紀》顏注。
〔註10〕據筆者考證，今可知的西漢孝廉計 21 例，東漢孝廉計 286 例，二者相差極為懸殊。詳拙著《秦漢仕進制度》第 10 章。
〔註11〕自桓典至許荊均見《後漢書》本傳。
〔註12〕《武氏石闕銘》，《隸釋》卷 6。

　　掾功曹守從事，年卅六，汝南蔡府君察舉孝廉，□□郎中，遷執金
吾丞。〔註13〕

　　從以上各例不難看出，「孝廉」科的最基本特徵有二：一是限於由地方郡
國察舉；二是該科面向所有吏民，即被察舉對象，既有已仕者，也有未仕的
白丁。

　　由於漢武帝始舉「孝廉」的詔令中，把「孝」與「廉」分而言之，〔註14〕
加以西漢史籍中多見「察廉」的史實，故造成人們每每誤將「孝廉」與「察廉」
混為一談。特別是自宋人徐天麟所撰《東漢會要》卷26《選舉上》的按語中，
提出西漢時「孝」與「廉」各自為科，至東漢方合為一科的論斷後，學人多信
從之，幾乎已經成為定論。本世紀80年代以來，隨著對西漢選官制度研究的
深入，研究者終於找到並揭示了「孝廉」與「察廉」的多項不同之處：

　　1.「孝廉」是郡國向中央「貢士」之科目，而「察廉」為長官報請上級擢
升優秀屬吏之科目。

　　2.「孝廉」察舉面向所有吏民，而「察廉」僅限於已仕之低級官吏。

　　3.「孝廉」的任用一般要入三署為郎，經受鍛鍊後再予升補，而「察廉」
一般皆據本秩直接遷補。

　　4.「孝廉」的舉主僅限於郡國守相，而「察廉」的舉主則要廣泛得多。

　　基於存在上述種種差別，所以「孝廉」與「察廉」始終是兩項並行不悖的
科目。如此一來，就把徐氏佔據了千年之久的權威性結論完全推翻。毫不誇張
地說，這是在兩漢選廉制度研究方面取得的一項突破性進展。〔註15〕

　　關於「孝廉」察舉的人數，在西漢和東漢初，基本是每郡歲舉二人。由
於漢代郡國大小不一，人口多少亦不同，而一律按二人察舉，事實上便存在
一個不均的問題。和帝永元年間，經司徒丁鴻、司空劉方奏言，開始實行按
郡國人口比例察舉孝廉的新規定，〔註16〕即「郡國率二十萬口歲舉孝廉一人，
四十萬二人，六十萬三人，八十萬四人，百萬五人，百二十萬六人，不滿二十
萬二歲一人，不滿十萬三歲一人」。〔註17〕後不久又對邊郡舉孝廉口率做了調

〔註13〕《執金吾丞武榮碑》，《隸釋》卷12。
〔註14〕見《漢書·武帝紀》。
〔註15〕參見拙文《察舉制研究的重大突破》，《北京大學學報》，1992年第5期。
〔註16〕開始的年份史籍失載。但劉方拜司空在永元四年（92年）十月，而丁鴻於永
　　　　元六年（94年）正月去世，故開始時間當在此二者之間。
〔註17〕《後漢書·丁鴻傳》。

整，規定：「緣邊郡口十萬以上歲舉孝廉一人，不滿十萬二歲舉一人，五萬以下三歲舉一人」。〔註18〕據筆者的統計，察舉孝廉人數，西漢約206人／年，東漢永元新規定前約189人／年，新規定後約228人／年，其平均值在總人口中約占0.0004%；兩漢共舉孝廉約74000餘人。〔註19〕儘管這個數字算不上很龐大，但由於此科在面向已仕者的同時還面向未仕者，所以其垂範意義也就特別重大。

　　漢代選廉制度的執行，從總體上講是相當認真的，且明顯帶有法律強制的性質。漢武帝時關於「不察廉，不勝任也，當免」的詔令，〔註20〕便是明證。再者，漢世察舉沿用了秦之保任制。「任人而所任不善者，各以其罪罪之」〔註21〕。或曰「舉其顯，復保其微；舉其始復保其終」〔註22〕。要之，即舉主需對被舉人的行為負法律責任。這樣，便有力地保證了選廉的質量。當然，在長達數百年的實施遷過程中，選廉制度本身不可能不發生一些變化。如前述永元年間實行的按口率察舉孝廉的規定，以及順帝朝因左雄建議而推行的限年考試法等等。應該說，這些都是很正常的現象。至於東漢後期，隨著政治黑暗而出現的察舉的種種流弊，諸如什麼「舉秀才不知書，察孝廉父別居，寒素潔白濁如泥，高第良將怯如雞」之類，〔註23〕那不過只是末世的變調，而非是漢代廉選的主旋律。

　　需要指出的一點是，漢世「廉」的觀念，除了清白高潔、不苟取這層含義外，更多地則偏重於棱角之義。顏師古所謂「廉隅」即此。這層含義又可引申為鋒利。《老子》「廉而不劌」、《呂覽》「其器廉以深」、《管子》「廉而不蔽惡」，均其用例。具體到官吏，則指其奉法不撓、據法守正的行為品德。漢代那些用法不避權貴、敢於殺伐為治而本人又不貪錢財的「酷吏」，與此庶幾近之，故其多以「廉」稱。如郅都之「公廉」，〔註24〕趙禹之「廉平」〔註25〕，尹齊之「廉武」〔註26〕，等等。就連史聖司馬遷也稱讚此輩說：「其廉者足以

〔註18〕《後漢書·和帝紀》。調整的具體時間為永元十三年（101年）。
〔註19〕詳拙著《秦漢仕進制度》第9章。
〔註20〕《漢書·武帝紀》。
〔註21〕《史記·范睢列傳》。
〔註22〕〔清〕孫承澤：《春明夢餘錄》。
〔註23〕《抱朴子·審舉》。
〔註24〕《史記·酷吏列傳》。
〔註25〕《史記·酷吏列傳》。
〔註26〕《史記·酷吏列傳》。

為儀表。」〔註27〕可見，從漢代「酷吏」身上，是可以看到「廉吏」的一些基本精神的。

　　漢代統治者大力倡「廉」，並將其具體化為一系列可操作的選廉制度付諸實施，從而收到了良好的社會效果。兩漢史冊上，經常可以看到官吏死後「家無餘財」，甚至無以為葬的記載。這表明，當時多數官吏確實是以「廉」為榮的。兩漢統治者在倡「廉」的同時，對「贓吏」則進行嚴厲打擊和嚴格限制並殃及子孫，如規定「臧（贓）吏子孫不得察舉」〔註28〕等等。如此，便造就了漢代廣泛的崇「廉」社會風氣。史稱漢世「吏治蒸蒸，不至於奸，黎民艾安」〔註29〕，信然！

　　「以銅為鏡，可以正衣冠；以古為鏡，可以知興替；以人為鏡，可以明得失。」〔註30〕在前進過程中，時時照一照歷史這面鏡子，是會使我們增加智慧，變得聰明起來的。科學地實事求是地考察、總結漢代選廉制度的史實，對於今天的國家治理，顯然不無其應有的借鑒價值與意義。

原載《唐都學刊》1998 年第 1 期

---

〔註27〕 《史記·酷吏列傳》太史公曰。
〔註28〕 《後漢書·桓帝紀》。
〔註29〕 《漢書·酷吏傳序》。
〔註30〕 《貞觀政要·任賢》。

# 試論兩漢仕進制度的特點

　　兩漢的仕進制度，在史學研究中，無疑是一塊已被深耕細作的熟地。不說別的，只消看看那有如汗牛充棟的前人論著，就不免會使人深感在這個領域內早已是山窮水盡了。其實，倘若認真地、仔細地扒疏一下有關材料，則不難發現，即使在這樣一塊熟地上，也難免還存在一些薄弱環節，需要我們再去花些氣力耕耘。例如本文將要討論的兩漢仕進制度的特點，便是值得深入研究的問題之一。

一

　　考察我國古代的仕進制度，如果用最粗的線條劃分，顯然以隋唐為界可分作兩個階段：隋唐以前是薦舉制，從隋唐開始為科舉制。一般地說，薦舉制是比較簡單比較低級的仕進制度，而科舉制是比薦舉制複雜、高級的仕進制度。大家知道，兩漢仕進制度乃以薦舉制為其基礎，因此它不能不帶有極明顯的原始性。這便形成了兩漢仕進制度的一個顯著特點。

　　兩漢仕進制度的原始性，其具體表現都是些什麼呢？

　　首先，這種原始性反映在舉士舉官不分上。對此，馬端臨曾作過精闢的論述。他指出：

> 古人之取士，蓋將以官之，然則舉士與舉官非二途也。三代之時，法制雖簡，而考核本明；毀譽既公，而賢愚自判。往往當時之士被舉，未有不入官者也。降及後世，巧偽日甚，而法令亦滋多，遂以科目為舉士之途，銓選為舉官之途，二者各自為防閑檢校之法。至唐則以試士屬之禮部，試吏屬之吏部，於是科目之法，銓選之法

日新月異，不相為謀，蓋有舉於禮部而不得官者，不舉於禮部而得官者，則士所以進身之塗轍亦復不一，不可比而同之也。……然三代兩漢之時，二者本是一事。〔註1〕

從上述可知，所謂「舉士舉官不分」，乃指士獲選即入官，舉士舉官相統一，而不像後世那樣，以科目舉士屬之禮部，以銓選舉官屬之吏部，把舉士舉官分為二途。

其次，兩漢仕進的原始性還反映在選舉與教育結合不緊密上。

眾所周知，從唐開始選舉與學校逐步合流。《新唐書·選舉志上》云：「唐制取士……有三：由學館者曰生徒，由州縣者曰鄉貢，皆陞於有司而進退之。……其天子自詔者曰『制舉』，所以待非常之才焉。」實際上，唐實行的是生徒、鄉貢並舉之制。天寶年間，還曾一度罷鄉貢，專由學校申解，明顯反映出選舉與學校教育合流的趨勢。至北宋時，這種趨勢更有所發展。特別是王安石新政，欲以「學校養士」代「科舉取士」，遂創「三舍法」──即將學校分為「上舍」、「內舍」、「外舍」三級，以學生成績優劣而依次升舍，迨至上舍上等最優，則取旨授官。紹聖及崇寧中，還曾兩度罷科舉而悉由學校取仕。明清兩代，名為專以科舉取仕，實則科舉與學校合為一途。其舉人以下，全經學校育才，而舉人以上才行科舉之制。故《明史·選舉志》云：「科舉必由學校，而學校起家可不必由科舉。」另外，明代還實行所謂的太學生撥歷制，即令國子學生於諸司習吏事，按其成績擇優任用。這實際是仕學相長的一種做法。從上述可知，唐宋以來的仕進制度，一般都包含著學校育才、科舉選才、銓敘用才三個完整的環節，其發展總的趨勢是，選舉與學校教育之結合愈來愈緊密。

然而，兩漢時期則與此不同。兩漢仕進制度選才與用才兩環節的合二而一，已如前述，而其學校育才這一環節，雖亦有之，但在整個仕進中的作用，卻遠不如唐宋以後為重。例如西漢一代，擔任丞相或相當這一職務的47人之中，經由官府學校教育者僅有四人，只占8.5%。由此可見，當時選舉與學校教育的結合併不緊密；其選用人才，不像後世那樣，絕大多數都經過學校的培育。誠然，兩漢入仕存在博士弟子（太學生）一途，尤其東漢時，太學規模之大，人數之多，都蔚然可觀，但不難看到，它畢竟只是當時仕途之一，而非惟一；若與察舉等途相比，它顯然還不是最主要的入仕途徑。

─────────────

〔註1〕《文獻通考·選舉考九·舉官》。

# 二

　　如果說原始性是兩漢仕進制度的第一個特點的話，那麼富於尚武精神則是它的第二個特點。

　　考兩漢仕進，有一個非常突出的現象是，當時入仕者大多要先拜郎官，然後再內升或外放。尤其孝廉拜郎，則更為常見。

　　例如，見諸文獻者（僅舉三例）：

　　　　《漢書：師丹傳》：師丹……舉孝廉為郎。

　　　　《京房傳》：京房……初元四年以孝廉為郎。

　　　　《後漢書·韋彪傳》：韋彪……建武末舉孝廉，除郎中。

　　見諸漢碑者（亦僅舉三例）：

　　　　中平五年（公元 188）所立巴郡太守張納碑文：察孝廉；除郎中，尚書侍郎。（《隸釋》卷五）

　　　　永建六年（公元 131）所立國三老袁良碑文：舉孝廉，郎中，謁者，將作大匠丞，相令，廣陵太守。（同上卷六）

　　　　延熹七年（公元 164）所立泰山都尉孔宙碑文：舉孝廉，除郎中，都昌長。（同上卷七）

　　惟其如此，故《漢官儀》總括云：「郡國舉孝廉以補三署郎」。1971 年在內蒙古和林格爾縣新店子公社出土的東漢墓壁畫出行圖題記曰：「舉孝廉時、郎、西河長史。」〔註2〕自然是現存的更為直觀的例證了。

　　眾所周知，兩漢仕進制度的主體是察舉制；而察舉的常行科目之中，最主要者又屬孝廉。宋人徐天麟云：「漢世諸科，雖以賢良方正為至重，而得人之盛，則莫如孝廉，斯以後世之所不能及。」〔註3〕所以後世每每用它來指代兩漢之仕進，明清時甚至還把「舉人」稱為「孝廉」。因此，孝廉拜郎這一現象，無疑反映了兩漢仕進制度的一個帶有普遍性的問題。

　　那麼，兩漢察舉孝廉為什麼大率先要拜郎呢？筆者以為，這與時人尚武有關。

　　《射義》云：「古者天子之制，諸侯歲獻，貢士於天子。天子試之於射宮。」又云：「天子將祭，必先習射於澤。澤者，所以擇士也。」可見古者專以射取士。這充分反映了古人的尚武精神。秦漢時期由於去古未遠，故尚武習俗依

---

〔註2〕見《文物》1974 年第 1 期，第 10～11 頁，及圖版伍。
〔註3〕《東漢會要》卷二十六《孝廉》按語。

舊十分濃厚。史載當時的帝王亦經常「自擊熊羆，馳逐野獸」〔註4〕，則一般人之上馬騎射更可想而知了。這種尚武精神在仕進方面的集中反映，即孝廉拜郎。

秦漢時期的郎，據《漢書·百官公卿表》記載，其職責為：「掌守門戶，出充車騎」。據陳直教授考證：「郎中」即「廊中」之省文，蓋「秦時殿上不得持兵戟，皆立在岩廊之下，故名」。又：「郎中」、「侍郎」皆為古代武士之通稱〔註5〕。由此可見，郎之組織實即皇帝的衛隊。孝廉拜郎，顯然是令其先在皇帝衛隊中接受軍事訓練，學習各種禮儀，為此後任職奠立一個基礎。這種做法，當為古時以射取士之制的遺風。它給兩漢仕進制度明顯地蒙上了一層尚武的色彩。

## 三

兩漢仕進制度的第三個特點是，先選後考，選舉與考課不分。

何謂「先選後考」？原來，兩漢的察舉與考試是相輔而行、相互為用的；而且又總是察舉在先，考試在後。其考試方法，有對策、射策之分；其考試種類，有天子策試、公府複試、博士三科、博士弟子員試等等。應當指出的是，兩漢取士，察舉乃關鍵的一步，而對策之類的考試不過量才錄用而已。因此，過去頗有不少人認為它並非真正的考試。例如劉勰《文心雕龍·議對》云：「對策者，應詔而陳政也；射策者，探事而獻說也……二名雖殊，即議之別體也。」葉夢得《石林燕語》卷九云：「漢舉賢良，自董仲舒以來，皆對策三道……當時未有黜落法，對策者皆被選，但有高下爾。」

所謂「選舉與考課不分」，即指兩漢察舉的科目，每每也是對現任官吏考課的項目。試看以下諸例：

> 《漢書·平當傳》：少為大行治禮丞，功次補大鴻臚文學，察廉為順陽長，栒邑令，以明經為博士，公卿薦當議論通明，給事中。

> 《王吉傳》：少好學明經，以郡吏舉孝廉為郎，補若盧丞，遷雲陽令，舉賢良為昌邑中尉。

> 《趙廣漢傳》：少為郡吏，州從事，以廉潔通敏下士為名，舉茂材，平準令，察廉為陽翟令。

---

〔註4〕《史記·司馬相如列傳》。
〔註5〕《漢書新證》，天津人民出版社1979年版，第89頁。

《蓋寬饒傳》：明經為郡文學，以孝廉為郎，舉方正，對策高第，遷諫大夫，行郎中戶將事。

《酷吏傳・尹賞》：以郡吏察廉為樓煩長，舉茂材，粟邑令。

《後漢書・王堂傳》：初舉光祿茂才，遷榖城令……三府舉堂治劇，拜巴郡太守。

《袁安傳》：舉孝廉，除陰平長，任城令……三府舉安能理劇，拜楚郡太守。

《劉祐傳》：初察孝廉，補尚書侍郎……除任城令，兗州舉為尤異，遷揚州刺史。

從以上的實例不難看出，兩漢的現任官吏能按照孝廉、茂材、賢良、方正、明經、治劇、尤異等科目被察舉升遷〔註6〕，可見當時布衣登庸之途與已仕官吏之考課，並無嚴格區分。兩漢實行的所謂「光祿四行」，則更能體現出這方面的意義。眾所周知，兩漢各種出身而拜郎者〔註7〕，悉居三署（即五官署，左、右署），由光祿勳主之，歲以「四行」（一說為「質樸」、「敦厚」、「遜讓」、「有行」，另說為「敦厚」、「質樸」、「遜讓」、「節儉」）科第從官，史稱「光祿四行」。這一做法，顯然具有察舉常行科目的性質，而實際上，卻又是對三署郎官的考課擢升。科舉時代，雖然存在有如唐宋之已仕者應制科（制舉）進官，明之流外官鄉試中舉等情況，但畢竟屬於特例；其與兩漢選舉考課不分的普遍現象，尚不可同日而語。

## 四

兩漢仕進制度還有一個明顯特點，即辟舉之盛行。宋人章俊卿曾指出：

選舉之法，一變而為辟舉，再變而為限年，三變而為中正，四變而為停年，五變而為科目。〔註8〕

由此可見，實行辟舉乃仕進史上帶有轉折性的變化之一。它在兩漢仕進史上無疑佔有重要的地位，是一個突出的問題。

辟舉又稱「辟除」、「辟署」等，它是高級官吏任用屬員的一種制度。兩漢

〔註6〕據《漢書・宣帝紀》所載黃龍元年（前49）夏四月詔，其後舉廉吏限於六百石以下低級官吏。

〔註7〕據清人王鳴盛考證，漢之選郎共有六途：任子，納貲，上書，孝廉，射策甲科，六郡良家子（見《十七史商榷》卷二十五《選郎》）

〔註8〕《山堂考索續集》卷三十八。

之辟舉，一為公府辟除，二為州郡辟除。一般來說，辟舉入仕須分為兩步進行：即先辟為掾屬，然後再由辟主向朝廷推薦。而其第一步辟為掾屬，又有兩種情況：一是公府與州郡長官奉皇帝敕令辟除，一是自辟除。本文所講的辟舉之制，則專指自辟除而言。

據《後漢書·百官志》注：「漢初掾史辟，皆上言之⋯⋯其後皆自辟除。」可見漢初尚不能自辟除。不過，注文中「其後」的具體時限為何，卻語焉不詳。《漢書·高帝紀》載漢高帝十二年（前195）三月詔云：「吾⋯⋯與天下之豪士賢大夫共定天下，同安輯之。其有功者上致之王，次為列侯，下乃食邑。而重臣之親，或為列侯，皆令自置吏，得賦斂，女子公主。」依此而論，似乎在高帝大封功臣之後「自置吏」（包括「官」與「吏」）即已開始實行。文帝時，賈誼在《治安策》裏講，各諸侯國已「偏置私人」〔註9〕，想來其時自辟除的做法已經較為普遍。當然，自辟除的真正盛行，無疑是在東漢時期了。

值得注意的是，史學界有一種意見認為，秦時已有自辟除掾屬的制度〔註10〕。照此說來，自辟除之制豈不早已有之？將其作為兩漢仕進制度的特點豈不大為遜色麼？為此，有必要在這裏略作一點辨析。

一般說來，漢承秦制；尤其漢初之制，更多直接因襲於秦。前引《後漢書·百官志》注所記「漢初掾史辟皆上言之」的制度，很可能也是這樣。依此而論，秦時當沒有自辟除之制。此其一。

雲夢秦簡《秦律十八種·置吏律》規定：「除吏、尉，已除之，乃令視事及遣之；所不當除而敢先見事，及相聽以遣之，以律論之。」可見秦時嚴禁私自任用官吏。同律又規定：「嗇夫之送見它官者，不得除其故官佐、吏以之新官。」試想：秦時官員調任，既然連原佐、吏都一律不許帶至新任官府，那麼，其欲自辟掾屬，似乎就更加不可能了。此其二。

誠然，秦簡《置吏律》還有關於「縣、都官、十二郡免除吏及佐、群官屬，以十二月朔日免除，盡三月而止之」的規定；《內史雜》亦有「官嗇夫免」、「其官乏置嗇夫」的規定。但若據此便判定秦可自辟除掾屬，似仍嫌理由不足。因為律文中僅僅說了「免除」、「乏置」，但究竟如何「除」「置」，是奉命而行，

〔註 9〕見《漢書·賈誼傳》。

〔註10〕這種意見，遠的例子，如薩孟武氏即主此說（見《秦的官僚政治及其文官制度》，載《新政治》七卷一期，1943 年 10 月）；近的例子，如高恒亦持此論（見《秦簡中與職官有關的幾個問題》，載中華書局編輯部編《雲夢秦簡研究》，1981 年版第 209～210 頁）。

抑或自辟除，律文本身並未交代清楚。相反，如果聯繫商鞅變法以來秦所奉行
的君權絕對主義，以及前述之《百官志》注文，則不難推見，其「除」「置」
之法，倒很可能是前者而不是後者。此其三。

　　如眾所知，秦除置官吏均採用保舉制。秦之保舉，又稱「任」。秦簡《除
吏律》「任法（廢）官者為吏」，「嗇夫任之」，《法律答問》「任人為丞」，《史記·
范雎列傳》「任人而所任不善者」等，均其用例。過去有人據《史記·李斯列
傳》「不韋任李斯為郎」的史實，斷定秦之公卿守令亦可自辟其掾屬，顯然是
由於沒有搞清楚「任」即「保舉」的特定含義而造成的誤解。實際上，呂不韋
任李斯為郎，乃呂保舉李做秦王的郎官，而並非呂氏自行辟除。此其四。

　　從以上四點來看，目前要完全確認秦時已如兩漢那樣，可以自辟除掾屬，
尚不大能令人真正信服。當然，兩漢時自辟除之制，也絕不是突然從天上掉下
來的；作為一種制度，必然有它發展的淵源關係。就秦而論，其舍人入仕一途
即與兩漢辟舉極為相似；〔註11〕從一定的意義上講，可算作辟舉的雛形。毋庸
置疑，雛形還不等於定型。惟其如此，所以自辟除作為兩漢仕進制度的特點，
才更顯出了它應有的意義。

　　兩漢之後，辟舉雖存，但其勢已遠不如兩漢那樣熾烈。隋時，「海內一命
之官，並出於朝廷，州郡無復有辟置之事」〔註12〕。隋之後儘管辟舉亦時有
之，然其法不一，僅僅作為科目入仕的一種補充手段而已。

　　兩漢王朝正值我國封建社會的初期階段。這時封建經濟基礎尚有較廣闊
的發展餘地，與封建經濟基礎相適應的上層建築諸因素，尤其是各項政治制
度，其完善、複雜的程度，同封建社會中、後期相比，自然有較大的距離。正
是出於這樣的原因，才導致了有如上述的兩漢仕進制度的一系列特點。而這些
特點，遂使兩漢仕進制度顯示出了自己獨有的格局。因此，探討兩漢仕進制度
的特點，無論對於兩漢仕進史的研究，抑或對於整個仕進史的研究，都具有重
要的意義。由於筆者水平有限，以上所述難免紕漏，還望學界師友及讀者給予
斧正。

　　　　　　　　　　　　原載《西北大學學報》哲社版 1982 年第 4 期

―――――――――――

〔註11〕關於舍人入仕問題，請參閱拙稿《秦仕進制度考述》（載《中國史研究》1982
　　　　年第 1 期）。
〔註12〕《文獻通考·選舉考十二·辟舉》。

# 漢代退免制度探討

　　退免與選拔，是人事管理中互為制衡、互為補充的一對矛盾。有選拔就需要有退免，沒有退免也就沒有選拔。我國歷史上退免制度的建立，人們一般都追溯到春秋戰國。逮乎兩漢，隨著察舉選官制度的建立、實施，退免制度的發展也進入一個新階段。與察舉制相應的退免制度，為保持漢王朝官吏隊伍的活力與政治體制的穩定，起了重要的作用。而當時所奠立的官吏退免的基本模式，亦為以後歷代所遵循。今天，探討漢代的退免制度，無論是對於兩漢政治史、社會史的深入研究，抑或是對整個中國退免制度史及特有國情的系統考察，均不無重要意義。

## 一、正常的退免途徑

　　退免制度主要由各種退免途徑（簡稱免途）構成。退免途徑原則上可以分作兩類：一是非常免途，即官吏因觸犯法律或紀律而被黜罷；再是正常免途，即非懲治手段的退免，舊典籍稱曰：「休致」或「致仕」（亦作「致事」、「致政」）。這裡，僅依兩漢書的記載為主，先將正常的退免途徑剖析如下：

### （一）歸老

　　官吏因年老請求辭職歸家曰歸老。例如：「孝景季年，萬石君（石奮）以上大夫祿歸老於家」（《石奮傳》）；張歐「老篤請免，天子亦寵以上大夫祿歸老於家」（《張歐傳》）；胡廣「拜司空，告老致仕」（《胡廣傳》），等等。官吏歸老的年齡，據《禮記》、《白虎通義》等書的記載，似應為 70 歲，但實際上並不以此為限。上舉例中，石奮歸老時已年近八旬，而胡廣告老致仕僅 61 歲。

　　歸老雖為一獨立的免途，但史書中單言老的實例並不多，而較為常見的是

老與病相連，稱作「謝病稱老」（見《張蒼傳》），或「以老病策罷」（見《魯恭傳》），或「以老病求歸」（見《盧植傳》）等等。

## （二）病免

官吏因疾病而免職家居謂之病免。此途在兩漢極常見，除稱「病免」外，史籍中還有多種不同稱謂，如「病歸」、「謝病」、「謝病免」、「以病免」、「以病免官」、「以病去官」、「病去」、「稱病去」、「以病去」、「移病」、「移病免歸」、「移病去」、「稱疾歸田里」、「因病歸家」、「以疾自退」、「辭疾而去」、「以疾去」、「託疾歸家」、「託疾去官」、「以病自上」、「以疾自上」、「以病乞身」、「以疾乞身」、「病罷」、「稱疾不視事」、「稱疾不起」、「稱疾不聽政」、「以病致仕」、「上病自乞」、「上病去官」、「上病」、「以病遜位」、「以病乞退」、「稱病求退」、「謝病不朝」、「謝病不起」、「稱疾不朝」等等。據對兩漢書列傳中明確記載退免情況的人物統計，西漢官吏約 25%曾因病免官，東漢時則增加到 29%，可見漢代官吏病免率是相當高的。

病免官吏中，亦不乏假病免者。這些人出於其他原因而藉口有病以求辭職。例如：「孝惠時，呂太后用事，欲王諸呂」，陸賈「自度不能爭之，乃病免」（《陸賈傳》）；孝景即位，竇嬰為詹事，「太后憎嬰，嬰亦薄其官，因病免」（《竇嬰傳》）；蕭望之「從少府出為左遷，恐有不合意，即移病」（《蕭望之傳》）；何休「詔拜郎中，非其好也，辭病而去」（《何休傳》）；謝該「仕為公車司馬令，以父母老，託病去官」（《謝該傳》）；張霸任郡守三年，以為「日中則移，月滿則虧」，遵老氏言「知足不辱」，「遂上病」（《張霸傳》），等等。

漢家故事，官吏有病，滿三個月，即行免職。不過一般情況下，皇帝均「優賜其告」，即延長假期，「使帶印綬，將官屬，歸家養疾」（《陳忠傳》注引《前書音義》）。只有少數特例，如西漢末的谷永，是滿三月及時免官的。成帝時，始定「郡國二千石賜告不得歸家」（《馮野王傳》）。和帝時又進一步取消了賜告的規定（見《高帝紀》注文）。然觀東漢之史實，可知官吏上病或病罷後，每有徵拜之舉，使其以新拜之職養病，表示優待。如桓帝時趙諮任東海相三年後，「以疾自乞，徵拜議郎，抗疾京師」（《趙諮傳》）；靈帝時橋玄任太尉「以疾罷，拜太中大夫，就醫里舍」（《橋玄傳》）等，皆其例證。

## （三）乞骸骨

《竇融傳》「融復乞骸骨」句注引《說苑》云：「晏子任東阿，乞骸骨以避

賢者之路。」可見「乞骸骨」是一種要求去職的自謙之詞。不過，這三個字在漢代使用的情況相當複雜，必須作具體的分析。

1. 乞骸骨與「老」相連，表示告老。如「以老乞骸骨」（見《劉昆傳》），「以年老乞骸骨」（見《卓茂傳》）等。

2. 乞骸骨與「病」相連，表示告病。如「以病乞骸骨」（見《伏恭傳》、《欒巴傳》、《楊璿傳》），「稱病乞骸骨」（《匡衡傳》、《樂恢傳》），「以疾辭乞骸骨」（見《劉祐傳》），「以病自上乞骸骨」（見《爰延傳》），「以疾乞骸骨」（見《鄧彪傳》）等。

3. 乞骸骨與「老病」相連，表示告老告病。如「以老病乞骸骨」（見《張禹傳》、《杜延年傳》、《王龔傳》），「以老病上書（疏）乞骸骨」（見《郭伋傳》、《劉平傳》）等。

4. 單言乞骸骨，可以表示多種意義。如「有地震之變，願乞骸骨」（《王莽傳》記王邑言），「變異不已，故乞骸骨，歸咎於身」（《杜欽傳》），是說因災變大臣引咎辭職。再如「慚懼，乞骸骨去」（《杜欽傳》），「惶恐，上書自劾，歸侯印，乞骸骨」（《于定國傳》），「不自安，上書乞骸骨」（《張禹傳》），是說因慚懼、惶恐的情感驅使而請求去職。再如「乞骸骨，避帝外家」（《傅喜傳》記王莽事），是說在統治階級內部鬥爭中，大臣以乞骸骨作為韜晦之計，暫避鋒芒。再如「上疏謝罪，乞骸骨」（《杜欽傳》），「深自罪責，願乞骸骨罷」（《劉歆傳》），是說以乞骸骨來反省罪責。

應該指出，官吏乞骸骨只是提出辭職要求，批准權則在皇帝手中。史書中有不少乞骸骨未準的記載，這自然不能算作退免。

## （四）以喪去官

漢代大臣遇喪事，則去官行服。雖然服喪時間有限定，但在此期間，畢竟退居家中不問世事，所以是可以視為退免的。正如一位外國研究者所指出的：「這是照例發生在居官生涯中途的一種『安息』制度，給他以時間去進修、反省，最後寫出他所計劃的書……，養息在官場應酬中弄疲乏了的身體，恢復由房幃姬妾所損耗的精力。」（魏萊〔Arthur waley〕語。轉引自費正清：《美國與中國》。）

漢代喪假專稱作「寧」。自文帝遺詔，提倡喪制從簡之後，西漢大體實行三十六日釋服之制，但史書也屢見行服三年的記載。如《公孫弘傳》記弘後母喪「服喪三年」；《楊雄傳》應劭注引《漢律》云：「以不為親行三年服，不

得選舉」；《哀帝記》載哀帝即位下令博士弟子父母死，予寧三年，等等。東漢初，光武帝絕告寧之典，規定公卿、二千石、刺史不得行三年喪。安帝元初中，又詔大臣行三年喪，但不久即廢。後來或聽或斷，一再反覆，誠如越翼所言：「終漢之世，行喪不行喪迄無定制。」（《陔餘叢考》卷一六《漢時大臣不服父母喪》）

由於漢代統治者倡導以孝治天下，故實際上棄官行服之舉是普遍存在的，尤其東漢更甚。官吏不僅遭父母之喪去官，而且去官因祖母喪（見《宋均傳》）、伯父喪（見《戴封傳》）、兄喪（見《韋義傳》）、姊喪（見《陳重傳》）、弟喪（見《譙玄傳》）、師喪（見《延篤傳》《孔昱傳》）、郡將（舉將）喪（見《傅燮傳》《童翊傳》）的現象也比較常見。另外，漢碑中還有以叔父憂、伯母憂、從兄憂解官而歸的記載（參見《隸續》卷一六《北海相景君碑陰》洪氏跋）。

官吏告老告病之後，原則上均享受國家的優待，但具體要視其官位、功績與恩寵程度，由詔令加以規定。大體說來，致仕官吏的待遇分經濟、政治兩方面。經濟方面，主要是俸祿。一般情況下，只享受原俸的 1/3，但也有享全俸者，或三公享二千石俸者。另外，還有致仕時一次性的賞賜：錢（黃金）、糧穀、牛（羊）酒、房屋、車馬等等。政治方面，一般是詔地方官按時持羊酒「存問」，特殊的還可「奉朝請」，等等。光武朝，為安撫功臣，當其上印綬而罷官時，還特增戶邑，以示恩典。至於像王莽執政時，對孔光歸老後「官屬按職如故」的情況（見《孔光傳》），則是個別的特例了。

## 二、非常的退免途徑

漢代的非常免途，主要有：

### （一）免

官吏除因病以外的各種原因被免職，統統可謂之免。漢世「居官數免」，是司空見慣的事。不過既言免，大多情況下當含罷黜之意。兩漢書中這方面的記載，情況相當複雜，特歸納如次：

#### 1. 單言免

甲：明確交待被免原因者

這種情況常用的形式，一是「以……免」，如「以奉使不稱免」、「以日變（食）免」、「以過免」、「以故吏免」、「以災異免」、「以地震免」、「以寇賊免」、「以無功免」、「以蠻夷反叛免」等等。再是「坐……免」，如「坐法免」、「坐

事免」、「坐軟弱不勝任免」、「坐失死罪免」、「坐郡中被災害什四以上免」、「坐戶殿門失闌免」、「坐繫考上書者免」、「坐辟召禁錮者為吏免」、「坐水潦事免」等等。此形式又每每簡化作「坐免」，或變異作「坐事為城旦」、「坐事論」、「坐法（事）抵罪」、「坐抵罪」、「坐……徙」、「坐……徵」、「坐……誅（棄市）」等等。需要指出的是，上述兩種形式也有交叉現象，如「坐以免」。另外，還有「公事免」、「公事去官」、「有罪免」、「有罪去」等形式。

乙：不說明被免原因者

此類情況當為史書省文，例如《石奮傳》「張相如為太子太傅，免」，《師丹傳》「為博士，免」，《邳彤傳》「轉少府，是年免」，《魯丕傳》「遷為侍中，免」等。由於被免原因不明，故分類上有一定困難。本文將之歸入非常免途，只是一種模糊的處理法。

丙：在免字後黏連附加語作進一步說明者

例如「免官」、「免歸」、「免歸第」、「免歸鄉里」、「免為庶人」等。這種情況與前述的情況述可有交叉，如「坐法免官」、「坐事免官」、「坐法免歸鄉里」、「坐事，論免為庶人」等等。另也有以近義字取代免字者，如「免歸」作「黜歸」、「廢歸」、「遣歸」等等。

2. 策免

策免亦作冊免。原來漢代三公一類高級官吏免職，一般都賜策（冊），故稱策（冊）免。《漢書》里保留有不少節錄的策文，其格式大率是先盡數被策免者的過失，最後下令上（收）印綬，罷歸。如果言明「就國」或「遣就國」，則屬只免官而不奪爵者。像王莽那樣「使竭者以太后詔即闕下冊（董）賢」的方式，當屬特例（事見《董賢傳》）。值得注意的是，《薛宣傳》裏「冊免宣」一事，在《翟方進傳》裏寫作「丞相薛宣坐廣漢盜賊群起及皇太后喪時三輔吏並徵發為奸，免為庶人」，《孔光傳》「策免光」，在《朱博傳》寫作「免光為庶人」，可見「冊（策）免」也可寫作「坐……免」或「免……」。又《後漢書》裏還常見「以……策免」的形式。如「以日食策免」、「以陰陽不和策免」、「以災異策免」、「以地動策免」、「以軍還盜賊復發策免」、「以阿黨策免」等等。也有「坐……策免」的形式，如「坐子與××交通漏泄省中語策免」、「坐吏民疾病，仍災異，賜策免」等等。

3. 奏免

經劾奏而免官，又作「劾奏免」、「舉奏免官」、「奏黜」。劾奏者，在中央

雖多為負責監察的司隸校尉，但其他官員亦可舉奏，有時還由若干官員聯合劾奏；在地方則多為刺史。官吏舉奏，固然不少是出自本人的意願，如司隸校尉王駿奏免丞相匡衡（見《王駿傳》）；司直陳崇劾奏免陳遵兄弟（見《陳遵傳》）等，但更多的則是「承旨」或經權臣授意，例如太尉胡廣承旨奏黜滕撫（見《滕撫傳》），董卓使司隸校尉宣播以災異奏免黃琬、楊彪等（見《楊彪傳》），梁商、袁湯風州奏王堂在任無警免歸家（見《王堂傳》）等等。當然，這裡面就難免存在誣陷。

### 4. 誅連免官

在封建統治階級內部鬥爭中，某一首領人物倒臺後，其親朋、門生、故吏及所舉薦之人，一般都要受誅連而免官，有時還形成一種集團式免官。如李育為衛尉馬廖舉方正，再遷尚書令，及馬氏廢，育坐為所舉免歸（見《李育傳》）；鄧騭誅廢，陳禪以故吏免（見《陳禪傳》）。再如董賢廢黜後，「諸以賢為官者皆免」（見《董賢傳》）；王根、王況見黜後，「根及況父商所薦舉為官者皆罷」（見《元后傳》）；梁安國免官後，「諸梁為郎吏者皆坐免」（見《梁竦傳》）。這種現象實際上在整個古代都是普遍存在的。

### （二）下獄

官吏被下獄治罪，是最強硬的極端主義的黜罷形式。此形式在兩漢書裏，除了直書為下獄之外，又作「下吏」、「下廷尉」、「坐……下獄（吏）」、「坐事下獄」、「坐……考……獄」（如「坐黨事考黃門北寺獄」）、「下（收）……獄」（如「下廷尉獄」、「下洛陽獄」）、「坐……下獄死」、「坐徵下獄」、「坐……徵下獄」、「坐下獄」、「收付廷尉」、「坐徵詣廷尉」、「召致廷尉」、「召詣廷尉」、「召詣廷尉詔獄」、「坐……下廷尉」、「徵詣廷尉」、「繫廷尉」、「坐繫」、「坐事繫獄」「坐繫詔獄」、「坐檻車徵」、「坐……檻車徵」、「檻車徵」、「坐輸作若盧」、「下太守簿責」、「郡守收舉」等等。另外還有兩種情況：一是官吏自己主動下獄，稱作「自繫獄」、「自繫廷尉」、「自詣吏」，或簡作「自繫」；再是間接表示下獄，稱作「坐輸作左校」、「坐論輸左校」、「論輸左校」等。「左校」為將作大匠下轄的一個署，「凡臣工坐法，常輸作於此校也」（《後漢書集解》引李祖楙說），設有令、丞管理，勞作者稱工徒。

官吏下獄後的結果，有多種情況：或「免官」、「免為庶人」，或遇赦，或「無驗見原」，或「贖為庶人」，或「奪爵為士伍」，或「抵罪」，或「減死論」

（亦作「減死一等」、「減死」）、「髡」、「徙」，或「窮治死獄中」、或「自殺」，
或見誅，或詐死逃亡，或「上書自訟」，或「輸作左校」，或「疾病物故」，或
「左轉」等等。從《朱博傳》所記「召丞相詣廷尉詔獄，博自殺」一事，《孔
光傳》寫作「坐承傅太后指妄奏事自殺」來看，「召詣廷尉詔獄」即等於
「坐……」。由此可見，前述「免」類型中的「坐免」、「坐法免」、「坐……免」
等形式，亦可歸入「下獄」一途之中。這是兩種免途的交叉現象。另從一些實
例可知，下吏的一般過程，大體都是先經劾奏，然後下吏，再由廷尉致罪（見
《元后傳》記王章下吏事）；特別重要的，則需詣尚書對狀，經廷議，然後詣
廷尉詔獄。按照故事，「將相不對理陳冤」，當使者到府之際，大臣便自行引決。
像王嘉那樣「生自詣吏」，實屬特例（見《王嘉傳》）

　　（三）左轉

　　官吏被貶職左遷，是一種不完全的變相退免。《漢書》多寫作「貶秩」，
《後漢書》多寫作「左轉」。其具體運用，除僅言「貶秩」、「左轉」之外，還
常見「坐……貶秩」、「坐事左轉」、「坐公事左轉」、「坐左轉」、「坐法左轉」、
「坐……左轉」等形式。如黃霸徵守京兆尹，「坐發民治馳道不先以聞，又發
騎士詣北軍馬不適士，劾乏軍興，連貶秩」（見《黃霸傳》）；郅惲「坐事左轉
芒長」（見《郅惲傳》）；王堂「坐公事左轉議郎」（見《王堂傳》）；段潁「坐左
轉諫議大夫」（見《段潁傳》）；樊曄「坐法左轉軹長」（見《樊曄傳》）；任延
「坐專擅誅羌不先上，左轉召陵令」（見《任延傳》）。還有「下獄……左轉」、
「詣廷尉……左轉」的形式。如《陳禪傳》「劾禪下獄，有詔勿收，左轉為玄
菟候城障尉」；《周榮傳》「坐法，當下獄，和帝思榮忠節，左轉共令」；《董宣
傳》「坐徵詣廷尉，有詔左轉宣懷令」等。這些，似又可歸入「下獄」一途。

## 三、退免特例

　　兩漢退免之途，還有若干特例：

　　（一）棄官

　　官吏自行放棄官職而去謂棄官。常見的形式，一是直書為「棄官去」、「棄
官歸」；二是寫作「解印綬去」、「縣（懸）印綬去」；三是索性「不之官」、「不
之職」。這裡，需要討論的有兩種情況：

　　1.「自劾」。或作「自劾歸」、「自劾去官」、「投劾而去」、「自表免歸」等。
即自己劾奏自己而去官。這種情況原則上是可以歸入棄官類的。

2.「自免」。或作「自紲」、「自免去」、「自免歸」等，即本人自動辭職而去官。這種情況要作具體分析。如韋弘自免，顏注即云「以病去官」（見《韋玄成傳》），似應歸入「病免」之途。再如張蒼自紲，實為「謝病稱老」（見《張蒼傳》），理應劃入「歸老」一途。

此外，史籍中還常見「去官」、「去官（職）還家（鄉里）」、「去官歸家」的記載。無疑，「去官」是很籠統的話，包含多種情況，其中當然不能排除也含有棄官者。

### （二）禁錮

《漢書》中，官吏免歸鄉里，又稱「廢錮」。在《後漢書》裏，則常常可以見到官吏被禁錮的記載。如《張奐傳》「梁冀被誅，奐以故吏免官禁錮」；《羊陟傳》「李固被誅，陟以故吏禁錮歷年」等等。桓、靈之世，黨錮禍起，因黨事被禁錮者特別普遍。如巴肅「坐黨禁錮」（見《巴肅傳》），賈彪「以黨禁錮」（見《賈彪傳》），何休「坐廢錮」（見《何休傳》）等等。這雖是統治階級內部鬥爭的產物，但從退免的角度去觀察，完全可視為一種特殊的退免。

### （三）長休告

《丙吉傳》顏注解釋「長休告」云：「長給休假，令其去職也」。《鍾離意傳》則作「長休」。這本是長官免退掾史的一種辦法，但也有施之於官員者。如景帝賜衛綰「告歸」是其例證（見《衛綰傳》）。

### （四）賜冊逼令自殺

兩漢史冊上，除了大臣義不受刑而自殺的史實之外，尚有皇帝賜冊大臣逼令自殺之舉。翟方進的實例是很典型的。據本傳載：「上（指成帝）乃召見方進，還歸，未及引決。上遂賜冊曰：……使尚書令賜君上尊酒十石，養牛一，君審處焉。方進即日自殺。」

### （五）上還部分職權

漢代大臣因老病等原因，還可上還部分職權而保留一定的職位。如鄧彪為太傅，錄尚書事，後「以老病上還樞機職」，僅以太傅位薨（見《鄧彪傳》）。這種做法，似可稱之曰半退免。

## 四、退免制度的特點

主要由上述各種免途構成的漢代退免制度，有些什麼特點呢？

首先，它不完全是由國家強制力保證執行的行為規則，而是禮制與法制的混血兒。

眾所周知，古代休致問題的較早記載，見於《禮記》，其中《曲禮》云：

> 大夫七十而致事，若不得謝，則必賜之几杖，行役以婦人，適四方乘安車，自稱曰老夫，於其國則稱名，越國而問焉，必告之以其制。

聯繫這段話的前後文，誠如古代注疏家所指出的那樣，「此一節明人幼而成學，至於成德，終始之行，皆遵禮制」（《禮記正義》孔疏引《正義》文）。可見「大夫七十而致事」僅僅是一種「禮制」。大家知道，所謂禮，是泛指古代社會貴族等級制的社會規範和道德規範。它與法的一個重要區別在於；前者原則上出於自覺，而後者則強制實行。惟其如此，所以大夫七十致事才有「不得謝」的情況發生。「謝」，鄭玄注「猶聽也」。關於這層意思，《古今圖書集成》引清江劉氏的一段話，說得更為透徹：

> 古者大夫七中而致事，君非使之也，臣自行也。臣雖行之，君曰：是猶足以佐國家社稷也，留之不可失也。於是有几杖、安車之賜，所致留之也。君雖留之，臣曰：不可貪人之榮，不可恩人之朝，不可塞人之路。再拜稽首，反（返）其室。君不強焉，義也。毋奪其爵，毋除其祿，毋去其采邑，終其身而已矣。此古者致事泛義也。
>
> 是之謂上下有禮，故古者大臣讓，小臣廉，庶人法，百姓不竞。

毫無疑問，漢代的致仕理論，隨著時代的發展，亦有所進步。這主要反映在新增加的某些生理學的解釋方面。例如《白虎通義·致仕》講：「臣七十懸車致仕者，臣以執事趨走為職，七十陽道極，耳目不聰明，跂跨之屬，是以退去。」不過，細繹其基本觀點，如「跂跨之屬」退去的目的，在於「避賢者」，「長廉恥」，懸車，「示不用也」，致仕，「致其事於君」，君不使自去者，「尊賢者也」等等，可以明顯看出，漢代致仕理論基本仍然遵循古義，致仕活動依舊被限於禮制的範圍之內。

如果進一步再看有關史實，那麼問題便會更加清楚。據兩漢書記載，漢代官吏致仕大多數情況下，都經歷一個本人乞骸骨，天子回報表示挽留並加以優寵，而本人再三「稱篤」，然後才能獲准的過程。如杜延年任御史大夫三歲，「以老病乞骸骨，天子憂之，使光祿大夫持節賜延年黃金百斤、酒，加致醫藥；延年遂稱病篤；賜安車駟馬，罷就第」（見本傳）。再如于定國，「上書

自劾，歸侯印，乞骸骨；上報曰：……強食慎疾；定國遂稱篤，固辭；上乃賜安車駟馬，黃金六十斤，罷就第」（見本傳）。有些官員則先移病，當滿三月賜告時，稱篤上疏乞骸骨，致仕過程拖得很久，如疏廣父子例。甚者還有先令歸第養疾，若干年後，才聽上印綬的，如李通之例。另外，致仕前尚有「轉拜」、「徵拜」之舉。其或在乞骸骨之後，立即轉拜，然後「賜告歸」，經本人謝病稱篤，予以致仕；如鄭均、江革之例；或是在乞骸骨、天子加憂、本人稱篤後轉拜，然後歸鄉里，如樂恢之例。這種做法，顯然是給退免官吏以優待，令其致仕後仍然享有轉拜官職的身份與地位。從上述事實可以清楚看到，漢代退免制度中的致仕部分，具有濃厚的禮制色彩，而非是法制主義的做法。這樣就造成了漢代退免制度強制性不完全、不徹底的特點，使之成為既有禮制同時也有法制的混合體。

其次，它充滿了主次顛倒的扭曲現象。

現代人事管理學認為，正常情況下的非懲治手段的官員退免，對整個官員制度來說，是最大量最經常最主要的調節；如果喪失了這種調節，社會發展產生的新陳代謝的要求就會積累起來，導致非正常的調節手段，並影響到整個政治體制的穩定。以此作參照系來考察漢代的退免制度，我們會發現，這裡存在的卻是主次顛倒的扭曲現象。

按照前文關於漢代退免途徑的解析，我們對兩漢書列傳中，有明確退免情況記載的人物作了一個統計，結果如下表：

| 項目 數據 類別 | 統計例數 | 正常退免 | | 非常退免 | | 正常、非常混合 | |
|---|---|---|---|---|---|---|---|
| | | 例 數 | 百分比 | 例 數 | 百分比 | 例 數 | 百分比 |
| 西 漢 | 197 | 38 | 19.3% | 133 | 67.5% | 26 | 13.2% |
| 東 漢 | 297 | 72 | 24.2% | 167 | 56.3% | 58 | 19.5% |
| 總 計 | 494 | 110 | 22.2% | 300 | 60.8% | 84 | 17% |

上面的統計，不妨看作一種抽樣調查。其數據表明，兩漢官吏的非常退免是大量的、經常的和主要的；相反，正常退免所佔比例很小。我們所說的「主次顛倒的扭曲現象」，就是指此而言。

值得注意的是，由於這一特點，遂使漢代退免制度的制衡功能受到極大的限制。要之，就是說其制衡功能具有狹隘的時效性，即只有在王朝開創初期或所謂的「聖主」「明君」時期，才能正常發揮作用（請注意：即令在這種

情況下，其制衡功能也是極有限的）；而到了王朝的後期或昏君當政之際，退免制度不僅不能發揮制衡作用，相反，只能成為統治階級內部權力之爭的一種工具。

再次，它體現了君權至上的原則。

在中國古代絕對君權的封建專制主義體系之中，任何政治制度都是為維護君權、加強中央集權服務的。漢代退免制度作為特定的政治制度的組成部分，自然不能例外。因此，它體現的總原則必然是君權至上。

這裡說的君權至上有三層含義：

其一，退免制度的制衡作用是集權型而不是分權型的；其目的不是限制政治權力的過分集中，防止專制主義的寡頭政治，而是要加強封建專制主義的絕對君權。

其二，官吏退免過程中，起主導作用的是自上而下的牽制，換言之，即皇帝個人說了算，甚至皇帝的喜怒哀樂，均足以決定一個官員的命運，而官吏只有處於被動的地位。例如陳龍任廷尉時，「坐詔獄吏與內交通抵罪」，結果皇帝一紙詔書，不僅「免刑」，而且還「拜為尚書」（見本傳）。再如郅都因處理臨江王一案得罪竇太后，結果太后「怒」，「以危法中都」（顏注：「謂構成其罪也」），使之「免歸家」（見本傳）。類似的實例，可以說俯拾皆是。這裡所反映的，全是自上而下的君王意志，而看不到絲毫自下而上的社會意志的制約。

其三，執掌國家最高權力的皇帝，從來不受什麼退免制度的制衡，而世代獨享至高無上的大權。關於這一點，無須贅言，大家都是明白的。

## 五、奇特的社會效果

漢代退免制度的實施，產生了奇特的社會效果。

### （一）有力地促進了官吏流動

一般地講，封建專制政治是禁錮封閉型的，它不允許開放、競爭和流動。不過，當我們考察中國的政治結構時，很容易發現，在絕對嚴格的皇帝世襲制下，對官吏卻採用了比較靈活的做法，使之處於經常的流動狀態。揚雄《解嘲》所說的「當塗者入青雲，失路者委溝渠，旦握權則為卿相，夕失勢則為匹夫」，生動地反映了這種情形。之所以如此，退免制度起了不可低估的作用。

漢代退免制度所造成的官吏流動，主要是通過非常免途來實現的。從前述可知，漢代官吏的罷免，是經常的、大量的。《杜周傳》記載當時詔獄之狀云：

「二千石繫者新故相因，不減百餘人。郡吏大府舉之廷尉，一歲至千餘章。章大者連逮證案數百，小者數十人；遠者數千里，近者數百里。」由此可見官吏坐法黜罷者人數之眾多。尤其是高級官吏，變動更為頻繁，故致人有「大臣難居相位」之感歎（見《侯霸傳》），史有「歲旬間閱三相」之記載（見《孔光傳》）。據統計，西漢時丞相一職，平均任期為 4.55 年，大率與現代任期制常見的 4～5 年任期相若；而東漢之三公，平均任期只有 2.43 年，其中司徒 2.6 年，司馬（太尉）2.4 年，司空 2.3 年。高級官吏如此的變動速度，實在令人歎為觀止！另據統計，兩漢書《本紀》中記載的重大免黜事件共 306 起，平均 1.4 年即有一起事件發生。官吏大量的頻繁的黜罷，結果勢必帶來官吏隊伍的流動。

官吏流動，有助於提高官員的素質，增加官吏隊伍的活力，使官府保持良好的辦事效率。當代一些發達國家，有意識通過各種方式造成公職人員的頻繁變動（如美國年平均變動率保持在 1/4 左右），以求取得積極的效果。應該承認，漢代官吏的流動，客觀上也具有這方面的社會功能。澳大利亞學者曾運用定量方法對漢代吏治進行分析，在研究了中央對地方的控制狀況、上級公文下達和付諸實施的速度、地方及中央官吏的工作責任心等一些「指數」後，認為漢朝的吏治是當時世界上最有效率的，超過了同時代的羅馬帝國。

不過，這只是問題的一個方面。另方面，官吏的頻繁流動同時也帶來了其他社會後果。西漢末，王嘉曾指論其弊，一是「送故迎新，交錯道路」；再是「二千石益輕賤，吏民慢易之，或持其微過，增加成罪，言於刺史、司隸，或至上書章下，眾庶知其易危，小失意則有離畔（叛）之心」；三是「守相威權素奪」，「吏士臨難，莫肯伏節死義」（見《王嘉傳》）。東漢初的朱浮，也有類似的看法。他指出：「天地之功不可倉卒，艱難之業當累日也。而間者守宰數見換易，迎新相代，疲勞道路。尋其視事日淺，未足昭見其職，既加嚴切，人不自保，各相顧望，無自安之心。有司或因睚眥以聘私怨，苟求長短，求媚上意。二千石及長吏迫於舉劾，懼於刺譏，故爭飾詐偽，以希虛譽。」（見《朱浮傳》）他們均十分嚮往文帝時期「吏皆積久，養老於官，至名子孫，因為氏姓」的故事。當然，這也是不現實的。事實上，任職的長與短，均不可絕對化，二者各有利弊。

應當看到的是，因黜罷而造成的流動，對於官吏的心理觀念，亦產生了很大的影響。他們總結為吏之道，得出了一些具有時代色彩的獨特結論。例如酷吏尹賞臨死前戒其子孫曰：「丈夫為吏，正坐殘賊免，追思其功效，則

復進用矣。一坐軟弱不勝任免，終身廢棄無有赦時，其羞辱甚於貪汙坐臧
（髒），慎毋然！」（見《尹賞傳》）蓋漢代酷吏盛行，顯然與此心理因素不
無關係。

### （二）造成了事實上的官吏終身制

漢代退免制度儘管帶來了官吏隊伍的流動，但流動的範圍卻很狹窄，基本
上限於有官人的圈子之內，而不全是社會流動。許多情況下，都是免去此官，
復任彼官，每每還會晉升。例如胡廣，在公臺三十餘年，歷事六帝，「每遜位
辭病，及退免田里，未嘗滿歲，輒復陞進，凡一履司空，再作司徒，三登太尉，
又為太傅」（見本傳）。胡廣之例，實是漢代官吏流動的一個縮影。惟其如此，
所以便出現了一種極其矛盾的現象：一方面是官吏走馬燈式地變動，一方面卻
造成了事實上的官吏終身制——即多數官吏雖經不止一次的免黜，但最後仍
然以官壽終。

為了更直觀地說明這一社會現象，我們將兩漢書列傳中有官人的壽終情
況作了一個統計，結果是這樣的：

| 項目<br>數據<br>類別 | 統計例數 | 卒 官 | | 卒 家 | |
|---|---|---|---|---|---|
| | | 例 數 | 百分比 | 例 數 | 百分比 |
| 西 漢 | 273 | 140 | 51.3% | 64 | 23.4% |
| 東 漢 | 409 | 202 | 49.4% | 134 | 32.8% |
| 總 計 | 682 | 342 | 50.2% | 198 | 29% |

| 刑 誅 | | 下獄死 | | 自 殺 | |
|---|---|---|---|---|---|
| 例 數 | 百分比 | 例 數 | 百分比 | 例 數 | 百分比 |
| 34 | 12.5% | 6 | 2.2% | 29 | 10.6% |
| 16 | 4% | 25 | 6% | 32 | 7.8% |
| 50 | 7.3% | 31 | 4.6% | 61 | 8.9% |

從上表的數據可知，卒官者的比例達 1/2，卒家者尚不足 1/3。而實際上，
「刑誅」、「下獄死」、「自殺」三項也是可以看作死於官的，這樣，卒官者的比
例還要大些。

按理講，官吏的流動是不利於終身制的發展，乃至會消滅終身制的，然而
漢代官吏的流動所導致的結果卻恰恰相反。這種現象之所以出現，蓋直接與漢
代退免制度的特點有關。它反映了漢代退免制度制衡功能的局限性和不徹底

性，同時也正是中國特殊國情之所在。

## 六、餘論

關於中國古代退免制度的研究，是近年來學人頗感興趣的一個課題。不過考察已發表的論著，很容易發現研究者所注重的，大體限於正常免途中的告老告病，而對於非常免途，論者極少。通過以上對漢代退免制度的探討，我們可以看到，告老告病的致仕制度，在整個退免制度中只是處於很次要的地位，因此對它的功能不可估計過高。相反，如果忽略了非常免途的研究，則勢必不能抓住古代退免制度的真諦，因而也就無法揭示中國古代政治結構深層次的奧秘。

1988 年暑假於滻水之濱

原載《秦漢史論叢》第四輯，西北大學出版社，1989 年

下篇　陳直學研究

# 陳直先生與秦漢史研究——紀念
# 陳直先生逝世 20 週年暨誕辰 100 週年

## 引言

　　今年是新世紀的開始，也是著名的史學家、考古學家陳直教授逝世 20 週年暨誕辰 100 週年的年份。我們以深深的敬意，無限緬懷這位曾對秦漢歷史和秦漢考古研究，對中國學術事業發展，做出巨大貢獻的前輩；也僅僅以這種著文的樸素形式，來紀念這位終生奉獻學術事業的師長！

　　時間倒退回 20 年前，記得那是一個初夏的早晨，我們突然接到陳直先生病危的消息。當我們急忙趕到西大新村先生的家中時，他老人家已經停止了呼吸。當時，我怎麼也不敢相信這就是事實！因為前兩天我還請大夫來先生家中為他做身體檢查，大夫親口對我講沒有發現異常現象，何以兩天之間便有如此大的變化呢！然而，面前的這一切，任何高手也回天無力了！先生逝世的噩耗傳出後，學術界無不以失去這樣一位宗師而深感悲痛，王冶秋、夏鼐、林甘泉、徐中舒、于省吾、謝國楨等著名歷史學家和考古學家都以各種方式表達哀悼之情。我們作為先生的受業弟子，喪師之痛，更是難用言語表述。如今，儘管 20 年已經過去，但這些往事，猶歷歷在目，好像昨天才發生的一般。

　　眾所周知，陳先生治學，路子很寬，歷史文學，諸子百家，文物考古，金甲陶文，名物訓詁，譜牒宗教，曆算醫藥，幾乎無所不綜。但他用力最勤者，還在秦漢史研究。用先生自己的話講，叫做「喜治秦漢史」〔註1〕。因此，先

〔註 1〕陳直：《摹廬叢著七種》自序，齊魯書社，1981。

生的學術成就，於秦漢史最為卓著；他治史的經驗，於秦漢史領域最為豐富。在紀念先生逝世 20 週年暨誕辰 100 週年的時候，如果對這方面有所總結，使之啟迪後學，繼承發揚光大，無疑是對先生最好最有意義的一種紀念。

## 新突破

大凡研究中國古代史，前四史是不能不讀、不能不研究的。這就是說，中國古代史工作者，對於秦漢史幾乎無人不通曉、無人不研究。因此，在秦漢史這塊園地中，研究的成果特別密集，題目大多都被人做過，很難再找到未開墾的處女地。面對如此一個屢經深耕細作的領域，陳直先生硬是憑藉著他那深厚的學術功底，以敢啃硬骨頭、敢打硬仗的無畏精神，通過辛勤的耕耘，取得了新突破。這裡不妨以他的《史》、《漢》研究為例，來做具體的說明。

陳先生的《史》、《漢》研究，發端很早。他從十三歲起即系統研讀《史記》、《漢書》，以後每二年必通讀一次，相沿為習〔註2〕。二十四歲時，他便寫出了《史漢問答》二卷〔註3〕，反映出這方面研究的濃厚興趣。後來他在西北特別是在西安供職期間，充分利用這裡曾是周秦漢唐故都所在地的文物優勢，採用文獻與文物考古相結合的方法，研究《史》、《漢》，研究古史，從而使其水平達到更高的層次。1957 年，他用 96 天時間，寫出了 13 萬字的《漢書新證》〔註4〕。次年，又完成了 14 萬字的《史記新證》〔註5〕。這是他《史》、《漢》研究的新成果，是他自認為可以傳世之作。1959 年《漢書新證》由天津人民出版社出版。當時出版社的《新書介紹》評價稱：

> 《漢書》成書後，注者甚多，唐之顏師古以前，注者已有二十餘家，顏師古以後，注者復有數十家。但這些注《漢書》的人，都以書面材料為主，轉相引證，問題滋多。本書著者是國內治《漢書》的專家，它所引用的材料，主要是出土的漢銅器、木簡、封泥等物，所以與前此《漢書》諸注，迥然不同。其中《百官表》考證，尤有精湛獨到之處，可以認為是研究《漢書》的重要著作。〔註6〕

50 年代，大陸人的商品意識還極其淡漠，所以上述介紹絕無廣告成分，

---

〔註2〕西北大學秦漢史研究室主編：《陳直先生紀念文集》西北大學出版社，1992。
〔註3〕西北大學秦漢史研究室主編：《陳直先生紀念文集》西北大學出版社，1992。
〔註4〕《晉陽學刊》編輯部：《中國現代社會科學家傳略》山西人民出版社，1982。
〔註5〕《晉陽學刊》編輯部：《中國現代社會科學家傳略》山西人民出版社，1982。
〔註6〕《晉陽學刊》編輯部：《中國現代社會科學家傳略》山西人民出版社，1982。

是非常平實的，許多地方甚至評價偏低。但由此亦不難看出《漢書新證》的非凡的學術價值；它對題無剩義的《漢書》研究來說，確乎是一個空前的突破。

1979 年，經過續證、訂補的《漢書新證》由天津人民出版社出版，其字數近 35 萬。先生《自序》云：

> 此書曾於一九五九年由天津人民出版社印行。新證云者，取別於舊注家之方式，所引用之材料，為居延、敦煌兩木簡、漢銅器、漆器、陶器，以及封泥、漢印、貨幣、石刻各種。其體例有時仿裝注，係證聞式，旁搜遠紹，故不偏重於音義。嗣後於五八年九月，又成史記新證二卷。至五九年一月，西大歷史系接受中華書局標點漢書之囑託，我亦參加工作，因此又將全部漢書，泛覽一過，歷四個月之久竣事。溫故知新，簽記所得，於是始有撰寫續證之計劃。殆暑期休假，隨讀隨記，歷時半歲，又成續證二卷。思及新續二證，各自為書，容有未善。乃於六○年十月，合前後兩編，再加訂補，匯為一書，即今本也。

同年，《史記新證》亦由天津人民出版社出版。先生在該書《自序》中指出：「余之為新證，是在會注考證（黃按：指日人瀧川資言的《史記會注考證》），及考證校補（黃按：指日人水澤利忠的《史記會注考證校補》）之外，加以解釋，其材料多取材於考古各方面」；「因漢書完成在先，與之重複者，大部分均已刪削」；「書名新證者，多以出土之古器物，證實太史公之記載，與逐字作訓詁音義者，尚微有區別」。顯然，《史記新證》同《漢書新證》一樣，也是運用文獻與文物考古相結合的方法，在古史研究領域取得的新突破。

大家知道，考古與文獻相結合的研究方法，首先由王國維提出，被稱作「二重證據法」，見王氏 1925 年所撰《古史新證》。同時王氏又在其題為《最近二三十年中中國新發見之學問》的演講中，說了如下膾炙人口的話：「古來新學問起，大都由於新發見。有孔子壁中書出，而後有漢以來古文家之學；有趙宋古器出，而後有宋以來古器物、古文字之學；惟晉時汲冢竹簡出土後，即繼以永嘉之亂，故其結果不甚著，然同時杜元凱注《左傳》，稍後郭璞注《山海經》已用其說，而《紀年》所記禹、益、伊尹事至今成為歷史上之問題，然則中國紙上之學問賴於地下之學問者，固不自今日始矣。」陳先生研究《史》、《漢》的方法，正是繼承了王國維所倡導的二重證法並有新的發展。對此，著名學者李學勤研究員曾作總結說：

我們知道漢代文物極為零散繁多，真是所謂片磚殘瓦，散金碎玉，而陳先生卻積幾十年的功力，加以彙集萃聚，一一與文獻相印證，為漢代研究別開生面。如他自己所說，這一新道路，「為推陳出新者所贊許，為守舊不化者所睥盱，知我罪我，所不計已。」他開拓的道路，已為學術界大多數所肯定了。這正是把王國維提倡的二重證據法做了進一步的發揮，從而取得豐富的成果。〔註7〕

上述陳先生關於《史》、《漢》的研究，集中反映了他在秦漢史領域所取得的突破性成就。而這些新突破的獲得，在很大程度上得益於「文獻與考古合為一家」的研究方法。特別是在擴大資料來源方面，他獨闢蹊徑，創新最多，給後人留下了一筆巨大的財富。

## 先行者

一般認為，歷史研究「自下而上」的理論取向，始於 20 世紀 60 年代崛起的美國的激進派史學家〔註8〕。例如吉諾維斯（Bugene Dominick Genovese）的《奔騰吧，約旦河，奴隸創造的世界》（Roll, Jordan, Roll: The World The Slaves Made, 1974）一書，以奴隸為主體，論述他們的宗教信仰、倫理道德、生活習俗、食物衣著、娛樂活動以及婚姻和性生活等各個方面，進而展現美國特有的奴隸制文明〔註9〕。再如以古特曼（Herbert G.Gutman）為代表的工人文化史學理論，則強調共同的工人文化對整個美國歷史的影響和作用〔註10〕。另外，被稱為歷史多元論者的津恩（Howard Zinn），其所著《美國人民史》（A Peoples History of United States, 1980），也是以黑人、美洲印第安人、白種工人、農民、囚犯、婦女、移民等社會下層民眾為中心來考察和解釋整個美國歷史的〔註11〕。這種「自下而上」的理論，近年來無論在國外抑或在國內都頗為流行，被許多史學工作者奉為圭臬。其實，這一研究取向在 1949 年後中國的史學實踐中早已存在；此中，陳直先生的秦漢史研究即是這方面的典型，只不過以往人們沒有把它提到應有的高度去認識罷了！

1958 年陝西人民出版社出版的陳直所著《兩漢經濟史料論叢》一書，由

---

〔註 7〕西北大學秦漢史研究室主編：《陳直先生紀念文集》西北大學出版社，1992。
〔註 8〕何兆武、陳啟能主編：《當代西方史學理論》中國社會科學出版社，1996。
〔註 9〕何兆武、陳啟能主編：《當代西方史學理論》中國社會科學出版社，1996。
〔註10〕何兆武、陳啟能主編：《當代西方史學理論》中國社會科學出版社，1996。
〔註11〕張廣智、張廣勇：《現代西方史學》復旦大學出版社，1996。

《西漢屯戍研究》、《關於兩漢的手工業》、《鹽鐵及其他採礦》、《關於兩漢的徒》、《漢代米穀價及內郡邊郡物價情況》等五篇論文組成。此書除了體現陳先生將文物考古資料與傳統文獻資料相結合的治學特點之外，最大的一項宗旨，即「發揮兩漢人民在手工業方面的高度成就」〔註 12〕。這種「發揮」「人民」「高度成就」的撰史宗旨，應該說同國外史家倡導的「自下而上」的研究取向，沒有本質上的區別。事實上，陳先生這一撰史宗旨，在《兩漢經濟史料論叢》出版之前，就已經付諸實踐。例如 1955 年他完成的《兩漢工人的形態》〔註 13〕，以及發表於《西北大學學報》1957 年第 4 期上的《漢代人民的日常生活》等一系列秦漢史的論文，便是很好的證明。

　　1980 年，經過增訂的《兩漢經濟史料論叢》，由陝西人民出版社重新出版。增訂版較初版增加了《兩漢工人的類別》《兩漢工人題名表》等一文一表，從而更加突出了全書的主題。對於新增加的一文一表，我在 10 年前曾作評述指出：

　　　　《兩漢工人的類別》與《兩漢工人題名表》，乃作者獨具匠心之
　　　作。前者在考察大量文獻記載與考古資料基礎上，將兩漢工人劃分
　　　為官府手工業及私人作坊兩大類，分別就私人作坊、工人技藝的發
　　　展與提高、工官設置、工人範圍的擴大、官府手工業鑄器存在的問
　　　題、分工問題、畫工寺工供工並工問題、工官署中主要器與兼作器
　　　的區別、官民工互助、京師考工令撥工幫助郡國、大司農工巧奴、
　　　官工兼多門技藝、一工兼兩工、漆工工令、工人題名次序稱呼位置
　　　諸問題、義工輩工傭工等多方面的內容展開了論述。文中作者高度
　　　稱讚了工人的創造性勞動，歌頌了他們的高貴品質和團結合作的精
　　　神，尖銳揭露了當時工人「能造各器而不能享用各器」的社會不合
　　　理現實，並對士大夫賤視工人現象作了批判。後者收集了漢代工人
　　　題名三百一十六個，其中見於文獻者僅十餘人，其餘皆從出土古物
　　　中發現。表中詳細羅列了工別、籍貫、時代、題名作品及所見著錄
　　　等情況。古今中外史學家當中，如此精心為工人樹碑立傳者，實不
　　　多見。〔註 14〕

〔註 12〕陳直：《兩漢經濟史料論叢》陝西人民出版社，1980。
〔註 13〕《晉陽學刊》編輯部：《中國現代社會科學家傳略》山西人民出版社，1982。
〔註 14〕西北大學秦漢史研究室主編：《陳直先生紀念文集》西北大學出版社，1992。

　　應該說，上面的評述至今仍不失其價值與意義。實際上，這也反映了陳直先生秦漢史研究的另一大特點。

　　其後不久，陳先生在寫給一個青年人的回信中，把他這種發揮人民高度成就、為工人樹碑立傳的撰史宗旨，概括為「搞人民史，搞手工業史，不搞帝王家譜」等幾句話〔註15〕。中外史家在思考他們的研究取向時，其切入點可能不盡相同，其具體的表述方式也可能不同，但在最後的結論上每每卻有著驚人的相似之處。陳直先生的「搞人民史」，與國外史家的「自下而上」，可謂之適例。二者確有異曲同工之妙。不過，從時間上來看，陳直先生顯然應該是一位更早的先行者。

## 陳直學

　　已故的秦漢史專家林劍鳴教授生前曾多次向我們說過：日本學者出於對陳直先生學問的欽佩與崇敬，有人提出要建立陳直學。對此，我雖然沒有直接看到過有關的文字材料，但從日本學術研究最高獎「學士賞」獲得者——大庭修博士《秦漢法制史研究》中譯版（上海人民出版社，1991）《序》所講的一段話：「當筆者年輕的時候——如果那時的中、日關係和今天一樣正常化，並有可能到中國來留學的話，我一定會到西北大學來投到陳直教授的門下」，以及給陳直先生冠以「最尊敬的」尊稱等情況來看，陳先生在日本學術界確乎享有極高的威望，林劍鳴教授的說法，當有所據。我想，這裡暫可不管國外學人是否建立或者已經建立陳直學的問題，倒是我們中國學人自己需要認真考慮這一關乎學術發展的大事——尤其是陳先生生前供職的西北大學及他的受業弟子們，更是責無旁貸。故筆者願藉此紀念陳先生逝世 20 週年暨誕辰 100 週年的機會，就「陳直學」來談點淺見，以與對此感興趣的國內外學界師友，共同探討。

　　所謂陳直學，應該是這樣一種概念，即以陳直先生的治學思想為主線而形成的一種研究中國古史特別是秦漢史的科學方向。陳先生的治學思想，具體包含這樣三個既彼此區別又緊密關聯的方面：一是「使文獻與考古合為一家」，二是「搞人民史」，三是「搞手工業史」〔註16〕。關於上述的三個方面，我曾分別做過如下的闡釋：

〔註15〕西北大學秦漢史研究室主編：《陳直先生紀念文集》西北大學出版社，1992。
〔註16〕西北大學秦漢史研究室主編：《陳直先生紀念文集》西北大學出版社，1992。

　　──「使文獻與考古合為一家」，既是一種研究的方法，同時也體現了一種史學思想。它的要義，陳先生曾多次論述。例如《漢書新證‧自序》講：「使考古為歷史服務，既非為考古而考古，亦非單獨停滯於文獻方面。」《兩漢經濟史料論叢‧自序》講：「力求使考古資料與文獻資料合為一家，使考古資料為歷史研究服務。」《關於兩漢的手工業》一文開頭講：「題目建立在歷史上，證明取材在古物上，不是單靠在正史裏打圈子，也不是為考古而考古，意在將歷史與考古二者合為一家，使考古為歷史服務。」在中國學術界，如此旗幟鮮明地倡導這一思想方法的，陳先生是步王國維後的又一重要人物。他終生為此而奮鬥。特別是他五十歲之後，這一思想更臻成熟；他也更自覺地在這一思想指導下從事歷史研究，從而使自己的研究工作顯示了特色。〔註 17〕

　　──如果說陳先生關於考古為歷史研究服務的思想，較多地帶有方法論的色彩的話，那麼，他關於寫人民史的主張，則完全是一個哲學式的命題。〔註 18〕

　　──究竟誰是歷史的真正主人？是帝王將相，還是廣大人民群眾？對這個問題的回答，反映著歷史學家的立場與識見。當然，承認人民群眾是歷史的主人，不等於否定帝王將相在歷史發展過程中的作用，更不等於不需要研究帝王將相。在這樣一個重大原則問題上，陳先生的態度是鮮明而堅定的。〔註 19〕

　　──陳先生寫人民史的思想又同他「搞手工業史」的主張相輔相成。通過探討手工業的發展情況，展示勞動人民的巨大創造力，表現他們的聰明才智，從而更深刻揭示人民群眾是歷史主人的真理。這樣，寫人民史也就有了具體的落腳點，而不致只是一句時髦的空言。這裡，自然還要看到，寫人民史，搞手工業史，均需遵循「使文獻與考古合為一家」的原則。〔註 20〕

　　顯而易見，在陳直先生的治學思想中，「使文獻與考古合為一家」是研究方法，「搞人民史」是研究取向，「搞手工業史」是研究落腳點。三者渾然一體，構成完整的研究秦漢史的科學方向，也就是我們所講的「陳直學」。研究者沿著這一方向，如同陳直先生那樣，不為功名利祿所誘，不為燈紅酒綠所動，踏踏實實一心研治學問，必然會達到史學的頂峰。

　　也許有朋友會問，作為「科學方向」，「搞手工業史」的提法是否有點太狹

〔註 17〕西北大學秦漢史研究室主編：《陳直先生紀念文集》西北大學出版社，1992。
〔註 18〕西北大學秦漢史研究室主編：《陳直先生紀念文集》西北大學出版社，1992。
〔註 19〕西北大學秦漢史研究室主編：《陳直先生紀念文集》西北大學出版社，1992。
〔註 20〕西北大學秦漢史研究室主編：《陳直先生紀念文集》西北大學出版社，1992。

窄了？難道偌大的秦漢史除了「手工業史」再沒有其他內容麼？其實，陳先生的這一提法有它特定的時代背景。那是 1955 年秋天，一位研究中國古代經濟史的友人向陳先生說，秦漢的手工業，幾乎無話可講，尤其東漢是空白點。陳先生不以為然，指出：「兩漢手工業在文獻上記載的是少，出土古物方面卻很多，試看兩漢哪一件古器物，不是經過手工業的過程」？！〔註21〕於是他運用文獻與考古相結合的方法，開始從事這方面的研究。結果奇蹟出現了！原來被學人認為無話可講的兩漢手工業，在他的筆下，竟洋洋灑灑寫出了近 10 萬字的大文章——即收入《兩漢經濟史料論叢》中的《關於兩漢的手工業》一文。這是研究兩漢手工業的權威之作，以後凡治漢代手工業史者，均不得不以它為基礎。我想，如果瞭解了上述的歷史背景，那麼，對陳先生所提的「搞手工業史」，將會少去許多異議。實際上，這一提法並不排斥對其他方面的研究。

當然，任何人都不可能是完人，不可避免因時代及其他原因而造成的局限性。毋庸諱言，在陳直先生那些足以傳世的著述中，失誤之處也是存在的。對此，不少研究者已經指出。應該說，這是很正常的，非常有利於學術的發展與進步。學術領域，以追求真理為惟一目標，這裡需要學者在研究中的相互學術詰難與學術批評，而不需要彼此吹捧，阿諛奉承。我想，作為一代宗師的陳直先生，其在天之靈是會歡迎大家對他的批評指正的。這類批評不僅不會影響陳直先生所開闢的學術研究方向的正確性，相反，倒是陳直學在新條件下的發展與完善。

2000 年初春於西北大學秦漢史研究室
原載《西北大學學報》哲學社會科學版 2000 年第 2 期

〔註21〕陳直：《兩漢經濟史料論叢》陝西人民出版社，1980。

# 陳直學述略──為紀念中國
# 秦漢史研究會成立 20 週年而作

　　當我們聚首古都西安，舉辦盛大的第九屆年會暨國際學術討論會，以紀念
中國秦漢史研究會成立 20 週年的時候，來談談陳直學的問題，恐怕是大家普
遍感興趣的事。這不僅是因為陳直先生生前曾擔任中國秦漢史研究會籌備小
組組長，為研究會的創立做出重大貢獻，而且更是因為他在秦漢史研究領域的
傑出成就，實實在在起到了一面旗幟的作用，激勵我們一代又一代的秦漢史研
究者，不斷奮進，努力攀登。同時，也要看到，古城西安曾是陳直先生長期工
作生活的地方，他的學術成就主要是在西安期間完成的；而今在這裡論陳直之
學，人們自然會感到特別的直觀和格外的親切。

　　　　　　　　　　　　　　一

　　兩年前，我在《西北大學學報》發表的《陳直先生與秦漢史研究──紀念
陳直先生浙世 20 週年暨誕辰 100 週年》一文中，專門討論了關於陳直學的問
題。其中寫道：

　　　　已故的秦漢史專家林劍鳴教授生前曾多次向我們說過：日本學
　　者出於對陳直先生的欽佩和崇敬，有人提出要建立陳直學。對此，
　　我雖然沒有直接看過有關的文字材料，但從日本學術研究最高獎「學
　　士賞」獲得者──大庭修博士《秦漢法制史研究》中譯版（上海人
　　民出版社 1991）《序》所講的一段話：「當筆者年輕的時候──如果
　　那時的中、日關係和今天一樣正常化，並有可能到中國來留學的話，
　　我一定會到西北大學來投到陳直教授的門下」，以及給陳直先生冠以

「最尊敬的」尊稱等情況來看，陳先生在日本學術界確乎享有極高
的威望，林劍鳴教授的說法，當有所據。〔註1〕

這段有關陳直學緣起的敘述，儘管含蓄了一些，但明眼人還是不難看出，林教授所言首倡陳直學的日本學者，當為大庭修博士。其後，我曾將此文稿轉呈大庭先生，請他指正，迄今未見異議。我想，這段學術公案，似基本可以得到確認。

由此可見，所謂陳直學實際是沿用了日本學者的提法；陳直學的首創權，應屬大庭修博士。雖然學術乃天下之公器，真正的學者皆以追求真理為己任，並不特別計較某學某說首創權發明權之類的東西，但作為一個史學工作者，畢竟有梳理事實的來龍去脈，以求得信史的天職。故而在這裡，首先對陳直學的起始，略加釐析，應該說還是有必要的。

二

陳直學之名固然為日本學者首創，但究竟何謂陳直學？似並未見相關的論述。拙意認為，陳直學不應像一般所說的物理學、生物學那樣，專指一種知識體系，而它主要體現的是學術思想、治學方法方面的內容。如此命名××學，實際並非什麼新創，歷史上早已有之。如人們把漢代鄭玄的學術稱作「鄭學」，將近人羅振玉、王國維的學術稱為「羅、王之學」，皆其適例。就在前述那篇紀念陳直先生的文章中，我不揣淺陋，提出如下的看法：

> 所謂陳直學，應該是這樣一種概念，即以陳直先生的治學思想為主線而形成的一種研究中國古史，特別是秦漢史的科學方向。陳直先生的治學思想，具體包括這樣三個既彼此區別又緊密關聯的方面：一是「使文獻與考古合為一家」，二是「搞人民史」，三是「搞手工業史」。

> 在陳直先生的治學思想中，「使文獻與考古合為一家」是研究方法，「搞人民史」是研究取向，「搞手工業史」是落腳點，三者渾然一體，構成完整的研究秦漢史的科學方向，也就是我們所講的「陳直學」。〔註2〕

有關陳直先生「使文獻與考古合為一家」、「搞人民史」、「搞手工業史」學

---

〔註1〕《西北大學學報》哲學社會科學版，2000年第2期。
〔註2〕《西北大學學報》哲學社會科學版，2000年第2期。

術思想，我過去曾在《陳直先生的治學精神與學術思想》一文中〔註3〕，作過較詳細的闡釋。此文後收入《陳直先生紀念文集》時〔註4〕，又經過若干補充修訂，並更名為《陳直先生治學精神與思想初探》，大家可以參閱，茲不贅述。這裡，有兩點需要進一步說明的是：

其一，陳直先生「使文獻與考古合一家」的主張，雖然是承繼王國維二重證據法而提出的，但在繼承中又有新發展，尤其對於中國現代考古學來說，更具有重要意義。關於這一點，李學勤先生曾作過精闢分析。他說：

> 現代意義考古學的歷史不是很久，我國在 20 世紀 20 年代，才有了科學的現代考古學。可是，我們長期積累的史學方法卻為現代考古學奠定了基礎，這就是考古學與歷史學、文獻學相結合。國外考古學不強調與歷史研究相結合，而是和藝術史、美術史相結合。中國考古學和歷史學的緊密結合，正是其特長和特色；陳直先生則把這一特長和特色發揮得淋漓盡致。雖然陳直先生未能親身參加考古發掘，但他卻把考古發現的成果充分利用起來。20 世紀 40 至 60 年代的秦漢考古與今天不可同日而語，其重大發現甚少。但陳直先生在非專業的情況下，利用有限的考古發現，在歷史學與考古學的結合上做出了如此大的貢獻，是極其難能可貴的。毫無隱諱地說，今天還沒有哪一位學者能夠像陳直先生那樣熟悉地利用秦漢的古物來研究秦漢的歷史，陳直先生真正做到了把秦漢的一磚一瓦、一草一木都融合到秦漢史的研究之中。〔註5〕

顯而易見，陳直先生提出的「使文獻與考古合一家」，最集中地體現了中國考古學的特長與特色。

其二，陳直先生關於「搞人民史」的主張，與 20 世紀 60 年代美國激進派史學家有關歷史研究「自下而上」的理論取向〔註6〕，幾乎同出一轍。他們都要求史家在進行歷史研究時，不要老在帝王將相、精英人物中打圈子，而應該

---

〔註 3〕該文刊《人文雜誌》1991 年第 3 期。
〔註 4〕該文集由西北大學出版社 1992 年出版。
〔註 5〕《紀念陳直先生逝世 20 週年暨誕辰 100 週年》（名人筆談），《人文雜誌》2000 年第 4 期。
〔註 6〕何兆武、陳啟能：《當代西方史學理論》，中國社會科學出版社，1996 年版，第 625、629～631 頁；張廣智、張廣勇：《現代西方史學》，復旦大學出版社，1997 年版，第 181～185 頁。

眼睛向下，從社會下層，從廣大人民群眾入手來開展研究工作。大家知道，20
世紀中期，遠沒有如同今天一樣的對外學術交流條件。所以，無論是陳直的「搞
人民史」也好，抑或是外國學者的「自下而上」也好，完全是他們各自獨立的
創見，彼此絲毫沒有相互的影響。中外學者這種驚人相似的結論表明，「搞人
民史」或曰「自下而上」，是特別值得史學工作者重視的研究取向。今天我們
高興地看到，中國的學者越來越多地遵循這一研究取向考察歷史，並寫出了若
干有一定影響的著作。不過，頗令人遺憾的是，論者所推崇的多是舶來品「自
下而上」，而對於國產的「搞人民史」卻幾乎很少有人知曉。這種現象是令人
深思的。難道中國的月亮，真的不如外國圓嗎？

# 三

　　陳直學雖然主要講的是學術思想、治學方法，但它並非決然不涉及知識方
面的問題。實際上，陳先生傳世的《摹廬叢著》十八種，本身便是一個龐大的
知識體系。據陳直先生自述《摹廬叢著》十八種分別是〔註7〕：

A.《讀金日札》

B.《讀子日札》

C.《漢書新證》

D.《史記新證》

E.《居延漢簡綜論》

F.《居延漢簡解要》

G.《居延漢簡紀年》

H.《居延漢簡甲編釋文訂誤》

I.《敦煌漢簡釋文平議》

J.《關中秦漢陶錄》（考證部分另寫成《關中秦漢陶錄提要》）

K.《秦漢瓦當概述》

L.《兩漢經濟史料論叢》

M.《鹽鐵論解要》

N.《三輔黃圖校正》

O.《古籍述聞》

P.《顏氏家訓注補正》

〔註7〕 《摹廬叢著七種・序》，齊魯書社，1981 年版。

Q.《南北朝王謝元氏世系表》

R.《文史考古論叢》

這之中涉及金石學（A、J、K）、子學（B）、《漢書》學（C）、《史記》學（D）、簡牘學（E、F、G、H、I）、經濟學（L）、文獻學（M、O、P）、譜牒學（Q）、歷史地理（N）、文學（R）、史學（R）、考古學（R）等具體的知識門類。所以全面來看，陳直學除了其學術思想、治學方法的主要方面之外，也包含有相應的知識體系。

2002 年初，西北大學首次開設的《陳直學》選修課，便是遵循上述的「思想方法加知識體系」的思路來進行講授的。為便於大家瞭解《陳直學》選課的基本框架，茲將有關授課大綱抄列於下：

第一章　緒論

1. 什麼是陳直學？

2. 開設陳直學的意義

3. 學習陳直學應注意的問題

4. 主要參考文獻

第二章　陳直的學術思想與治學方法

1. 崎嶇的治學道路

2.「使文獻與考古合為一家」

3.「搞人民史」

4.「搞手工業史」

第三章　《史》、《漢》研究的新突破

1.《史》、《漢》研究的歷史回顧

2. 異軍突起──《漢書新證》的出版

3.《漢書新證》的再版與《史記新證》的面世

4. 關於《漢書新證》與《史記新證》的研究

第四章　兩漢經濟史研究的奇蹟

1. 從「無話可講」到洋洋近十萬字的巨文

2. 六文一表構成的《兩漢經濟史料論叢》

3. 漢代產業史的開山之作

4.「搞人民史」的典範

第五章　簡牘研究的巨大貢獻

1. 百年來的簡牘研究

2. 陳直簡牘研究的特色

3.《居延漢簡研究》一書的成就

4. 陳氏簡牘研究的缺失及其原因

第六章　七種摹廬叢著的合集

1. 子學研究與譜系研究

2. 瓦陶研究的精粹

3.《鹽鐵論》、《顏氏家訓》的新解讀

第七章　學術才華的多層面展現

1.《文史考古論叢》出版始末

2.《文史考古論叢》六組論文析評

3. 值得認真一讀的《文史考古論叢・後記》

第八章　珍藏 40 年的瓦陶巨著

1. 千呼百喚始出來的《關中秦漢陶錄》

2. 學術巨著，收藏珍品

3. 附論《摹廬藏瓦摭存》

第九章　關於歷史地理的研究

1.《三輔黃圖》其書

2. 陳直《三輔黃圖校注》的貢獻

第十章　《讀金日札》的整理與出版

1.《社會科學戰線》發表的《讀金日札》

2.《南京博物院建院 60 週年紀念文集》刊出之《讀金日札》

3. 西北大學出版社出版的整理本《讀金日札》

第十一章　《摹廬詩約》與摹廬弟子

1. 從《〈摹廬詩約〉選》看陳直詩作的特點〔註 8〕

2.《紫藤園夜話・摹廬五弟子》

　　以上大綱所列，既把陳直先生的學術思想、治學方法置於最重要的地位，也對陳直著作及其所體現的知識內涵逐一論析，並且通過這些著作鏈進一步展示陳先生的學術思想和治學方法。如此，或可認為是對陳直學更為全面的理

---

〔註 8〕　《〈摹廬詩約〉選》刊於《陳直先生紀念文集》，共選詩 20 首。《摹廬詩約》手稿已於 2002 年 7 月由三秦出版社影印出版。

解與陳述。

## 四

　　對陳直先生學術思想、治學方法的探討與闡釋,對陳直先生著作的研究與評述,特別是對陳先生研究中缺失的補正,從廣義上講,也應屬於陳直學的一個組成部分。

　　這裡,我們不能不提到臺灣學者陳文豪教授在陳直研究方面所做工作的重要意義。他研究陳直著作的論文《〈漢書新證〉徵引新史料析論——民國以來的漢代新史料與史學研究舉隅》,在《陝西歷史博物館館刊》第五輯發表後〔註9〕,所引起的反響是相當強烈的。其對陳先生著作研究的精細,至少令我們這些陳門弟子自愧弗如。後來,我處理他的《〈漢書新證〉版本述略》一稿,將它改縮為《〈漢書新證〉兩版本的比較研究》節本發表〔註10〕。編輯中反覆拜讀,領會精義,對其科學認真的態度,求實務細的學風,深感敬佩。他又撰《陳直與簡牘學》,對陳先生在簡牘研究領域的成就做出科學的總結。在臺北舉行的第一屆簡帛學術討論會上,我點評這篇論文時曾說過如下的話:

　　　　當代治漢學者,鮮有不知「陳直」這個名字的。一般認為,陳直的學術成就,主要集中於秦漢史領域,尤其《史》《漢》研究,兩漢手工業研究及秦漢瓦陶研究,成果最為突出。而對他的簡牘方面的學術成就,雖有洋洋數十萬言的專著《居延漢簡研究》問世,但出於種種客觀原因,人們在認識上卻有不少較為模糊的地方。陳文豪先生所撰《陳直與簡牘學》一文,系統論述了陳直與簡牘學的關係,使人們對陳直的學術成就有了更加全面的瞭解,澄清了世人的某些模糊認識,為弘揚陳直的學術業績,做出了積極的貢獻。

　　　　《陳直與簡牘學》一文,首先針對陳直有關簡牘研究的論著,將其分作兩大部分:「一為簡牘釋義之作」,「一為利用簡牘及相關文獻證史之作」。在此基礎上,作者著重從四個方面總結了陳直簡牘研究的貢獻:

　　　　1. 早期注意到簡牘史料價值,並從事研究的學者之一;

　　　　2. 重視簡牘編年;

〔註 9〕該輯館刊由西北大學出版 1998 年出版。
〔註10〕《西北大學學報》哲學社會科學版,2000 年第 2 期。

3. 利用簡牘證史的先驅；

4. 以簡牘及其他新史料互證，見解精闢。

迄今為止，對陳直在簡牘研究方面的貢獻，做出如此全面系統論述者，尚無第二人。應該說這是《陳直與簡牘學》一文學術價值的集中體現。〔註11〕

實際上，像這樣一個領域一個領域、一本書一本書地對陳直先生的學術成就做過細研究者，除了陳文豪教授之外，似也再找不出第二人。據我所知，陳教授目前正致力於《兩漢經濟史料論叢》一書的研究，我們期盼著他更新成果的問世。

這裡，對於陳直先生研究中的缺失問題，也需要再申說幾句。俗話講：金無足赤，人無完人。學術研究更是如此。即便是頂級的學術大師，恐怕也無法做到百分之百的完善無缺。問題的關鍵是要看這種缺失的性質和分析出現缺失的原因。就陳直先生研究中的缺失來看，可以說絕大多數是由於客觀原因造成的，而非學力之不逮。例如陳先生雖然是中國最早從事簡牘研究的學者之一，但限於條件卻始終沒有接觸原簡，也缺少直接運用第一手資料的機會，而主要靠的是別人的釋文或轉引的資料來進行研究。如是出現某些缺失，便不足為怪了。再如他對 20 世紀 40 年代末戶縣出土的秦瓦書的考釋，僅僅是在收藏者家中匆匆「展示兩次」的情況下所作，這與日後研究者有條件對清理過的原器反覆仔細觀察所作的釋文，自然不可相提並論〔註12〕。不過，即便如此，陳先生釋文的基本內容，並無大謬，由此益發顯見其功力之深厚。類似的例子還有不少，因篇幅關係，茲不一一。

我在紀念陳直先生逝世 20 週年暨誕辰 100 週年那篇小文的最後，曾特別論及陳直著述中的失誤問題。強調對這些失誤的批評指正，有利於學術的發展與進步，「不僅不會影響陳直先生所開闢的學術研究方向的正確性，相反，倒是陳直學在新條件下的發展與完善」〔註13〕。我之所以有如此的看法，實是基於這樣的一種思想，即認為陳直學雖然以陳直的名字命名，但實際上卻不能僅僅視其為陳直一個人的事，而是體現了整個 20 世紀中國秦漢史研究者群體成

〔註11〕 該點評已收入《簡帛研究彙刊》第一輯。

〔註12〕 黃留珠：《〈讀金日札〉評介》，《中國秦漢史研究會通訊》2001 年第 2 期；《中國史研究動態》2002 年第 3 期；《陝西歷史博物館館刊》第 9 輯，三秦出版社，2002 年版。

〔註13〕 《西北大學學報》哲學社會科學版，2000 年第 2 期。

功的經驗與智慧。因此，發展完善陳直學，對每個秦漢史工作者來說，都是責無旁貸的。

　　總之，陳直學是一面高高飄揚的學術旗幟。雖然我們不敢妄言中國秦漢史研究會成立 20 年來所走過的學術道路，在多大程度上受到這面旗幟的影響，但有一點則完全可以肯定，那就是廣大秦漢史工作者的學術研究活動，或多或少都與這面旗幟有著某種關聯。試問：治秦漢史者，誰能不讀陳直先生的著作呢！

　　謹以此文，紀念中國秦漢史研究會成立 20 週年！

2002 年 7 月 15 日草訖於西安

2003 年 8 月修訂

原載《周秦漢唐文化研究》第二輯

（三秦出版社，2003），表時略有改動，無副題

# 評價陳直《漢書新證》


常言道，畫鬼容易，畫犬馬難。研治《漢書》，就屬畫犬馬之類。因為要在這樣一個幾乎題無剩義的領域內有所創新，確非易事。然而，陳直的《漢書新證》卻獨闢蹊徑，別開生面，為《漢書》研究做出了突破性貢獻，從而在 20世紀《漢書》研究史上樹立了一面堪稱典範的旗幟。

一

陳直，原名邦直，因有同姓名者而改名直〔註1〕，字進宧（宜），號摹廬，晚年自號弄瓦翁。祖籍江蘇鎮江，後遷居江蘇東臺。1901 年 3 月 13 日，出生於一個窮困的讀書人家庭。由於家庭貧寒，當他考取了清華研究院時，竟無力供其就讀。這樣，他不得不走上一條艱難而崎嶇的自學之路。

在舊社會，要自學成才，談何容易。為了糊口，17 歲的陳直便到揚州宜之齋碑店當學徒，後又做家庭教師、縣志編輯、義學教員。一天緊張勞作之餘，只有夜深人靜，他才能面對孤燈，展卷苦讀。不過，唯一有利的因素是，陳家世代有著較好的家學淵源。陳直的祖父陳桂琛，擅長詩賦，著有《寄一枝室詩鈔》四卷。其父陳輔卿，前清舉人，工於駢體文，長於小學，著作甚豐，今存者有《說文今義》、《六朝墓誌題跋》、《武梁祠畫像題字補考》，以及部分考證經史的文章（由陳直編為《古籍述聞》，刊《文史》第三輯）。其伯父陳星南，嫻於著述，撰有《樸齋書砥》、《且樸齋詩鈔》、《文鈔》、《鹽鐵論校補》等。其嫡兄邦福，從兄邦懷，研治古文字學，後皆成為我國著名的古文字學家。在父

---

〔註1〕有關陳氏改名問題，以及由此而引發的某些傳聞，參見李學勤《陳直先生其人其事》，見《陳直先生紀念文集》，西北大學出版社 1992 年版。

兄的薰陶影響下，陳直亦「採摭有同嗜」，「尤喜治秦漢史」〔註2〕。從 13 歲起，即系統攻讀《史記》、《漢書》，以後每兩年必通讀一次，相沿成習。這些，無疑為他的自學奠立了一個良好的基礎。

司馬遷曾言：「西伯拘而演《周易》，仲尼厄而作《春秋》，屈原放逐乃賦《離騷》，左丘失明厥有《國語》。」〔註3〕其意是說，人在逆境之下，每每會發憤圖強，有所作為。也許正因為艱苦的客觀條件，磨練了他的頑強意志。24 歲的青年陳直，便寫出了《史漢問答》二卷，39 歲前刊行的著作已有《楚辭大義述》、《楚辭拾遺》、《漢晉木簡考略》、《漢封泥考略》、《列國印製》、《周秦諸子述略》、《摹廬金石錄》等多種。其中不少受到國內外的好評，如《漢晉木簡考略》，1934 年一出版，即流佈海外，為學人所矚目。再如他 26 歲時寫成的《楚辭拾遺》，被大東書局收入所編之《楚辭四種》，與洪興祖、戴震等鴻儒巨匠的著作並列，為研究楚辭的必讀之書。此外，他還著有《朱育對濮陽興問校注》、《東坡詞話》、《慈萱室駢文》以及詩集，因條件限制，未能刊印。另又對古代貨幣進行研究，參加了丁福保主編的《古錢大辭典》的撰寫工作。

當他奮勇搏擊，在學術領域初展宏圖之際，抗日戰爭爆發了。不久，他的家鄉淪陷。日偽統治者鑒於他在學術界已經獲得的聲望，試圖對他進行拉攏。他斷然拒絕了敵偽的封官許願，於 1940 年逃離淪陷區，繞道香港，經昆明、貴陽、成都，最後抵達陝、甘。為了謀生糊口，先後在蘭州、天水、西安等地的金融機構中供職，從事與學術毫無干係的文牘工作。儘管命運之神無情地折磨著他，但他卻沒有屈服。相反，他因地制宜，充分利用關中為秦漢故都所在地的地理優勢，致力於收集整理秦漢文物——主要是瓦當、貨幣、璽印、陶器等，用來作為研究秦漢歷史的資料。他以學者的敏銳目光，從古董商手中，挽救保護了許多稀世國寶。僅以陶器為例，他節衣縮食，竟收藏至二百餘件。其中如居攝二年陶瓶、咸里高昌陶鼎、永承大靈瓦、羽陽千秋瓦、天無極瓦范、蘇解鳥陶器蓋、野雞范、大前右足范、楊字板瓦、蕭將軍府瓦片等，皆為僅見之珍品。

1949 年後，經時任教育部長的著名學者馬敘倫的推薦，由時任西北大學校長的著名學者侯外廬的約請，他自 1950 年開始執教於西大歷史系。這時，只有這時，他才得到了一個安定的研究學術的環境。經過多半生的坎坷曲折，

〔註2〕陳直《摹廬叢著七種·自序》，齊魯書社 1981 年版。
〔註3〕《漢書·司馬遷傳》。

他的生活閱歷更加成熟了；在學術研究方面，也完全進入「眾裏尋她千百度，回頭驀見那人正在燈火闌珊處」的境地。故而這時，他的學術創造力，猶如火山噴爆，一發而不可收遏。尤其 1955～1966 年間，是他科研大豐收的時節。正如他在《史記新證・自序》中所說：「由於晚際盛時，心情躍進」，「三五年中，擬更多寫作，以古為今用也」。

然而，正當陳直滿懷熱情把自己的學識和才智貢獻給祖國和人民的時候，開始了「文化大革命」。他的研究工作自然也難免被斥為「四舊」而遭批判。在險峻的政治形勢下，其家境亦急劇惡化：老伴病危去世，家中只剩下盲兒跛媳和年幼的小孫子，沉重的家務負擔一時全向他壓過來。面對雙重壓力，他以驚人的毅力，在極其困難的條件下，默默地開始進行修訂舊稿的工作，並把全部文稿親手抄寫了四份，整個工程在一千萬字以上。在著名學者之中，生前能將自己的著述作如是整理者，實不多見。

「文革」結束後，大陸的各項事業出現了蓬勃發展的新局面。陳直這時雖已年近八旬，卻以極大的熱情，把主要精力用於培養研究生及指導中青年教師業務進修方面。直到謝世的前一刻，他還在為一位研究生解答問題，堪稱是「鞠躬盡瘁，死而後已」。

## 二

陳直治學，師承清代樸學的傳統，同時也深受王國維近代考據學二重證據法的影響，既重文獻資料，亦重考古資料，旗幟鮮明地提出了「使文獻與考古合為一家」、「使考古為歷史服務」的學術主張，〔註4〕並大力倡導「搞人民史」、「搞手工業史」〔註5〕。特別是在擴大資料來源方面，他把人們不大注意的瓦當、磚文、璽印、封泥、貨幣、錢範、銅鏡、陶器、漆器等尋常古物，出神入化地引入史學研究的殿堂，獲得了突出的成就，可謂是前出古人，後啟來者。其一生著述頗豐，不過他認為早年之作皆不足觀，只有50歲之後完成的《摹廬叢書》才可傳世。據前文所述可知，「摹廬」為陳直之號。古「摹」與「慕」通，乃取慕慈親之義。該叢書由 18 種著作組成，約近 300 方字，具體是：

《讀金日札》（天津古籍出版社 1988 年版）

<hr>

〔註 4〕陳直《史記新證・自序》，天津人民出版社 1978 年版，《漢書新證・自序》，天津人民出版社 1979 年版。
〔註 5〕陳直給某青年的回信。轉引自《陳直先生紀念文集》，第 53 頁。

《讀子日札》（收入《慕廬叢著七種》，齊魯書社 1981 年版）

《漢書新證》（天津人民出版社 1959 年初版，1979 年增訂版）

《史記新證》（天津人民出版社 1979 年版）

《居延漢簡綜論》（收入《居延漢簡研究》，天津古籍出版社 1986 年版）

《居延漢簡解要》（收入《居延漢簡研究》，天津古籍出版社 1986 年版）

《居延漢簡紀年》（收入《居延漢簡研究》，天津古籍出版社 1986 年版）

《居延漢簡甲編釋文訂誤》（收入《居延漢簡研究》，改為《居延漢簡釋文校訂》，天津古籍出版社 1986 年版）

《敦煌漢簡釋文平議》（收入《慕廬叢著七種》，齊魯書社 1981 年版）

《關中秦漢陶錄》（天津古籍出版社 1994 年出版手稿影印本；考證部分獨立成冊，名為《關中秦漢陶錄提要》收入《慕廬叢著七種》，齊魯書社 1981 年版）

《秦漢瓦當概述》（收入《慕廬叢著七種》，齊魯書社 1981 年版）

《兩漢經濟史料論叢》（陝西人民出版社 1958 年初版，1980 年增訂版）

《鹽鐵論解要》（收入《慕廬叢著七種》，齊魯書社 1981 年版）

《三輔黃圖校正》（陝西人民出版社 1980 年版）

《古籍述聞》

《顏氏家訓注補正》（收入《慕廬叢著七種》，齊魯書社 1981 年版）

《南北朝王謝元氏世系表》（收入《慕廬叢著七種》，齊魯書社 1981 年版）

《文史考古論叢》（天津古籍出版社 1988 年版）

及新舊世紀之交，《慕廬叢書》已經全部獲得出版。這之中，《漢書新證》（以下簡稱為《新》）則是最具代表性的。陳氏生前亦曾表示，此書是他最得意之作。

《新》於 1959 年由天津人民出版社刊行第一版，後經續補於 1979 年又

由同一出版社再版，是為增訂版。陳氏「自序」中述其經過云：

　　此書曾於一九五九年由天津人民出版社印行。新證云者，取別
於舊注家之方式，所用之材料，為居延、敦煌兩木簡，漢銅器、漆
器、陶器，以及封泥、漢印、貨幣、石刻各種。其體例有時仿裴注，
係證聞式，旁搜遠紹，故不偏重於音義。嗣後於五八年九月，又成
史記新證二卷。至五九年一月，西大歷史系接受中華書局標點漢書
之囑託，我亦參加工作，因此又將全部漢書，延覽一過，歷四個月
之久竣事。溫故知新，簽記所得，於是始有撰寫續證之計劃。迨署
期休假，隨讀隨記，歷時半歲，又成續證二卷。思及新續二證，各
自為書，容有未善。乃於六零年十月，合前後兩編，再加訂補，匯
為一書，即今本也。

增訂本《新》，字數近 35 萬，幾乎是第一版的 3 倍。考訂條目亦由第一版
的 473 條，增加至 1714 條〔註6〕。很顯然，增訂本為該書的定稿。以下所述，
如無特別說明，均以定稿本為準。

<h2 style="text-align:center">三</h2>

　　就文體而論，《新》仍沿用的是傳統的注疏體。其以《漢書》本文（附舊
注）為經，於需要考訂之處，採取「直按」（即陳直按語）的形式，做出說明。
例如（以下均依該書原格式）：

高紀第一上

高祖沛豐邑中陽里人也。四部叢刊影印景佑本漢書一頁上

荀悅曰：諱邦字季，邦之字曰國。

　　直按：兩漢邦字，在官名、地名、人名、經籍上，皆改作國字。
在詩賦碑銘中，因有叶韻關係而運用者，亦有不避諱者。如韋賢傳
載韋孟諷諫詩，有「實絕我邦」，「我邦既絕」，「邦事是廢」，在鄒詩
有「竄其外邦」，「於異他邦」等五句，皆用邦字。又按：隸釋卷五、
劉熊碑云：「來臻我邦。」卷六，哀良碑云：「邦畿乂。」鄭固碑云：
「邦後珍瑋。」北海相景君銘云：「鄰邦歸問。」卷九，北軍中侯郭

---

〔註6〕此據陳文豪《〈漢書新證〉兩版本的比較研究》（《西北大學學報》哲社版，2002，
　　　2）一文的統計。陳直《漢書新證・自序》稱證文約計有二千餘條，其統計方
　　　法當與陳文豪有所不同。後文中有關《漢書》各篇新證的條數，亦據陳文豪的
　　　統計。

仲奇碑云：「晉克其邦。」卷十一，圍令趙君碑云：「示萬邦。」卷十二，楊震碑云：「功洽三邦。」上述各碑，选用邦字，有因邦字在韻腳而用者，又有邦字用於句中者，並無嚴格之限制，惟邦字多寫作邽，隸體上已略變形。

百官公卿表第七上

衛尉，秦官，掌宮門外屯兵，有丞。景帝初更名中大夫令，後元年復為衛尉。屬官有公車司馬、衛士、旅賁三令丞，衛士三丞。又諸屯衛候，司馬二十二官皆屬焉。長樂、建章、甘泉衛尉皆掌其宮，職略同，不常置。六頁下

衛尉。直按：西安漢城出土有「衛屯」瓦當，與本表衛尉掌宮門衛屯兵之文正合，當為尉衛官署所用之瓦。又按：衛尉吏可考者，有衛候，見馮奉世傳。續封泥考略卷一，十五頁，有「衛候之印」封泥。又按：同卷二十四頁，有「都候丞印」封泥。續漢書百官志：尉衛屬官，有「左右都候，本注曰：丞各一人」，此封泥為西漢物，可證西漢時都候丞即有此官。本表所云，「又諸屯衛候，司馬二十官皆屬焉」，疑候即指衛候及都候而言。公車司馬。直按：漢舊儀云：「公車司馬令，周官也，秩六百石。」張釋之傳，簡稱為公車令。又按：漢代人民上書，皆由公車司馬代遞，見漢舊儀、漢官儀，及東方朔傳。又敦煌漢簡校文六十五頁，有簡文云：「詣公車司馬，元始五年，（下缺）」居延漢簡釋文卷一，六十頁，有簡文云：「□□平明里大女子充，上書一封，『居延丞印』，上公車司馬。」尤為明證。又按：公車司馬屬吏可考者，有大誰卒，見五行志，顏注因而推測有大誰長是也。

衛士。直按：簠齋吉金錄卷五，有常樂衛士上次士銅飯幘，為王莽地黃二年物。可證衛士令官署設在長樂宮內，與長樂尉衛同為保衛長樂宮垣者，本表所云衛士有三丞，或長樂、建章、甘泉三宮中，各駐一丞。

長樂、建章、甘泉尉衛。直按：長樂尉衛署官可考者，有長樂司馬，見律曆志。長樂屯衛司馬，見馮野王傳。長樂戶將，見儒林傳。「長樂蒼龍曲候」，見懷寧柯氏所藏封泥，蓋王莽時官。又按：建章尉衛屬官，有建章監，見李陵及衛青傳。

從上舉實例可以清楚地看出陳直《新》書形式上的風格和特點。根據統計，

陳氏在書中，對《漢書》的每一篇每一卷都做出了新證，具體數量如下：

| 卷　數 | 篇　名 | 新證條目數 |
|---|---|---|
| 一上 | 高帝紀第一上 | 28 |
| 一下 | 高帝紀第一下 | 16 |
| 二 | 惠帝紀第二 | 9 |
| 三 | 高后紀第三 | 5 |
| 四 | 文帝紀第四 | 16 |
| 五 | 景帝紀第五 | 9 |
| 六 | 武帝紀第六 | 40 |
| 七 | 昭帝紀第七 | 11 |
| 八 | 宣帝紀第八 | 17 |
| 九 | 元帝紀第九 | 8 |
| 十 | 成帝紀第十 | 7 |
| 十一 | 哀帝紀第十一 | 6 |
| 十二 | 平帝紀第十二 | 9 |
| 十三 | 異姓諸侯王表第一 | 3 |
| 十四 | 諸侯王表第二 | 8 |
| 十五上 | 王子侯表第三上 | 14 |
| 十五下 | 王子侯表第三下 | 5 |
| 十六 | 高惠高后文功臣表第四 | 42 |
| 十七 | 景武昭宣元成功臣表第五 | 16 |
| 十八 | 外戚恩澤侯表第六 | 9 |
| 十九上 | 百官公卿表第七上 | 49 |
| 十九下 | 百官公卿表第七下 | 29 |
| 二十 | 古今人表第八 | 5 |
| 二十一上 | 律曆志第一上 | 8 |
| 二十一下 | 律曆志第一下 | 1 |
| 二十二 | 禮樂志第二 | 22 |
| 二十三 | 刑法志第三 | 6 |
| 二十四上 | 食貨志第四上 | 10 |
| 二十四下 | 食貨志第四下 | 32 |
| 二十五上 | 郊祀志第五上 | 9 |

| 二十五下 | 郊祀志第五下 | 10 |
|---|---|---|
| 二十六 | 天文志第六 | 5 |
| 二十七上 | 五行志第七上 | 1 |
| 二十七中之上 | 五行志第七中之上 | 5 |
| 二十七中之下 | 五行志第七中之下 | 1 |
| 二十七下之上 | 五行志第七下之上 | 3 |
| 二十七下之下 | 五行志第七下之下 | 1 |
| 二十八上 | 地理志第八上 | 98 |
| 二十八下 | 地理志第八下 | 42 |
| 二十九 | 溝洫志第九 | 20 |
| 三十 | 藝文志第十 | 47 |
| 三十一 | 陳勝項籍傳第一 | 18 |
| 三十二 | 張耳陳餘傳第二 | 5 |
| 三十三 | 魏豹田儋韓王信傳第三 | 8 |
| 三十四 | 韓彭英盧吳傳第四 | 9 |
| 三十五 | 荊燕吳傳第五 | 11 |
| 三十六 | 楚元王傳第六 | 20 |
| 三十七 | 季布欒布田叔傳第七 | 3 |
| 三十八 | 高五王傳第八 | 5 |
| 三十九 | 蕭何曹參傳第九 | 7 |
| 四十 | 張陳王周傳第十 | 24 |
| 四十一 | 樊酈滕灌傅靳周傳第十一 | 12 |
| 四十二 | 張周趙任申徒傳第十二 | 3 |
| 四十三 | 酈陸朱劉叔孫傳第十三 | 17 |
| 四十四 | 淮南衡山濟北王傳第十四 | 14 |
| 四十五 | 蒯伍江息夫傳第十五 | 15 |
| 四十六 | 萬石衛直周張傳第十六 | 1 |
| 四十七 | 文三王傳第十七 | 12 |
| 四十八 | 賈誼傳第十八 | 18 |
| 四十九 | 爰盎晁錯傳第十九 | 22 |
| 五十 | 張馮汲鄭傳第二十 | 9 |
| 五十一 | 賈鄒枚路傳第二十一 | 25 |

| 五十二 | 竇田灌韓傳第二十二 | 19 |
|---|---|---|
| 五十三 | 景十三王傳第二十三 | 18 |
| 五十四 | 李廣蘇建傳第二十四 | 16 |
| 五十五 | 衛青霍去病傳第二十五 | 14 |
| 五十六 | 董仲舒傳第二十六 | 4 |
| 五十七上 | 司馬相如傳第二十七上 | 9 |
| 五十七下 | 司馬相如傳第二十七下 | 4 |
| 五十八 | 公孫弘卜式兒寬傳第二十八 | 10 |
| 五十九 | 張湯傳第二十九 | 22 |
| 六十 | 杜周傳第三十 | 4 |
| 六十一 | 張騫李廣利傳第三十一 | 11 |
| 六十二 | 司馬遷傳第三十二 | 4 |
| 六十三 | 武五子傳第三十二 | 14 |
| 六十四上 | 嚴朱吾丘主父徐嚴終王賈傳第三十四上 | 20 |
| 六十四下 | 嚴朱吾丘主父徐嚴終王賈傳第三十四下 | 12 |
| 六十五 | 東方朔傳第三十五 | 27 |
| 六十六 | 公孫劉田王楊蔡陳鄭傳第三十六 | 9 |
| 六十七 | 楊胡朱梅雲傳第三十七 | 8 |
| 六十八 | 霍光金日磾傳第三十八 | 21 |
| 六十九 | 趙充國辛慶忌傳第三十九 | 22 |
| 七十 | 傅常鄭甘陳段傳第四十 | 6 |
| 七十一 | 雋疏於薛平彭傳第四十一 | 5 |
| 七十二 | 王貢兩龔鮑傳第四十二 | 24 |
| 七十三 | 韋賢傳第四十三 | 2 |
| 七十四 | 魏相丙吉傳第四十四 | 12 |
| 七十五 | 眭兩夏侯京翼李傳第四十五 | 7 |
| 七十六 | 趙尹韓張兩王傳第四十六 | 47 |
| 七十七 | 蓋諸葛劉鄭孫毋將何傳第四十七 | 17 |
| 七十八 | 蕭望之傳第四十八 | 9 |
| 七十九 | 馮奉世傳第四十九 | 10 |
| 八十 | 宣元六王傳第五十 | 4 |
| 八十一 | 匡張孔馬傳第五十一 | 13 |

| 八十二 | 王商史丹傅喜傳第五十二 | 4 |
|---|---|---|
| 八十三 | 薛宣朱博傳第五十三 | 11 |
| 八十四 | 翟方進傳第五十四 | 4 |
| 八十五 | 谷永杜鄴傳第五十五 | 6 |
| 八十六 | 何武王嘉師丹傳第五十六 | 10 |
| 八十七上 | 揚雄傳第五十七上 | 5 |
| 八十七下 | 揚雄傳第五十七下 | 5 |
| 八十八 | 儒林傳第五十八 | 12 |
| 八十九 | 循吏傳第五十九 | 9 |
| 九十 | 酷吏傳第六十 | 27 |
| 九十一 | 貨殖傳第六十一 | 20 |
| 九十二 | 游俠傳第六十二 | 18 |
| 九十三 | 佞倖傳第六十三 | 7 |
| 九十四上 | 匈奴傳第六十四上 | 15 |
| 九十四下 | 匈奴傳第六十四下 | 14 |
| 九十五 | 西南夷兩粵朝鮮傳第六十五 | 11 |
| 九十六上 | 西域傳第六十六上 | 7 |
| 九十六下 | 西域傳第六十六下 | 6 |
| 九十七上 | 外戚傳第六十七上 | 28 |
| 九十七下 | 外戚傳第六十七下 | 24 |
| 九十八 | 元后傳第六十八 | 6 |
| 九十九上 | 王莽傳第六十九上 | 8 |
| 九十九中 | 王莽傳第六十九中 | 35 |
| 九十九下 | 王莽傳第六十九下 | 33 |
| 一百上 | 敍傳第七十上 | 8 |
| 一百下 | 敍傳第七十下 | 3 |
| | 漢書敍例 | 14 |

由上表很容易看出，在《漢書》「紀」的部分，以「高紀」新證最多，次為「武紀」；在「表」的部分，以「百官表」新證最多，次為「高惠高后文功臣表」；在「志」的部分，以「地理志」新證最多，次為「藝文」、「食貨」兩志；在「傳」的部分，以「王莽傳」新證最多，次為「外戚傳」。這從一個側面反映了作者對《漢書》各篇研讀心得的多寡，似也可以隱約而曲折地表達出

作者研究的興趣之所在。

# 四

眾所周知，《漢書》成書雖晚於《史記》，但古字古訓反多於《史記》，致一代通儒如馬融者，亦不得不從班昭受讀。所以在《漢書》成書的當代，便有不少人對它進行研究，為之作注。延至唐貞觀年間，顏師古博採唐以前三十餘家注文，刪繁補略，裁以己說，勒成顏注，為《漢書》研究的集大成之作。及清末，王先謙又採宋明以下尤其是清人的注釋和考辨成果，完成補注，是為《漢書》研究的另一集大成之作。民元以後，治《漢書》者仍不乏人，其扛鼎之作，自然首推楊樹達的《漢書窺管》。儘管上述的成果，已經把《漢書》研究推至一個相當完備的境地，但也不能不看到，他們基本上都是從文獻到文獻，缺少把文獻資料與文物考古資料相結合，所以始終無法對《漢書》研究做出開拓性的貢獻。陳直的《新》一書，正是在文獻與考古相結合這一點上，彌補了前人研究的缺憾，從而在《漢書》研究史上樹起了一個新的里程碑。

王國維曾講：「吾輩生於今日，幸於紙上之材料外，更得地下之新材料。由此種材料，我輩固得據以補正紙上之材料，亦得證明古書之某部分全為實錄，即百家不雅馴之言，亦不無表示一面之事實。此二重證據法惟在今日始得為之。」〔註7〕陳寅恪亦言：「一時代之學術，必有其新材料與新問題。取用此材料，以研求問題，則為此時代學術之新潮流。治學之士得預此潮流者，謂之預流。」〔註8〕陳直可謂是一位得預二重證據法學術時代的預流者，他把零散繁多的兩漢文物彙集萃聚，——與文獻相印證，為《漢書》研究別開一條新路徑。對此，他有一段精彩的話說道：

> 兩漢人解經，名為章句，東漢人注漢書，改為音義。隋以前注家，仍用其名。實則漢人偏重於作音，漢以後人偏重於釋義。歷時二千年之久，經過數百家之眾，已絕少剩義，現惟取資於古器物，為治漢書學者，另闢一條新道路。為推陳出新者所贊許，為守舊不化者所睢盱，知我罪我，所不計已。〔註9〕

顯然，陳直是以一種無所畏懼的氣魄來走這條創新之路的。

---

〔註7〕王國維《古史新證》，清華大學出版社 1994 年版，第 2 頁。

〔註8〕陳寅恪《陳垣敦煌劫餘錄序》，《金明館叢稿二編》，上海古籍出版社 1980 年版，第 236 頁。

〔註9〕陳直《漢書新證・自序》。

那麼,《新》中陳氏使用了哪些「古器物」新史料呢?據他自己講主要「為居延、敦煌兩木簡,漢銅器、漆器、陶器,以及封泥、漢的貨幣、石刻各種」〔註10〕。有研究者進一步分析這些新史料指出,陳氏所用簡牘材料,主要取自《居延漢簡釋文》、《居延漢簡甲編》、《流沙墜簡》、《漢晉西陲木簡彙編》、《敦煌漢簡校文》、《羅布淖爾考古記》、《武威漢簡》、《長沙仰天湖楚簡》、《武威磨咀子十八號漢墓出土王杖詔令簡》,《睡虎地秦墓竹簡》等;所用金石類材料,取自《隸釋》、《隸續》、《金石萃編》等48種傳統金石學著作;所用封泥、璽印類材料,取自《封泥考略》、《十鍾山房印舉》等20種相關著作;所用陶器類材料,取自《關中秦漢陶錄》(係陳氏自著)、《陶齋藏磚記》等8種相關著作;所用漆器類材料,主要引自《漢代紀年銘漆器圖說》一書;所用貨幣類材料,取自《古泉匯》、《觀古閣泉說》等4種相關著作。另還有一些新材料,取自各類考古報告,或其他類著作,如《中國考古學史》、《全國基本建設工程中出土文物展覽圖錄》、《古代南西北利亞的歷史》《世界考古學大系》等。總之,該書「徵引新史料範圍極其廣泛,光專著就有百種之譜,可見作者為學功底深厚」〔註11〕。

有關陳直在《新》中運用文獻與考古相結合的方法所取得的成績,他自己曾總結為「十七種類型」〔註12〕。研究者曾對這十七種類型略作歸納整理,分為十四個方面,具體如下:

一、用漢碑、漢印確定《漢書・百官公卿表》未載之官名,如「軍司空」、「護苑使者」、「宮長」等。

二、以漢碑材料考證州郡縣屬吏名稱,如「主吏」、「賊捕掾」、「守屬」、「假佐」、「直符史」等。

三、用封泥、璽印考證地理名稱之誤字,如「抑裝」之誤為「即裝」,左馮翊「澄縣」之誤為「徵縣」等。

四、以封泥、璽印考證姓氏,如「室中同」之應為「窒中同」,「陽城延」當為「陽成延」等。

五、以木簡、漢印訂正人名,如「劉勝容」應為「劉勝客」,「大司農非調」應為姓非名調等。

〔註10〕陳直《漢書新證・自序》。
〔註11〕陳文豪《〈漢書新證〉徵引新史料析論》,載《陝西歷史博物館館刊》,第五輯。
〔註12〕陳直《漢書新證・自序》。

六、用銅器、瓦當印證宮殿名稱，如以「八風壽存當」證「八風臺」，以「甘泉上林宮行鐙」、「甘泉上林」及「甘林」瓦當證實「甘泉上林」應為一宮之名稱等。

七、以漢簡對照文獻，確定某些物價，如官婢價、酒價、馬價等。

八、以古器物為權衡來疏證典制，如「功曹引車」、「伏青蒲」、「長吏自繫書言府」、「發過所」等難題皆得冰釋。

九、以漢碑勘對《漢書》，揭開《漢書》所用古字的奧秘，指出其為東漢時隸體別書或假借字。

十、通過金石刻辭考訂漢代避諱之義例，指出「邦」、「盈」、「雉」諸字，或避或不避，而「徹」字避諱，則獨為嚴格。

十一、以漢瓦、玉器、銅器考證西漢習俗用語，如「與天毋極」見於瓦當，「奏嘉至」本於玉磬、銅鐘等。

十二、以現存地面古蹟考訂文獻記載，如霍去病墓之像祁連山，《趙廣漢傳》之「平陵方上」等。

十三、通過漢簡考證漢代軍事設置，如「天田」等。

十四、以封泥、璽印、刻辭考訂顏師古注文之誤，如「中府」、「冢間單外」等。〔註13〕

曾有先賢講過，謂中國學者每解出古書中一疑難文字，其價值就猶如發現了一新的星體。以此觀之，陳直對《漢書》的揭隱發伏，撰成的洋洋數十萬言的《新》一書，足抵得上一個新星系了。1959 年，當第一版《新》出版時，天津人民出版社的《新書介紹》曾這樣評價核書：

> 《漢書》成書後，注者甚多，唐之顏師古以前，注者已有二十餘家，顏師古以後，注者復有數十家。但這些注《漢書》的人，都以書面材料為主，轉相引證，問題滋多。本書著者是國內治《漢書》的專家，它所引用的材料，主要是出土的漢銅器、木簡、封泥等物，所以與前此《漢書》諸注，迥然不同。其中《百官表》考證，尤有精湛獨到之處，可以認為是研究《漢書》的重要著作。〔註14〕

1977 年，臺北鼎文書局將清代學者周壽昌的《漢書注校補》與《新》合編為

〔註13〕黃留珠《陳直先生的治學精神和學術思想》，載《人文雜誌》1991 年第 3 期。
〔註14〕轉引自《晉陽學刊》編輯部《中國現代社會科學家傳略》，山西人民出版社 1982 年版。

《周陳二氏漢書補證合刊》，收入楊家駱主編的《中國學術類編》中。楊氏所撰《合刊識語》指出：

> 陳直就漢簡及出土之漢印瓦當碑版等撰《漢書新證》，為前人致力所未及。法官審判，首重物證，次及人評，治史何嘗不然。直書猶羅列物證人證（漢簡所載，即其時人證），自謂「使考古為歷史注腳，既非為考古而考古，亦非單獨停滯於文獻方面」，宜其突過前修，為《漢書》信注，足與壽昌之並傳也。〔註15〕

如今，幾十年已經過去了。時間證實，無論是最初的「介紹」，抑或是臺灣學者的「識語」，其對《新》的評價都是當之無愧且有點偏低的。

# 五

世界上盡善盡美的東西是永遠不會有的。雖然《新》書取得了學人公認的巨大成績，但並不意味著它一點兒缺陷也沒有了。總觀《新》的缺失，大體有這樣幾種情況：

一、因引用考古材料的誤錯而導致失誤者。例如頁259，解釋《蕭何曹參傳》「文毋害」句：

> 直按：……文指律令文而言，謂精通律令文而不深刻害人也。證之居延漢簡釋文卷三、四十頁，有簡文云：「肩水候官並山燧長，工乘司馬成，中勞二歲八月十四日。能書、會計、頗知律令文，年卅二歲，長七尺五寸，觻得成漢里，家去官六百里。」其他類此者尚有四五簡。對於能書、會計、知律令文三語，乃因循秦代以吏為師之功令。成為漢代公牘上固定之術語，與本傳所稱之文毋害，正相符合。

這裡，陳氏所引漢簡材料「頗知律令文」一句釋文有誤，應為「頗知律令武」。對此，金少英《漢簡臆談》（一）已有批評訂正。金氏認為，簡牘中既有「頗知律令文」又有「頗知律令武」現象表明，「文」或「武」，「均自為一句，與上下文不相連屬。仕宦之途有文有武，『文』『武』指其人職務經歷而言」。〔註16〕

---

〔註15〕 楊家駱《周陳二氏漢書補證合刊識語》，《周陳二氏漢書補證合刊》，臺北鼎文書局 1977 年版。

〔註16〕 金少英《漢簡臆談及其他》，自印本，第 69 頁。該文又刊於《甘肅師範大學學報》哲社版，1963 年第 3 期。

　　二、以自己見聞為限而臆斷者。例如頁 417，釋《谷永杜鄴傳》之「營軍司馬」：

　　　　直按：續漢書百官志，將軍條下，屬官有軍司馬，無營軍司馬，
　　此官漢印亦未見有出土者……

　　顯然，陳氏在此未能更廣泛地進行考察。其實，湖南省博物館即藏有「營軍司馬」印〔註17〕，可證《漢書》記載不誤。

　　三、未能過細爬梳而沿襲前人誤說者。例如頁 180～181，釋《食貨志》「布貨十品」之「大布黃千」：

　　　　直按：……大布黃千，黃為橫字省文，讀如衡字，衡千謂當千也。

　　洪遵《泉志舊譜》、趙彥衛《雲夢漫鈔》均有「大黃而刀」的記載。今人饒宗頤、李均明在解釋《居延新簡》常見之「大黃布」簡文時，即用此說而斷定前人讀布文為「大黃布刀」、「大布黃千」、「大布衡千」皆非，指出應讀作「大黃布千」。〔註18〕陳氏未及親睹《居延新簡》，固可原隙，但失察於《泉志舊譜》、《雲夢漫鈔》一類常見書而繼續沿用前人舊說，卻屬遺憾。

　　以上的這些失誤，研究者都曾指出過，在此不過是從另一種角度加以說明而已。陳氏之所以出現這些失誤，應該說主要還是客觀條件所造成的。前文已經指出，他出身較為貧寒，不僅不可能出國深造，即便考取國內的學校也上不起，後來又長期幹著與學術毫無干係的工作，如是便大大限制了他學術視野的開拓。解放後他雖然進入高等學，但所供職的學校地處偏僻的西北，信息閉塞，條件較差，加之他既沒有文憑，也不會外語，職稱長期上不去，於是大大影響了他學術活動和交流的範圍。此間除了他曾因翦伯贊之邀赴北大講學，因佟冬之邀赴長春講學之外，便很少東出過潼關。他儘管很早就研究簡牘，但終其一生卻沒有條件親自接觸簡牘實物，只能使用第二、三手資料，這樣便不能不造成他研究中的諸多遺憾。所以他的那些失誤，在很大程度上乃客觀原因所致，而非其學力之不逮。

　　日本著名學者大庭修博士出於對陳直為學的崇敬，曾提出「陳直學」的命題」〔註19〕。筆者在對陳直學所作的具體闡釋中曾提出這樣一種觀點，即學者

〔註17〕由湖南省博物館編《湖南省博物館藏古璽印集》，上海書店 1991 年版，第 31頁。
〔註18〕饒宗頤、李均明《新莽簡輯證》，臺北新文豐出版公司 1995 年版，第 118 頁。
〔註19〕參見黃留珠《陳直學述略》，載《周秦漢唐文化研究》第二輯。

們對陳直著作中失誤的批評指正,「應是陳直學在新條件下的發展與完善」〔註20〕。這當中,有關對《新》的批評指正,自然是陳直學發展與完善最重要的內容之一。

原載《中國史學名著評介》第五卷,山東教育出版社,2006 年

---

〔註20〕黃留珠《陳直先生與秦漢史研究—— 紀念陳直先生逝世 20 週年暨誕辰 100 週年》,載《西北大學學報》哲社版,2000 年第 2 期。

# 附錄　答寧博士十問
## ——兼說輯刊《長安學研究》

　　《長安學研究》編輯部按：前不久，寧江英博士訪問了本刊主編黃留珠先生，就史學如何突破創新、不落窠臼的話題進行了有益的討論，並順便說到輯刊《長安學研究》。黃先生歷任中國史學會理事，中國秦漢史研究會副會長，陝西省史學會會長，秦文化研究會會長、名譽會長、顧問等學術職務。主要研究秦漢史，中國古代管理思想，中國古代仕進制度，周秦漢唐文明、文化，陝西及西安地方史等。主張歷史與企業家對話，力挺大歷史史觀，倡導通俗史學、陳直學、長安學。現將黃先生回答寧博士訪問的對話記錄——《答寧博士十問——兼說輯刊〈長安學研究〉》，公布如下，以饗讀者。

一

　　寧：您在 20 世紀 80 年代先後出版了《秦漢仕進制度》（西北大學出版社 1985 年）和《中國古代選官制度述略》（陝西人民出版社 1989 年）兩部專著，完成了對仕進制度從秦漢斷代史到通史的考察。請您談談制度史創新研究的總體思路。

　　黃：《秦漢仕進制度》一書，廣泛為學界同仁所徵引，頗有點影響。為什麼要研究秦漢仕進制度？這還得從我研究生階段寫學位論文說起。原來我準備寫秦漢刑徒問題，導師陳直先生認為刑徒的考古資料很難搜集全面，鑒於我曾經在《西北大學學報》上發表過一篇論東漢孝廉的文章，於是建議我改寫仕進制度。我聽從了導師意見，先摸了一下秦漢仕進的材料，覺得兩漢仕進問題研究成果較多，而秦仕進基本沒有研究，古人甚至感歎說「秦制無聞」。於是

我集中力量攻克無聞的秦制，寫出了《秦仕進制度考述》的學位論文，並有幸在新創刊不久的權威雜誌《中國史研究》1982 年第一期上發表。此事給我極大鼓勵，促使我進一步研究，於是先完成了《秦漢仕進制度》，接著又寫出了《中國古代選官制度述略》。這樣，在仕進制度研究上，我終於走完了由一篇學位論文到一部斷代專著再到一部通史性專著的「三級跳」式發展，也就是你所說的「完成了對仕進制度從秦漢斷代史到通史的考察」。整個過程，歷時近10 年，大體上應了古人所謂的「十年磨一劍」精神。

這期間，不敢說有什麼「總體思路」，但一些具體想法還是有的。論文階段，更多考慮是如何突破的問題，即攻克難關，填補空白。擴大到秦漢時期後，則想的多是如何創新問題，具體就是更細一些研究，並引進新的研究方法，能夠超越前人。譬如對於漢代孝廉的研究，元人馬端臨《文獻通考》是公認的過細研究之作，但兩漢孝廉不過舉出了百餘人，且與察廉者不分。我在前人基礎上，繼續做工作，搜得兩漢孝廉 300 多人，是以往收集的數倍。這樣當我使用計量史學的方法，做出量化分析後，就比較有說服力，就能夠更接近歷史的真實。到通史階段，除了敘述歷朝歷代的仕進制度外，主要是總結一些規律性現象，例如仕進制度發展的分期、仕進制度的特點、仕進制度所遵循的原則，以及對仕進制度的評價等等。我曾把這些總結縮寫為一篇題為《中國古代選官制度縱橫談》的小文發表，不想此文先為《新華文摘》全文轉載，後又被收入中學語文讀本作為教材，對青年學子產生了啟蒙性影響。如果將這些不同階段的不同想法，綜合起來，也許就是所謂的「總體想法」了。

## 二

寧：20 世紀 90 年代，您發表了一系列與中國古代管理思想有關的文章，如《中國古代的管理思想及其影響》（《光明日報》1994 年 7 月 18 日）。您是如何實現從制度史到思想史的跨越的？有沒有遇到什麼障礙？如果有，您是如何克服的？

黃：隨著科技的進步、時代的發展，思想史研究領域需要適當拓寬，像什麼中國古代治國理政思想，什麼中國古代經濟管理思想等等，都可以歸入其列。也許專門的、傳統的思想史學者認為這是離經叛道或不務正業，但我卻一直這麼想。在中國史學會第七屆年會的大會發言中，我曾公開闡述了自己的看法。正是有此看法，所以我認為自己所做的仕進制度，可以與古代的管理思想

掛上鈎，進一步跨學科研究。一次，我看到《光明日報》發有一條開展中國古代管理思想研究的報導，很受鼓舞。正當我設法尋找這條消息來源之際，恰好有機會參加 1986 年夏中組部召開的第三梯隊建設理論研討會，並有幸認識了中國人民大學的虞祖堯教授。不想，虞教授正是《光明日報》所報導消息的當事人之一。這正是「踏破鐵鞋無覓處，得來全不費工夫」。於是我與虞教授深談開來，大有相見恨晚之感。在他的熱情介紹下，我參加了中國古代管理思想研究會（簡稱「古研會」）的學術組織，並當選為理事。

在古研會裏，我接觸了不少新的知識、新的學問，大大開拓了學術視野；榮幸地結識了如潘承列、馬伯煌、陳炳富、趙靖、蘇東水、沈祖煒等名家，交結了許多經濟學界、管理學界以及企業界的朋友。不過，我研究古代管理思想的路子，頗有點與眾不同。也許由於我是一名史學工作者的緣故，所以我始終是從歷史學的視角去研究古代管理思想的，而不僅僅把它當做是一個單純的管理學問題。在我看來，古代管理思想的研究，應該是歷史學與管理學相互交叉滲透產生的一門新興邊緣性學問，而我們所做的只不過是在二者之間「搭橋」罷了。經過數年摸索，我終於找到了一句通俗而形象的話對這門學問加以概括，這就是：歷史與企業家對話。1990 年，在中國古代管理思想研究會第四次學術討論會上，我首次提出了有關對話的觀點，並得到包括古研會領導在內的大多數與會者的認同。於是這次年會的論文集，便以「歷史與企業家對話」來命名。

與此同時，我把研究的體會引入教學活動，在所供職的西北大學開設了中國古代管理思想的選修課。聽課者不僅限於歷史、中文、經濟等文科院系的學生，而且還有數學、物理、化學、化工、地質、地理、生物等理工科院系的學生。其人數之多、興趣之高，大大超出預料。聽課者普遍反響：聞所未聞，學所未學，大有收穫。後來，我以選課講稿為基礎，採用對話體的形式，撰成了《歷史與企業家對話》的小冊子並於 1992 年底出版，引起了較大的社會反響。上海《社會科學報》發表評論，稱該書「為歷史學作了新的開拓」。《光明日報》「史林」版主編來信，稱「非常欽佩您的眼光、見識及與時俱進的精神」，並約寫、發表了《中國古代的管理思想及其影響》的專文（為《新華文摘》全文轉載），還參照《歷史與企業家對話》那本書的形式，推出了「史學家與企業家對話」專欄，連續發表了 12 組對話文章，在中國史學的一個重要論壇上掀起了歷史與企業家對話的高潮。此後不幾天，《光明日報》又在北京召開學術會議，邀請參加對話的史學家與企業家，就優秀傳統文化與企業文化建設問題的關係

進一步深入探討。這些學術活動，在中國當代學術史上都留下了深深的印跡。

值得注意的是，海峽對岸也有史學家「出關一遊」，從歷史看管理。這就是著名史學家許倬雲院士。此舉與我提出的「歷史與企業家對話」有許多近似之處，可謂異曲同工。這說明海峽兩岸學者是心心相印的，只是表達方式不同罷了。許院士曾赴北京大學光華管理學院講學，有力促成這座知名高等學府「管理學院與歷史系強強聯手」的新局面。為此，北大光華管理學院曾不止一次在《三聯生活週刊》上做廣告。許院士的講稿由廣西師大出版社出版，書名就叫「從歷史看管理」。

以上所述，都是一些自然而然的過程，我實在不敢說這就是從制度史到思想史的跨越。當然，從客觀上一定要講這是一種「跨越」的話，似乎也未嘗不可。不過，此過程中的變化還是有一些的，早年我曾用「開闢第二戰場」來形容，也許還比較合適。至於此過程中遇到的「障礙」，主要就是缺乏企業生產、經營的實踐，講管理多為紙上談兵，缺乏生動的案例。這些，屬於條件的限制，個人無可奈何；克服的辦法只有一個，即老老實實學習。

## 三

寧：有些學者認為，不少青年學者對政治、經濟、軍事避而不談，專注道教史、佛教史、數術等過往研究的邊角地帶，出現了「讓開大道，佔領兩廂」畸輕畸重的局面。這是追求創新的科學路徑嗎？您怎樣看待這種現象？

黃：歷史研究，需要全面，無所不包。歷史研究既要注重政治、經濟、軍事等大的方面，也不可忽視宗教史以及文化史過往研究較少的地帶。有些青年學者之所以出現你所說的「讓開大道，佔領兩廂」現象，恐怕與他們覺得這麼做容易出成績有關。這完全可以理解，但僅屬於研究中的取巧行為，與追求創新的科學路徑還不是一碼事。不過，實際的情況相當複雜，還需要具體情況具體分析。就拿我個人所經歷的一件事為例來說：改革開放初期，學術界尚有不少文革期間「假、大、空」的遺風。我所任職的西大秦漢史研究室，當時在室主任林劍鳴教授領導下，寫出了一部包括秦漢實業、秦漢衣食住行、秦漢精神生活在內的《秦漢社會文明》。此書求實務細、不尚空談，飽含著一股清新氣息，受到大家的歡迎。為此我們四個作者被秦漢史界同仁戲稱「四條漢子」。不久，臺灣谷風出版社便將此書翻印出版，普遍作為研究生教材使用。須知，該書大多是綜述前人的研究成果，只有很少部分係自己的東西，卻被公認為創

新之作。由此可見，是否科學創新？在某種程度上是受制於時代因素的，應該從不同的時代去考察問題。總之，對於某些青年學者專注於比較偏冷課題的研究，不必厚非，要多作正面引導工作，使之對科學創新有正確的認識。

# 四

寧：王國維提出「古來新學問起，大都由於新發現」。您對秦簡的研究開始的很早，《秦簡「敖童」解》（《歷史研究》1997 年第 5 期）一文創造性地運用簡牘、瓦書、傳世文獻、民族史資料、西方材料詮釋了睡虎地秦墓竹簡「敖童」的內涵。近年來的秦漢史創新點與考古新發現密不可分，如何科學、合理地運用新材料推動秦漢史研究的新進展？

黃：對於簡牘，雖有所好，但僅能心嚮往之，遠不敢說有什麼研究。讀簡過程中，每每遇到一些詞語的解釋，頗有與時賢不同的看法，遂順手寫出商榷意見，甚或發表。《秦簡「敖童」解》即屬於此類札記，是較典型的一篇，曾被《新華文摘》重點介紹，有一定影響。大家知道，「敖童」少見傳世文獻，在雲夢秦簡裏也僅兩見，研究者多把它釋為「成童」或「小」，而忽視了早在 1948 年出土的文物「秦封宗邑瓦書」中亦出現的「敖童」一詞。經把秦簡裏的「敖童」與瓦書裏的「敖童」對照之後，明顯可看出其表示一種具有「奴」的身份的特殊人口。這裡，「童」字不當「幼」「小」講，而應取其古義「奴曰童」。「敖童」這種特殊人口雖然不同於一般農戶，但在享有授田、承擔賦役方面又同於一般農戶。因此國家十分重視對這部分人口的控制，以防止賦役流失。「敖童」就是「豪童」的意思，即「童」中豪強有力者。至此我覺得，「敖童」基本上得到較正確的解釋。當然，這只是以我的一家之言，發表出來，請大家討論。

一般說來，古史研究創新點多與考古新發現密不可分。如何科學、合理地運用新材料推動秦漢史的新進展？是一個很難用一、兩句話就說清楚的問題。這裡，首先需要搞清楚考古新材料的基本含義。像上述的秦簡「敖童」，如果不認真進一步研究其含義，稀裏糊塗就按通行的釋文去理解，那豈不相差甚遠！如何談推動秦漢史研究的新進展呢？這不僅不能創新，反而會鬧出笑話，讓人大跌眼鏡。再如北大藏簡《趙正書》，確為令人吃驚的考古新材料，但到目前為止，似乎大家對其性質仍存在較大的爭議。當年司馬遷是否見過它？它所表述的是歷史真實嗎？為什麼司馬遷採用了與此不同的事實寫入《史記》？是《史記》騙了我們嗎？在沒有搞清這一系列問題之前，就貿然使用這一新材

料，試圖重寫秦史，也同樣會出問題。所以，必須先搞清考古新材料的基本含義，然後才能談得上研究新發展，才能有所創新；如果新材料的基本含義搞錯了，那不僅不能發展、創新，反會造成無法想像的不良後果。

## 五

寧：您曾將歷史研究分為「人類史」研究與「自然史」研究兩大類，並指出 21 世紀的史學要更多地關注自然史研究（《21 世紀史學應當更多地關注自然史研究》，《西北大學學報》哲、社版 2002 年第 4 期）。您如何看待醫療史、環境史、海洋史、數學史、天文史等自然學科與歷史學科的交叉研究及其遇到的問題？

黃：把歷史理解為人類史與自然史的觀點早已有之，並不是我的創造發明。當年馬克思、恩格斯《德意志意識形態》中的一個注文就講過這樣的觀點，我正是引用馬、恩的話提出這個問題的，而且一直堅信其正確性。最早我按辭書的說法叫其為「廣義史學」，後來改稱「大歷史」。

現在有一批學者從事醫療史、環境史、海洋史、數學史、天文史等自然科學與歷史學科的交叉研究，甚或在疫情期間積極開展疫病史研究，都是非常值得稱道的現象，凸顯了歷史研究不能只有人類史、還應該包含自然史在內的觀點，完全符合我所認為的新世紀史學發展趨勢──隨著科技日新月異發展，這種趨勢越來越顯見出來。過去我辦《周秦漢唐文化研究》年刊，每期都要發表一定數量的自然科學史文章，目的也是要打破目前歷史研究僅限人類社會史、而不包括自然科學史的現狀，鼓勵自然史方面研究的積極開展。當前，隨著全世界新冠肺炎廣泛流行及疫情反覆、病毒多變的新形勢，越發顯現出歷史研究必須包含自然史的重大意義。

關於自然史研究當前遇到的問題，恐怕主要還是史學工作者自身缺乏自然科學素養的問題。大家知道，歷史學科一直是文科，不學高深的自然科學知識，所以史學工作者這方面的水平僅停留在高中的水平之上，相對缺乏有關素養。讓現在的史學工作者去搞自然史研究，除了極少數外，一般是相當困難的。當然，這是一個與學科體系、教育體系等都有關的問題，絕非短期可以解決。拙意認為，不妨分兩步走：第一步，先將傳統的歷史學科細分為人類社會史和科學技術史兩個學科。前者是文科，後者為理工科。這樣分而治之，可以逐步解決人才培養問題。有了相關人才，研究工作才能正常開展。第二步，徹底改

革教育體系、學科體系的問題，把歷史學科放到既文又理的位置上去。這也就是說，歷史專業所培養的人，必須是全才──既能搞人類史方面的研究，也能搞自然史方面的研究。當然，這是一個極高的目標，需要付出超乎尋常的努力，才能做到。

# 六

寧：您出版了很多與陝西、西安歷史有關的專著，還主編了《長安學研究》輯刊。您認為區域文化的研究如何避免低水平重複，在多學科綜合研究背景下實現學術創新與進步？

黃：近若干年來，我相對多地關注陝西及西安的地方史，先後出版了一批書籍，而且基本上得到地方政府有關部門的支持，其中不乏卷帙比較多的大部頭作品。例如六卷本《話說陝西》，是陝西省委宣傳部、陝西省出版局領導的金版圖書工程。該書用講故事的形式珍珠串線，圖文並茂比較獨特地展現了陝西從藍田猿人到 1949 年的歷史，深受讀者歡迎，為宣傳陝西、瞭解陝西做出積極貢獻。再如四卷本《西安通史》，是西安市地方志辦公室立項的項目。該書徹底改變了長期以來西安僅有「歷史述略」而無「通史」的遺憾，是一部目前為止最詳盡敘述國際知名古都西安歷史的著作。此外，我還應陝西師大國際長安學研究院的邀請，主編了《長安學研究》年刊，目前已出刊 5 輯。研究者稱讚長安學發展已「蔚為大觀」，產生了一定積極影響。那麼，為什麼要創辦輯刊《長安學研究》呢？這就需要把話稍微展開來說一說──

大家知道，長安學是用漢唐都城「長安」之名命名的一個學科。它所研究的對象雖然以長安城、長安文化、長安文明為主，但卻又不完全局限於此，而擴展至建都關中地區的周秦漢唐等王朝的歷史文化，另在地域上亦遠遠超出長安城的範圍而擴大至整個關中以及更廣泛的相關地區。實際上，學人有關長安城、長安文化、長安文明的研究，有關周秦漢唐的研究，有關以關中為中心的區域文化研究，歷史悠久，源遠流長。當這類研究發展、積累到一定程度之後，自然會產生一種用學科形式對其加以總結、昇華的需求。時值 20 世紀結束、21 世紀開始之際，這一需求集中爆發，在短短數年間，京、陝兩地研究者先後三次提出「長安學」問題，呼籲用這一學科名稱來概括以往對於長安城、長安文化、長安文明以及周秦漢唐歷史文化的研究。如此就出現了蓬勃興起的倡導長安學的學術活動。2009 年，陝西省文史館長安學研究中心成立，並推

出《長安學叢書》第一批 8 冊。同年，北京方面被命名為「長安學研究專號」的《唐研究》第 15 卷出版，發表有關研究論文 19 篇。這兩件事，共同把長安學發展推向了一個空前的高潮。2013 年，陝西省文史館長安學研究中心華麗轉身為設在陝西師大的國際長安學研究院。該院是由陝西的四家高校（陝西師大、西北大學、長安大學、西安文理學院）和國外兩所高校（日本學習院大學、韓國忠南大學）以及陝西省文物局、陝西省文史館共同合作的一個研究機構，其以傳承並創新以「長安」為載體、以「長安學」為主要內容的中華民族優秀文化為根本任務。研究院需要設一個日常學術交流的平臺，於是乎創辦了大型輯刊《長安學研究》。當第 5 輯出版之際——也就是該刊創辦 5 週年之時，因疫情關係，編輯部十分低調地發了三條標語以示慶賀。這就是為何創辦《長安學研究》的緣由。

下面回到原來的話題。我之所以發生相對重視地方史研究這種變化的原因，不說你也清楚。一個人到了老的時候，自然會懷念自己成長、工作、生活的故地。這樣，就有了對陝西、西安歷史的更多關注，聊解鄉愁而已！值得一提的是，2013 年由中華書局出版的《中國地域文化通覽·陝西卷》，是由中央文史館主持領導的「中國地域文化通覽」叢書之一，是陝西文史館具體組織編寫的一部有關敘述陝西地域文化的專著。該書由我先寫出大綱，然後在全陝西範圍內按照提綱要求尋找權威專家擔任各方面的撰稿；初稿完成後，由我修改、定稿，交由中央館審查通過，再交出版社審核；如此兩上兩下，最後才付梓。應該說這部書是代表了陝西最高水平的，為此我也付出了很大努力。在編寫此書過程中，我自然遇到區域文化研究如何避免低水平重複，以及在多學科綜合研究背景下實現區域文化研究學術創新與進步的問題。根據我的膚淺體會，解決它需要從以下幾個方面入手：

第一，須有好的理論指導。歷史研究是否能有所創新、進步？理論指導至為重要。不過我們知道，任何理論都是隨著時代前進不斷發展的。這就需要我們用發展了的理論做指導，而不是默守某些過時的成規。對於世界上一切先進的理論成果，都應吸納。像西方年鑒派理論，美國大衛·克里斯蒂安的大歷史理論等等。

第二，及時吸取考古新材料。任何時候，考古的新材料，都是寶貴的，有助我們避免低水平重複和學術創新與進步，需要我們及時吸收到地域文化研究中來。例如新發現的石峁遺址、鳳翔血池遺址等等。

　　第三，深入挖掘常見資料，發現其隱藏的含義。前不久，有研究者發表了《秦始皇的海洋意識》一文，學界普遍認為是學術創新之舉。該文雖說也應用了考古新材料，但主要的還在於對那些常見資料隱藏含義的深入挖掘。可見挖掘常見資料的隱藏含義，對於避免低水平重複、實現學術創新與進步，是有意義的。

　　第四，善於捕捉新的視角。觀察問題視角不同，結論就不同。新視角捕捉到了，本身就是一種創新；而在此基礎上進行的研究，自然更是創新與進步。例如有日本學者用文化史的眼光，轉換視角，對秦漢時代確立和實行的文書行政，做了別開生面的考察。其緊緊圍繞上起戰國下至魏晉書寫材料演變的主線，著重探討了這種變化與國家行政的關係，從而對「古代中國」的國家行政演進作了令人信服的解讀，便是一個很好的例子。

## 七

　　甯：請您談談如何平衡史學的經世致用功能與學術創新之間的關係。當史學家與企業家對話、為治國理政提供借鑒、史學通俗化時，是否可以暫時忽略學術創新？經世致用的思想會不會催生新的學術增長點？

　　黃：經世致用，指學問必須有益於國事。此詞由明清之際思想家王夫之、黃宗羲、顧炎武等提出，是當時的一種流行思潮；而其淵源，人們一般都上溯到孔子與儒學。王、黃、顧等人認為，學習、徵引古人的文章和行事，應以治事、救世為急務，反對偽理學家不切實際的空虛之學。他們的這一主張，對後世影響很大。史學的經世致用功能與學術創新不僅不對立、不矛盾，而反過來學術創新還會推進史學的經世致用功能更好地發揮作用。在我看來，二者的關係，就是如此。不論史學家與企業家對話也好，為治國理政提供借鑒也好，史學通俗化也好，都不可以忽略學術創新。至於經世致用思想會不會催生新的學術增長點？我的回答同樣也是肯定的。

　　話說到這裡，想順便就史學的經世致用問題再多談幾句。長時期來對歷史的經世致用功能，人們津津樂道的只限於政治方面。「鑒於往事，有資於治道」，是相當典型的說法。不過，隨著時代的變化，歷史的經世致用功能也需要發展，需要從過去單一的為政治、為革命所用，轉化為經濟建設服務。這種變化，也可算作與時俱進吧！過去我所提出的歷史與企業家對話，應該說正是這種變化的反映。所以對於歷史的經世致用功能理解要全面，要突破以往的老框框。我所要談的，也就在於此。

# 八

寧：請您談談近年來對秦漢史和歷史學發展的思考？

黃：前面所談關於歷史學科發展需要分兩部走的設想，實際也就是我對歷史學發展的初步思考，但這還只是個人看法，歡迎大家批評！這裡我想著重談談對秦漢史發展的某些思考。

秦漢史是歷史研究中人們特別熟悉的專業。大凡搞歷史的，幾乎人人都能對此領域多少說幾句話。正因為這樣，所以其創新與進步特別難。拙意以為，在秦漢史方面想有所突破，應該尤其注意兩點：一是變換研究視角，二是特別注意秦漢簡牘的研究。

關於捕捉研究新視角的意義，前面已有論述，並舉了日本學者的例子說明。其實，這方面國內研究者的實例也不少。對此，就不多說了。倒是簡牘研究方面需要再講一下。大家知道，漢簡出土較早，秦簡自 1975 年雲夢簡發現後，才如井噴式相繼出土。這些秦漢簡牘多為官府檔案，是極寶貴的第一手文字資料，使我們對秦漢的認識，大開眼界，不少學者甚至提出需要重寫秦漢史。過去一段時間，包括我在內的不少人都存在一種偏見，以為不是簡牘的出土地，無法見到簡牘實物，很難研究它。其實，國外特別是日本研究者遠遠打破了這種框框，為我們做出了很好的榜樣。他們在僅見簡牘圖片資料情況下照樣研究，而且研究範圍和研究細緻的程度，可以說都是無以復加。我有幸多次參加京都大學人文科學研究所舉辦的簡牘研修班。在那裏，我親眼看到日本學者極其認真研讀中國簡牘的樣子，真是感動極了。試想，一群外國人，那麼一絲不苟，那麼上勁，而且研究的是別國古代的東西，每每還爭得面紅耳赤，這是多麼可貴的精神啊！這使我深感以往認識的錯誤。不在簡牘出土地，沒有見到簡牘實物，同樣是可以研究的。在這方面，我們應當向日本學者學習。要學習他們認真的研究精神。我相信，只要有了這樣的精神，我們的研究工作必定會有收穫的。

另外我要強調的是，如何把科技最新成果運用於簡牘研究，也應是我們需要關注的一個大問題。上世紀末，我曾在臺北中研院史語所目睹了臺灣同行利用從日本購買的紅外線儀器，看到簡牘上肉眼無法看見的字跡，使許多無字簡或字跡不清楚的簡重新獲得了價值，因此十分讚歎先進科學技術為簡牘研究所做貢獻。現今這麼多年過去了，科技又有日新月異發展，完全更有條件把科技手段同簡牘研究結合起來，取得簡牘研究的新突破。

## 九

寧：請您談談史料數字化與史學創新之間的關係？

黃：當年跟隨陳直先生學習的時候，最害怕老先生布置的一種作業題，即問某人在某書裏凡幾見？遇到這樣問題時，就需要老老實實地把某書從頭至尾細讀一遍，然後認真統計出某人在該書中出現的次數，方能給出答案，極其麻煩細碎。這大概是對未來從事史學研究者是否具有「強記博聞」能力的一種考驗吧！須知，老一輩史家差不多都具有這種「強記博聞」的基本功，能夠記住某書裏某人、某物凡幾見之類的問題。而他們也總愛用這樣的問題來培養自己的學生，希望學生像自己一樣具備這樣的本領。

不過，今天再要回答這樣的問題，就容易得多、便捷得多了。我們在電腦上，只要移動一下鼠標，按一下鍵盤，問題全解決。之所以有如此大的變化，完全靠史料數字化的功勞。由此例不難看出，史料數字化將大大解放人力，大大提供方便，因此節省的巨大精力可移用到創新及其他方面，將大大有利於史學創新與進步。數字化帶來的是革命性變化，實質性變化，根本性變化。如果一定要說史料數字化與史學創新之間的關係，上述或近是。

當然，數字化有優點也有缺點，不可一概而論，更不能只看優點不看缺點。從這種意義上著眼，老先生們強調的基本功，還不可或缺。需要把數字化帶來的便捷與老先生們強調的基本功相互結合起來，也許這就是史料數字化與史學創新之間關係的另一面。

## 十

寧：請談談您的成長及治學歷程？您給後輩如何實現自我學術成長有何忠告？

黃：我這人運氣不怎麼好。1960年高考時為了取得高分進入心儀的高校，我毅然報考了文史類。不想臨考前突然接到通知，說所心儀學校中文、歷史兩系在西安不招生。這突如其來的消息，猶如晴天霹靂，搞得我暈頭轉向。大學期間，有幸得到來自中國科學院歷史所（今社科院歷史所）的兩位老師悉心指教，學業大有長進，終生獲益匪淺。畢業後被分配到長白山一家森工企業的子弟學校當教師，按規定先去搞了一段時間社教，等回單位後文革已開始，整天亂糟糟的，把人生最寶貴的時光全荒費掉了。粉碎四人幫後，恢復高考及研究生招生。當時我已調回西安一家軍工企業子校工作，而且超過了35歲的報考

研究生年齡限制。正當我深感遺憾之際，傳來報考年齡放寬到 40 歲的消息，於是終於有了報考機會。不過，我已經完全沒有了報考外地學校的勇氣，便就近報考了西安的一所大學，選擇了大學時就已非常崇拜的陳直先生為導師。這些，就是我之所以當了一回「老學生」的經過。1981 年，我研究生畢業後，被留校工作。已年過不惑的我，這時才開始真正的學術生涯，陸續搞了對仕進制度、古代管理思想、秦文化、周秦漢唐文明文化、兩漢人物、歷史悖論、大歷史史觀、通俗史學、陳直學、長安學及陝西與西安地方史方面的研究，寫出了一些著作和論文。其中雖有奉命之作，但基本是隨著興趣走。總結我成長及治學的過程，大體可用一位前輩說過的讀書、教書、寫書六個字來概括，一輩子不過是一介極普通的「教書匠」而已！

　　說到對後輩如何實現自我學術成長的忠告，不由想起數年前曾為西大歷史學院學生所辦刊物《史林新苗》編輯部的題詞，曰「今天史林新苗，明日參天大樹」。我想，此題詞可以轉增給這些後輩。須知，當前是中國最難得的一個時代，是一個通過不斷努力就能夠實現自我目標的時代，要珍惜它。一個史學工作者，任何時候，兩種工夫不可缺：一是理論工夫，一是史料工夫。二者不宜偏廢，都需要認真鑽研，這是硬工夫。高水平的史家，應把史、論相結合，揭示歷史的真相，科學地闡釋歷史發展規律，尋找歷史啟示與智慧，使人們變得聰明起來。歷史研究非常重要，不可缺少。從大歷史的眼光來看，目前歷史研究還有自然史的大片空白，需要我們耕耘，因此歷史研究的工作也是大量的。在這裡，真是「海闊憑魚躍，天高任鳥飛」，足以大顯身手。當然，歷史研究不能夠大轟大嗡，不需要對體星、影星、歌星那種激勵方式，搞那麼多評選、頒獎一類活動。它需要的是踏踏實實、一步一個腳印向前推進。相信有志於史學的年青人會在這裡大展宏圖。我高度讚賞祖先說過的「後來居上」這句話，希望大家人人都成為居上的後來者。

　　謝謝大家！

2020 年 7 月 16 日答問於西安

原載《長安學研究》第六輯，科學出版社，2021 年